Cuatro propuestas escénicas
en la ciudad de México

Colección Teatro

UNIVERSIDAD NACIONAL AUTÓNOMA DE MÉXICO
Dirección General de Publicaciones y Fomento Editorial

INSTITUTO NACIONAL DE BELLAS ARTES
Centro Nacional de Investigación, Documentación e Información Teatral Rodolfo Usigli

CUATRO PROPUESTAS ESCÉNICAS EN LA CIUDAD DE MÉXICO

Teatro Panamericano, de las Artes, de Medianoche
y La Linterna Mágica (1939-1948)

Guillermina Fuentes Ibarra

◀CONACULTA · INBA

2007

Cuatro propuestas escénicas en la ciudad de México

D. R. © 2007 Universidad Nacional Autónoma de México/ Dirección General de
Publicaciones y Fomento Editorial
Av. del IMAN 5, Ciudad Universitaria, 04510, México, D. F.

D. R. © 2007 Instituto Nacional de Bellas Artes/Centro Nacional de Investigación,
Documentación e Información Teatral Rodolfo Usigli
Centro Nacional de las Artes, Río Churubusco y Tlalpan,
04220, México, D. F.

ISBN: 978-970-32-4770-7 (UNAM)
ISBN: 978-970-802-071-8 (INBA)

Impreso y hecho en México

A Victoria, mi hija

"…es que la intención es siempre más importante que el resultado…"

VICENTE QUIRARTE

"…en el teatro debemos demostrar que la vida vale la pena de vivirse".

SEKI SANO

"El teatro experimental más importa por lo que promete que por lo que lleva realizado".

ANTONIO MAGAÑA E. (1939)

Contenido

Agradecimientos

Quiero agradecer muy especialmente a la maestra Aimée Wagner por su confianza al facilitarme documentos de su archivo personal. Al maestro Ignacio Retes y la maestra Josefina Lavalle por compartirme sus recuerdos y concederme su tiempo.

A mis compañeros del Centro Nacional de Investigación Teatral Rodolfo Usigli (CITRU), José Santos Valdés, Jovita Millán, Antonio Escobar, Francisca Miranda, Patricia Ruiz, Leticia Rodríguez, Rocío Galicia, Sergio López Sánchez y Luz María Robles; asimismo a Eduardo Contreras del CENIDIM; muchas gracias por su disposición a compartir los materiales documentales que me fueron de gran utilidad.

A Martha Toriz Proenza y Miguel Ángel Vázquez, quienes en varias ocasiones leyeron los borradores de este escrito, gracias por sus consejos, sugerencias y réplicas. De igual forma a Sonia León, Socorro Merlín, Sergio Torres Cuesta y la doctora Guillermina Baena Paz por sus valiosos comentarios.

A la señora Antonia Martínez por su puntual y eficiente asistencia secretarial. Y a las jóvenes prestadoras de servicio social Gloria Jiménez, estudiante de la Universidad Autónoma de Querétaro, Jiovanca Castillo y Anabel Domínguez, estudiantes de la carrera de Literatura Dramática y Teatro de la Facultad de Filosofía y Letras de la UNAM, y Dulcia Mariana Núñez, a quienes agradezco su valiosa ayuda en la transcripción de las entrevistas, en la captura de algunos apuntes y en recuperar varias notas periodísticas de la hemeroteca y de la biblioteca. A Jeannette González, Noemí Zepeda y Luis Fuentes por la digitalización de las fotografías.

A mis amigas Dolores Pla, Mónica Palma, Luz María Uhthoff, Sofía Valdés, Guadalupe Zárate y Alicia Pérez por su compañía en las tareas como profesionales, madres y docentes; gracias por sus estimulantes palabras, consejos, su afecto y presencia. A mi hija Victoria, quien renueva en mí la curiosidad por conocer el mundo, su agradable compañía propicia que mis días sean entretenidos, amenos y divertidos. A mis padres, mi eterno agradecimiento, por estimularme todo el tiempo. A mis hermanas y hermano por su cariño.

Este escrito, antes de su publicación, fue presentado como tesis de maestría en historia de México en la Facultad de Filosofía y Letras de la UNAM; por ello, vaya mi particular agradecimiento al doctor Álvaro Matute por su guía, comentarios, paciencia y palabras de aliento para concluir este trabajo. Asmismo al doctor Ricardo Pérez Monfort, la maestra Aimée Wagner, la doctora Norma Román Calvo y la doctora Carmen Collado, miembros del jurado examinador, por su atenta lectura a este texto y sus generosas sugerencias. De igual manera expreso mi agradecimiento al doctor Ilán Semo, quien fue un cuidadoso lector y magnánimo comentarista.

Introducción

En abril de 1939 se estrenó la primera temporada del Teatro Panamericano, organizada por el director germano-mexicano Fernando Wagner. El mismo mes llegó a México como exiliado político el director japonés Seki Sano, quien para el mes de agosto firmaba la declaración de principios del Teatro de las Artes. Por su parte, el dramaturgo mexicano Rodolfo Usigli concebía su Teatro de Medianoche cuya temporada inició en marzo de 1940. En tanto, un joven interesado en descubrir los secretos del teatro estudiaba y trabajaba en torno a Seki Sano y Usigli. Años más tarde, de 1946 a 1948, aquel muchacho de nombre José Ignacio Retes se daba a conocer como director teatral con el grupo La Linterna Mágica, donde aplicó las enseñanzas de sus mentores.

Estos dos hechos —el inicio del Teatro Panamericano y el fin de La Linterna Mágica— dan marco al esfuerzo, la persuasión, la persistencia, la pasión y el desencanto de aquellos cuatro hombres y de quienes los acompañaron. Su intención era mostrar, por medio de su práctica artística y promoción cultural, que el teatro era más que un simple divertimento o un negocio más o menos productivo. Para cada uno de ellos esa actividad artística tenía un significado.

Fernando Wagner decía: "el teatro es una actividad cautivadora, cuyo camino es duro para llegar a poseer la técnica básica que ha de facilitar la representación de las fugaces figuras del teatro [...] conservando un aire de espontaneidad y frescura".[1]

En tanto que Seki Sano señalaba:"el teatro es una de las fuerzas motrices que impulsan la civilización, es uno de los factores que la integran. Su función esencial es la de contribuir a la educación del pueblo y esa contribución debe entenderse como estrictamente educativa, no como de enseñanza".[2]

Mientras que Usigli apuntaba: "tres ejes tiene el teatro: la expresión, la pasión, la fascinación".[3] Cuando fundó Teatro de Medianoche estaba convencido de que podía realizarse sin el apoyo oficial.

Por su parte, Retes decía: "...por medio del teatro [podía] responderle a la sociedad donde yo vivía [...] el teatro era un oficio que nos permitía expresarnos en todos los órdenes, en todos los aspectos, un ejercicio total".[4]

Sin embargo, no fueron los únicos directores que expresaron sus deseos por un teatro más allá de una diversión o de un negocio. Entre 1939 y 1948, inicio y fin de estos grupos, surgieron otros más; de hecho, durante los años que van desde 1939 hasta 1952 el número de este tipo de grupos creció de tal forma que, en 1948, Seki Sano y la directora Luz Alba, fundadora del grupo Teatro Mexicano de Arte, organizaron la Asociación Nacional de Teatros Experimentales.

Este escrito que presento es un estudio sobre cuatro agrupaciones: Teatro Panamericano, de las Artes, de Medianoche y La Linterna Mágica, así como de la presencia de sus organizadores: los directores teatrales Fernando Wagner, Seki Sano, Rodolfo Usigli y José Ignacio Retes. Se pretende dar a conocer cómo y por qué estos grupos surgieron y desaparecieron, así como cuáles fueron sus propósitos, las finalidades de sus creadores y sus logros.

Dicho de otra manera, mostrar cuáles fueron las propuestas de estos creadores de la escena e indicar las modificaciones que realizaron en algunos elementos del hecho teatral. Pues estas agrupa-

---

[1]   Fernando Wagner, *Teoría y práctica teatral*, 4a. ed., México, Editores Mexicanos Unidos, 1997, p. 6.
[2]   "Surgirá un positivo teatro de los trabajadores en el nuevo edificio social de nuestra organización 'El teatro de las Artes'", *Lux Revista de los Trabajadores*, ene. de 1940, p. 60.
[3]   Rodolfo Usigli, *Anatomía del teatro*, México, s/ed., 1967, p. 19.
[4]   Jovita Millán, *Testimonios: Ignacio Retes*, inédito.

ciones propiciaron nuevos usos del espacio teatral, introdujeron autores desconocidos en México (aun mexicanos), cuestionaron el tipo de actuación e introdujeron nuevas técnicas en la formación de actores. Es decir, rompieron con ciertos esquemas de la manera de hacer teatro por parte de las compañías comerciales, predominantes entonces.

Es oportuno recordar que en 1928 apareció el Teatro de Ulises con una vida corta, de enero a junio. Después, en 1931, el director Julio Bracho realizó varias representaciones con Escolares del Teatro en una sala ubicada en el edificio de la Secretaría de Educación Pública (SEP).

Ese recinto, un año más tarde, fue sede del Teatro de Orientación, de vida más larga, que presentó cuatro temporadas de 1932 a 1934, organizadas por el director Celestino Gorostiza. Tiempo después el mismo Gorostiza, al lado de Usigli, restablecieron el Teatro Orientación al patrocinar una nueva temporada, la última, en el Palacio de Bellas Artes, en 1938, cuando Gorostiza fungía como jefe del Departamento de Bellas Artes y Usigli como jefe del Departamento de Teatro. Conviene mencionar que entonces estas dependencias eran parte del organigrama de la SEP, pues el Instituto Nacional de Bellas Artes (INBA) fue creado hasta 1946; aunque el Palacio se inauguró en 1934.

La mayoría de los cronistas y críticos de la época consideraban que los grupos, cuya aparición se originó a partir de 1939, siguieron la tradición establecida por el Ulises y Orientación,[5] en la medida en que éstos abrieron la puerta a otro repertorio e incluyeron a pintores dentro de su personal creativo, lo cual propició novedades en la escenografía. De igual modo, los grupos surgidos después de 1939 hicieron modificaciones, a veces sutiles, a uno o varios de los elementos que constituyen el hecho teatral; por ejemplo, al montar obras de dramaturgos de diversas nacionalidades o mostrar otro tipo de escenografía o de actuación.

Esto es, propusieron otras opciones ante el teatro de compañía constituido por comedias y melodramas españoles, además de comedias argentinas y francesas. Vale decir que en el ambiente teatral del periodo anterior a 1930 –y aún después de 1950– se puede

---

[5]   Sobre estos temas de la tradición y la denominación experimental, más adelante se amplía la información.

observar la presencia de obras como *Santa Teresa de Jesús* de Eduardo Marquina,[6] *Lo increíble* de Jacinto Benavente,[7] *Te di lo que más valía* de Enrique Bohorques;[8] sirvan estos ejemplos para verificar la aún fuerte presencia de teatro español en la cartelera de la ciudad de México.

Ante esa potente presencia, el repertorio de los grupos que nos interesan incluyó autores de otras nacionalidades, así como dramaturgos mexicanos. Asimismo, los grupos propiciaron nuevos usos del espacio, en cuanto al local teatral y al escenario, ya fuera por medio de las propuestas escenográficas o con modificaciones al foro; además, mostraron ante el público una nueva forma de actuación. Y varios directores de esas agrupaciones promovieron novedosas técnicas para la formación de actores. La aplicación de esas técnicas se debió, sobre todo, a la llegada a México de artistas expulsados de sus países por la segunda gran guerra; tal es el caso del director Seki Sano.

Como se anotó con anterioridad, este estudio incluye cuatro grupos; varias fueron las razones para seleccionarlos: Teatro Panamericano (1939-1943), Teatro de las Artes (1939-1941) y Teatro de Medianoche (1940) fueron los primeros surgidos en este periodo (1939-1952). En cuanto a La Linterna Mágica, se eligió porque su director, Ignacio Retes, fue alumno y ayudante de dirección de Usigli y de Seki Sano. Por otra parte, era de gran interés contar con los testimonios del maestro Retes.

Por tanto, es importante ubicar a estas tres figuras relevantes del teatro mexicano Fernando Wagner, Seki Sano y Rodolfo Usigli en este periodo, si bien este último ya era conocido como dramaturgo; incluir a Retes como discípulo permite, desde cierta perspectiva, colocarlo al inicio de su carrera artística en México. No obstante, resaltar la presencia de estos cuatro creadores en el ámbito teatral de ese lapso es como mostrar un botón representativo de los teatristas cuyas inquietudes eran renovar el teatro.

[6] "Obra presentada en el teatro Fábregas con María Tereza Montoya", *Jueves de Excélsior*, 11 de junio de 1942, p. 5.

[7] "Obra presentada en el Ideal con Anita Blanch", *Jueves de Excélsior*, 23 de julio de 1942, p. 31.

[8] "Obra presentada en el Ideal con Anita Blanch", *Jueves de Excélsior*, 18 de noviembre de 1943, p. 30.

El cúmulo de conocimientos teatrales con que Wagner, Usigli, Sano y Retes contaban permite decir que ellos representaban en su momento el elemento modernizador. Aunque parezca paradójico, ante un mundo perturbado por la guerra, a estos creadores teatrales la ciudad de México, a pesar de sus carencias y precarios espacios culturales, les permitió realizar sus proyectos artísticos. Como recuerda José Emilio Pacheco: "Por primera vez con Ávila Camacho, México es una ciudad internacional –o, como se decía en los cuarenta: 'cosmopolita'. El desastre europeo colabora a la transformación de la capital".[9]

Al emprender esta tarea de indagación, un primer propósito era realizar el estudio de todos los grupos surgidos entre 1939 y 1952, ya que se han detectado en la prensa alrededor de 15. Llevar a cabo esa tarea implica dedicar algunos años más; por ahora sólo se exponen los resultados de la investigación acerca de los cuatro grupos ya mencionados.

A la distancia se pueden apreciar algunos elementos que comparten, además de la proximidad temporal, Teatro Panamericano, Teatro de las Artes y Teatro de Medianoche; además de la cercanía de Ignacio Retes como discípulo de Usigli y Seki Sano. Como directores fundadores, organizadores, impulsores y promotores, dos de ellos extranjeros, mostraron en la escena imágenes antes no vistas en los teatros de la ciudad. Por ejemplo, Fernando Wagner exhibió novedosas escenografías e incorporó elencos formados por actores mexicanos y estadunidenses. Una peculiaridad que lo distingue fue que en casi todas sus puestas en escena se habló en inglés.

Por su parte Seki Sano, el otro director extranjero, logró que el local teatral del Sindicato Mexicano de Electricistas (SME) que lo acogió, modificara el foro teatral de tal manera que el escenario involucrara al espectador. Además, entrenó a sus actores bajo un sistema de actuación que había hecho suyo con base en las enseñanzas del director ruso Constantin Stanislavski. En tanto que en sus montajes se vio la escuela del otro maestro ruso: Vsevold Meyerhold. Vale decir que durante este periodo su labor más importante fue educativa, al enfocar su actividad al entrenamiento de sus actores.

---

[9]   José E. Pacheco, "Compilación y nota preliminar", en *La vida en México en el periodo presidencial de Manuel Ávila Camacho*, México, CNCA, 1994, p.14.

Tanto Seki Sano como Wagner ejercieron la función de director en un sentido contemporáneo, tal como lo apunta el sociólogo francés Jean Duvignaud, como "el amo del reino";[10] como "el responsable de la creación de ese mundo ficticio", de manera que el director se convierte en un "creador estético".[11]

En cuanto a Usigli, de acuerdo con lo que puede considerarse su declaración de principios, anunciaba que Teatro de Medianoche sería una nueva escuela para actores; fue tan corto el tiempo de existencia de esa agrupación que no puede apreciarse como tal. No obstante, es evidente que su forma de actuación se diferenció, en la medida en que, como resalta Usigli, desapareció la concha de apuntador, lo que implicaba memorizar las obras y por lo tanto conferir cierto tiempo –más de una semana– para los ensayos; elementos no considerados por aquellas compañías que seguían el modelo español.

Un elemento que acerca a los cuatro directores antes nombrados fue haber convocado y rodearse de gente joven, a la cual pretendieron formar como sus actores. Es decir, en cada uno de ellos existía la inquietud y el interés por fundar una escuela de teatro y hacer de los jóvenes otro tipo de actores.

Por su parte, la mayoría de ellos no colaboraron con los cuatro directores; pocos lo hicieron. Tal es el caso de Ignacio Retes y Mario Ancona, quienes participaron en Teatro de Medianoche con Usigli y en el de las Artes con Seki Sano. Eduardo Noriega y Clementina Otero actuaron con Usigli y después con Wagner. Otero se dio a conocer en el Teatro de Ulises, participó en las temporadas del Orientación, como parte de la compañía La Comedia Mexicana y la Compañía de Virginia Fábregas. Es decir, para entonces ya contaba con una trayectoria en el ámbito teatral.

José Elías Moreno estuvo con Usigli y muchos años después participó en una puesta en escena de Seki Sano. Lucille Bowlin fue asistente de director de Usigli en Teatro de Medianoche por un cortísimo tiempo y fue actriz en una puesta de Wagner en el Panamericano. Como ya se mencionó, Ignacio Retes fue asistente de director tanto de Usigli como de Seki Sano y también actor de

---

[10]   Así titula Duvignaud el apartado III de la quinta parte del libro *Sociología del teatro*, 2a. ed., México, FCE, 1980, pp. 442-445.
[11]   *Ibid.*, p. 412.

ambos directores. Entonces se puede decir que los actores participantes en estos cuatro grupos contaban con entrenamientos relativamente diferentes, pero cuya intención era modificar la forma
de actuar dominante.

En este tema, llama la atención la cantidad de artículos publica-
dos por Seki Sano durante este periodo, bastantes en comparación
a los escritos de los otros directores. En Teatro de las Artes, por supuesto, los actores fueron formados por Seki Sano, una minoría tenía experiencia previa por haber participado en grupos de aficionados pero, según el director japonés, esa experiencia más que
ayudarlos les estorbaba.

En Teatro Panamericano se puede advertir que en general los
actores y actrices estadunidenses habían pasado por una escuela y
todos (o por lo menos los más mencionados en la prensa) contaban con una trayectoria en diversas agrupaciones o compañías de
diferentes ciudades de Estados Unidos; por eso en sus declaraciones periodísticas Wagner los llamaba profesionales. En cuanto a los
actores nacionales, sus orígenes fueron diversos; por ejemplo, Pedro Armendáriz venía del cine y, según el crítico Antonio Magaña
Esquivel, "por aquel entonces sin ningún relieve".[12] Clementina Otero contaba con una trayectoria como ya se mencionó, y los demás
actores de Teatro Panamericano eran alumnos de Wagner que se
iniciaban en el oficio, como Eduardo Noriega y Fernando Torre
Lapham, asistente de dirección de Wagner.

Algunos actores de Teatro de Medianoche, cuyo nombre aparece en el listado del grupo de repertorio, habían trabajado antes con
Usigli. Los actores huéspedes que fueron protagonistas de varias
obras presentadas en esa temporada, tenían una formación más
bien hecha en los escenarios, como es el caso de José Crespo, que
venía del teatro Ideal. Rodolfo Landa se había iniciado en el Orientación y había trabajado en la compañía de Fernando Soler y
Clementina Otero.[13]

En la Linterna Mágica, alguno de los actores de Retes había sido
compañero de él en la escuela de Seki Sano del Teatro de las Artes,

---

[12] Antonio Magaña Esquivel, *Imagen y realidad del teatro en México (1533-1960)*,
México, CNCA-INBA-Escenología, 2000, p. 232.
[13] Véase Anexo 5. Programa general de la temporada de Teatro de Medianoche.

como Lucila Alarcón. Con Gabriela Peré o Gabriela Perches, Retes había trabajado años atrás en el teatro de la Universidad de San Luis Potosí, y de los demás era su maestro y director.

Así, un tema que resalta es la formación de actores. En los cuatro creadores rondaba la idea de crear una escuela como se ha podido advertir. Constituir grupos era una manera de colocarse en el papel de maestros. Idea que llevarán a cabo años después, aliados a otros creadores. Por ejemplo, Wagner participó con Concepción Sada, Xavier Villaurrutia, Clementina Otero, André Moreau y otros en el establecimiento de la Escuela de Arte Dramático de Bellas Artes en 1946. Más tarde, Usigli y Wagner, al lado del maestro Enrique Ruelas, fueron los fundadores de la carrera de Literatura dramática en la UNAM (1949). También se puede ver a Wagner, Retes y Seki Sano como parte del personal docente de la escuela de la Academia Cinematográfica, cuya dirección estuvo a cargo de Celestino Gorostiza de 1942 a 1951.[14]

Es indiscutible que los cuatro directores no formaban parte de un grupo o secta teatral, pero por supuesto se conocían y consideraban el trabajo de los otros. Como ejemplo se puede aludir a la nota periodística firmada por Usigli sobre Wagner y Teatro Panamericano, donde pondera la labor del director germano-mexicano como maestro y lo muestra como un esforzado luchador en favor del teatro y por la creación de una escuela. La referencia documental a la que se alude, se cita y comenta ampliamente en el capítulo sobre Teatro Panamericano.

José Ignacio Retes, por su cercanía con Usigli y Seki Sano, habla de ellos como sus mentores y cuando creció en el oficio, se separó de ambos. Con la distancia de más de 60 años, al escucharlo se puede percibir aún su gran respeto por Seki Sano.

En la medida en que no eran un grupo de amigos a la manera de los Contemporáneos, uno puede preguntarse si compartían algunas ideas acerca del teatro. Una, aunque no explícita en los cuatro directores, era que la mayoría de las puestas en escena que veían en los teatros de la ciudad de México no las consideraban como las más adecuadas para sus modelos artísticos. Por lo demás, como ya se ha dicho, Wagner perfilaba su trabajo como el de un director

---

[14] A partir de 1949 la Academia se convirtió en Instituto Cinematográfico de México.

moderno, en el sentido que ya se ha expresado; contaba como antecedente haber sido discípulo del director alemán Max Reinhardt.

Seki Sano traía el cúmulo de enseñanzas recibidas directamente de los directores rusos Stanislavski y Meyerhold, quienes habían innovado el arte dramático y la puesta en escena. Además de cumplir el papel de docente, como Wagner, Seki Sano también perfiló su papel de director escénico.

Usigli estuvo becado en la Universidad de Yale, Estados Unidos (1936), donde asistió a cursos de dramaturgia y dirección; ahí conoció a algunos de los discípulos de George Bernard Shaw, lo cual contribuyó a que fuera un fiel seguidor del dramaturgo inglés. A diferencia de los otros tres creadores, sus inquietudes estaban más cercanas a los problemas de la dramaturgia, que a los de la dirección. Por su parte, Retes se inició con Usigli, pero quien verdaderamente le brindó las herramientas para la dirección escénica fue Seki Sano, enseñanzas que siguió y desarrolló.

Quizá otra característica que une a los cuatro teatristas fueron sus inquietudes sociales. Si pudieran medirse de más a menos, se podría decir que en el nivel más alto estaría Seki Sano. En sus escritos y declaraciones de este periodo, se observa con más claridad su concepción del teatro como un artífice pedagógico coadyuvante de la revolución social. De ahí que Teatro de las Artes tuviera como apellido *teatro del pueblo y para el pueblo* y las obras teatrales presentadas: *Esperando al zurdo* de Clifford Oddets y *La rebelión de los colgados* basada en la novela de Bruno Traven, así como el ballet *La Coronela*, donde realizó la dirección escénica, evidentemente fueran de denuncia social.

Buena parte de las obras que presentó Retes también eran de contenido social, como *Los que vuelven* de Juan Bustillo Oro, *Mariana Pineda* de Federico García Lorca, *Los zorros* de Lillian Hellman e *Israel* de José Revueltas.

En el siguiente nivel está Wagner, quien en la primera temporada presentó *Bury the dead* (*Enterrad a los muertos*) de Irwin Shaw, que era una fuerte crítica a la segunda Guerra Mundial. Las demás obras presentadas durante las diversas temporadas, aunque no contienen denuncia social, muestran la idiosincrasia estadunidense y mexicana y, además, parodian actitudes de la gente de ambos países.

Y en el nivel más bajo estaría Usigli, quien tenía inquietudes de tipo social con relación a la identidad del mexicano, a la corruptibilidad de los funcionarios y gobernantes, pero estas preocupaciones más bien las plasmó en su dramaturgia y no en la elección de las obras representadas en Teatro de Medianoche. Vale decir que el interés de Usigli por ser autor dramático más que director lo aleja de los otros tres creadores.

Otro elemento que los distancia es el repertorio. Ninguna de las obras elegidas por los directores se repite en alguno de los otros grupos. No obstante, hay cierta proximidad temática entre la selección de Retes y Seki Sano, al presentar obras que mostraban y denunciaban la vida de los trabajadores y las carencias de los desposeídos del mundo.

De la misma manera que el repertorio fue diverso, lo fueron los locales teatrales que albergaron a los cuatro grupos. Seki Sano presentó *Esperando al zurdo* por primera vez en el auditorio de la Alianza de Tranviarios; en cuanto a *La rebelión de los colgados*, primero fue vista en el teatro Ocampo de Morelia. Tiempo después ambos montajes fueron representados en el local del SME, al concluirse la construcción de éste. Paralelamente, Seki Sano dirigió, en su parte escénica, los balletes *La Coronela, Las fuerzas vivas y Procesional*, que se presentaron en el Palacio de Bellas Artes.

Teatro Panamericano estuvo alojado al principio en el Teatro del Pueblo, y después pasó al Palacio de Bellas Artes. Las puestas en escena de Wagner fueron vistas tanto en la sala principal como en el Salón Verde. Mientras que Teatro de Medianoche se alojó en el cine Rex. Y La Linterna Mágica usufructuó el escenario del local del SME que había diseñado Seki Sano.

Para dar a conocer sus presentaciones, Usigli y Wagner lo hicieron por medio de la prensa; Retes y Seki Sano por medio de la revista *Lux*, publicación del SME.[15] Los cuatro también se valieron de las invitaciones personales.

En cuanto al público asistente, los cuatro grupos fueron vistos por los críticos, quienes pueden ser considerados público especializado, y por gente cercana al arte, amigos de los creadores. El Teatro de las Artes se dirigió a un público popular; por eso trabajaba en y para el SME, constituido principalmente por los trabajadores del sindicato y sus familias. Teatro Panamericano convocó a los extranjeros de habla inglesa, residentes y turistas, así como a mexicanos conocedores de dicha lengua. Teatro de Medianoche buscó un

[15] Esta revista aún se sigue editando.

público urbano de la clase media. Por presentarse justo a la media-noche, algunos espectadores despistados pensaron que sus espectáculos podían parecerse a los que se presentaban en el teatro Apolo;[16] es muy probable que no regresaran a un segundo programa. La Linterna Mágica amplió su público, pues además de los sindicalistas a quienes automáticamente se dirigieron los espectáculos, también buscó a la juventud estudiosa de la clase media, y muchos de sus invitados pertenecían a este sector de la población.

Puede considerarse que los cuatro directores buscaban mostrar puestas en escena con calidad. Este término provoca problemas, ¿cómo definir el término *calidad*? Varias respuestas pueden hacerlo y quizá no sean satisfactorias. Calidad puede ser que el espectáculo esté bien "armado", pero ¿en opinión de quién o con relación a qué lo está? Calidad también podría ser que sea bonito, ¿para quién? Calidad puede ser que a la gente le guste, ¿el aplauso es suficiente? ¿Cómo saberlo a ciencia cierta? Hasta hace poco es que se hacen encuestas de salida y otros tipos de estudios con relación al teatro y sus públicos. ¿La calidad también podría medirse por el éxito de la obra? ¿Cómo se mide esto? ¿Por la asistencia del público, por la entrada económica, por la permanencia en cartelera? ¿La calidad implica éxito?

Es difícil dar una respuesta. Sin embargo, se intentará tomando en cuenta los elementos teatrales que los directores elaboraron, trabajaron y realizaron en sus grupos respectivos. Wagner replanteó en Teatro Panamericano el uso del espacio por medio de las escenografías presentadas, y en cuanto a la actuación, buscaba verosimilitud. A Seki Sano le disgustaba enormemente el tipo de actuación que veía en los escenarios citadinos, y por ello consideró, en primer lugar, formar a sus actores; buscaba un actor natural y verosímil. Además pretendía que el mensaje de las obras tuviera un contenido social. Usigli, por su parte, declaraba su pretensión de hacer puestas en escena realistas y en lo correspondiente a la escenografía, da la impresión de haber logrado su intención. También pretendía que sus actores fueran precisos; la crítica de la época se mostró complacida con los actores de cierta trayectoria, rechazó a los noveles o bien ni los mencionó. Por su parte, Retes siguió las pautas de Seki Sano. En resumen, para este trabajo, *calidad* tiene que ver

[16] Véase el capítulo I que da cuenta del panorama teatral.

con una actuación verosímil, con usos del espacio escénico novedosos y con obras que contengan cierto interés social.

Otro elemento que vincula a los directores, como ya se dijo, es
haberse rodeado de jóvenes. Esto les permitió poner su sello en
sus representaciones y mostrar el trabajo actoral de sus noveles
integrantes quienes no recitaban, ni engolaban la voz; ni "cortaban
el castellano" o pronunciaban castizamente,[17] es decir, no habla-
ban a la manera española "pomposa y grandilocuente".[18] En suma,
fueron coordinadores de sus espectáculos.

No obstante, Usigli quería demostrar que se podía hacer teatro
sin pertenecer a alguna institución, realizar una hazaña de tal en-
vergadura aun fuera del presupuesto oficial. A su vez Seki Sano y
Retes pretendían un teatro revolucionario ideológicamente y trabajaron en la institución indicada para enviar ese mensaje.

Se puede decir que fueron individualidades sobresalientes por
su trabajo. Pero también es posible examinarlos en un espectro más
amplio, esto es en el ámbito cultural o lo que Pierre Bourdieu llama
campo intelectual. De modo que se puede ubicar a Seki Sano y
a Ignacio Retes vinculados a la Liga de Escritores y Artistas Revolucionarios (LEAR), es decir los artistas e intelectuales de izquierda.

En tanto que a Usigli se le puede situar de manera cercana a los
Contemporáneos, un círculo de intelectuales que durante los años
veinte se había consolidado en torno a la revista del mismo nombre. De acuerdo con Roderic Camp, "el grupo sin grupo" se relacionó y se constituyó por las amistades comunes en la Escuela Nacional
Preparatoria y la Universidad Nacional. "Esos lazos literarios e intelectuales llevaron a Jaime Torres Bodet, a una carrera muy exitosa
en el campo de las relaciones exteriores y la educación, y las carreras diplomáticas y educativas de sus colegas que se entrelazaban a
menudo con la suya".[19]

Mientras Wagner, recién llegado, se fue integrando a las instituciones culturales y educativas. De tal manera, en 1935 se presentó
en el teatro Orientación con alumnos de la Universidad y en 1942

---

[17] Margarita Mendoza López, "Teatro", en *El exilio español en México 1939-1982*,
México, Salvat-FCE, 1982, p. 635.

[18] Ludwik Margules cita a Héctor Mendoza, en "De la crisis, agonía y oficio de
la farándula", *Repertorio*, núm. 27, septiembre de 1993, p. 5.

[19] Roderic A. Camp, *Los intelectuales y el estado en el México del siglo XX*, México, FCE, 1988, p. 178.

perteneció al grupo que inauguró las temporadas de teatro para niños patrocinada por Bellas Artes; en este grupo se encontraban Clementina Otero, Concepción Sada, Celestino Gorostiza y Ermilo Abreu Gómez.

Es decir, en ciertos momentos Wagner entrecruzó su camino con algunos de aquellos Contemporáneos. Años después, también Seki Sano y Retes tuvieron acceso a espacios privilegiados como el Palacio de Bellas Artes, los teatros de la Unidad Artística del Bosque, o bien, más tarde, a los locales del Instituto Mexicano del Seguro Social.

La crítica periodística del periodo tuvo a bien denominarlos *teatros experimentales*; esto también los unifica. Con relación a ese término me voy a permitir hacer una pequeña digresión, para ver desde cuándo se empezó a aplicar el término a este tipo de grupos y qué significaba. Es verdad que hurgar al respecto podría llevar a escribir otra tesis, y no se pretende sino presentar algunos testimonios y, quizás, proponer un camino para su reflexión.

En párrafos anteriores se dijo que el Teatro de Ulises ha sido considerado el primer teatro experimental mexicano. Entonces cabe hacerse las siguientes preguntas: ¿por qué y quién o quiénes fueron los primeros en denominarlo así? En efecto, el Teatro de Ulises existió de enero a junio de 1928, en su pequeño local de la calle de Mesones 42, y en mayo realizó una pequeña temporada en el teatro Fábregas. A lo largo de este periodo, y aún después de junio, apareció cierta cantidad de notas periodísticas, entrevistas y declaraciones de sus integrantes.[20]

Dos testimonios hacen pensar que a partir de entonces, el grupo de Ulises haya recibido el nombre de experimental. Uno, atribuido a Antonieta Rivas Mercado por Luis Mario Schneider, publicado en el último número de la *Revista Ulises* en febrero de 1928, donde ella menciona el término cuando dice: "empieza a cristalizar: el pequeño teatro experimental adonde se representen obras nuevas por nuevos actores no profesionales".[21]

---

[20] Se puede ampliar la información en Luis Mario Scheider, *Fragua y gesta del teatro experimental en México*, México, UNAM-El Equilibrista, 1995, y Guillermina Fuentes, "Un momento en la cultura nacional. Historia del Teatro de Ulises", tesis de licenciatura, 1986.

[21] "Los trabajos de Ulises", *Revista Ulises*, núm. 6, México, febrero de 1928, p. 39, edición facsimilar, FCE, 1980.

El otro es de Xavier Villaurrutia, en respuesta a una encuesta hecha por el periódico *El Universal* del 30 de mayo. Villaurrutia alude a que él, al lado de Salvador Novo y Gilberto Owen, fueron los "culpables" de la elección del repertorio; rechaza el calificativo vanguardia aplicado a éste, pues, aclara, la selección se debió más bien a un hilo conductor guiado por la actualidad. Y a continuación señala: "Escogí *Simili* y *Orfeo* para nuestro experimento teatral apoyándome no sólo en su innegable valor de arte, sino también, en las posibilidades de nuestro pequeño cuadro de actores".[22]

Estas declaraciones pueden ser la clave del inicio del mito como el primer teatro experimental, pues al surgir nuevos grupos similares al Ulises, como el dirigido por Julio Bracho, Escolares del Teatro (1931), Mario Mariscal, del diario *El Universal Gráfico*, dice en uno de los párrafos de su nota: "El nuevo teatro de experimentación –con un amplio campo qué explotar, como lo pusiera de manifiesto el de 'Ulises'– ofrece una extraordinaria oportunidad a nuestros autores teatrales…"[23]

De igual modo, con la aparición del Teatro de Orientación (1932) se abunda en caracterizar este tipo de grupos. José Gorostiza,[24] en la inauguración del Orientación, da la bienvenida con un discurso del cual se destaca lo siguiente: "Intentos para fundar laboratorios teatrales, en beneficio del teatro mexicano, era como un medio de difusión del teatro universal…"[25]

Por su parte, Mario Mariscal anota la labor del grupo comparándolo con otros extranjeros cuando apunta: "Teatro Orientación […] ha llenado […] las funciones de un teatro experimental de la índole de los teatros universitarios ingleses o norteamericanos, o bien de los *études* franceses".[26]

Da la impresión de que algunas de estas afirmaciones y otras más, así como los conocimientos acumulados por quien más tarde fuera un prestigiado crítico y reconocido estudioso del teatro, Antonio Magaña Esquivel, acuñaron una visión del teatro experimen-

---

[22] "Qué opinan los fomentadores del Teatro de Ulises de la crítica que se les ha hecho", *El Universal*, 30 de mayo de 1928, p. 5.

[23] Citado por Luis Mario Schneider, *op. cit.*, p. 77.

[24] Hermano mayor de Celestino y entonces jefe del Departamento de Bellas Artes.

[25] Luis Mario Scheider, *op. cit.*, p. 98.

[26] *Ibid.*, pp. 133-134.

tal. En 1939 un artículo aparecido en la revista *Letras de México* lo definió por primera vez. El escrito se refiere a la exposición de escenografía, vestuario, bocetos y maquetas del Teatro de Orientación que presentó el Palacio de Bellas Artes. Esto da pie a Magaña para reflexionar y afirmar lo siguiente:

> Estos trabajos representan una concepción escenográfica más evolucionada, un espíritu inventivo necesariamente renovador de la expresión plástica en escena. Esta concepción [...] se encuentra más cerca de los orígenes del teatro [...] Hay un esfuerzo de reducir a sus meros valores sugerentes los elementos plásticos de la escena, de suprimir todo lo que sea de esencia visual [...] limpiar la escena de detalles inútiles y de estorbos. Esto no se podía dar sino en el teatro experimental que es un tipo de laboratorio [...] El teatro experimental más importa por lo que promete que por lo que lleva realizado. Tiene la virtud de renovar el milagro del teatro y el valor de buscarse la vida en otros recursos [...] El viejo estilo ya no puede sostenerse. La época, las circunstancias y los gustos actuales piden un estilo en el que se compensen y se completen las fuerzas interiores que operan en el teatro: los actores, el decorado, la literatura.[27]

Entonces, el elemento que da continuidad a esa renovación es el *régisseur*. Se puede afirmar, casi sin lugar a dudas, que ésta fue la primera caracterización que se hizo del teatro experimental en México. Antonio Magaña la fue repitiendo y ampliando en otros escritos. De tal manera que en 1949, y ante la proliferación de grupos teatrales, expone una nueva definición:

> Se está realizando, por sus pasos contados, el desarrollo del pequeño grupo de teatro experimental, instalado en reducidas salas no comerciales y gobernado por un repertorio universal, poca gente y buena salud. Un teatro más parecido al estudio de un escritor, al taller de un pintor o al laboratorio de un investigador.[28]

Y en un escrito póstumo expone su concepción tomando elementos de los escritos previos. Con la perspectiva del tiempo, afirma la posición del director como el promotor del cambio, cuando dice:

---

[27] Antonio Magaña E., "Nuevas notas de teatro", *Letras de México*, núm. 5, 15 de mayo de 1939, p. 7.

[28] A. Magaña E., *Sueño y realidad del teatro*, México, INBA, 1949, p. 27.

"…y crear un tipo de actor con conciencia de que no era otra cosa que un instrumento en manos del texto y el *régisseur* […] porque el *metteur en escéne* (*sic*) se situaba en todos los ángulos de lo teatral para darle un estilo a la escena".[29]

Como creador de opinión, es posible pensar que estos textos, además de las conversaciones personales entre Magaña Esquivel y Celestino Gorostiza, hayan influido en este último ya que, como puede observarse en sus "Apuntes para una historia del teatro experimental" (1950) y "Panorama del teatro en México" (1957), se notan algunas ideas expresadas por el crítico. Pero Gorostiza ofrece su propia caracterización. En "Apuntes…" da cuenta del crecimiento de grupos teatrales formados por nuevos actores y jóvenes directores, cuya intención era mostrar obras que tuvieron éxito en París, Nueva York y Londres:

> Se llaman a sí mismos los "teatros experimentales" y su propósito, a veces manifiesto y a veces sobreentendido, no es otro que el de suplantar a las compañías […] "profesionales", tratando de significar con ese calificativo todo lo anticuado, lo manido, lo defectuoso, lo improvisado del teatro comercial. A estos vicios […] oponen […] La disciplina, la calidad de las obras, la respetuosa interpretación, la presentación decorosa, el amor a la profesión…[30]

En esos documentos Gorostiza hace una semblanza histórica del teatro mexicano de tal forma que ubica al Teatro de Ulises como un teatro de vanguardia, calificativo no apreciado y contra argumentado por Villaurrutia, como ya se mencionó. Por su parte el poeta, en un texto de 1966, escribió: "Fui uno de los iniciadores de la aventura de los teatros experimentales: Ulises primero; Orientación después…"[31] En él acepta o da por hecho, implícitamente, que el Ulises fue el primer teatro experimental.

Por su parte, Luis G. Basurto en el artículo "El teatro experimental en México" de 1940, hace un recuento histórico del teatro en

---

[29] A. Magaña E., *op. cit.*, p. 504.
[30] Celestino Gorostiza, "Apuntes para una historia del teatro experimental", en *México en el Arte*, núms. 10-11, INBA, 1950, p. 23.
[31] Xavier Villaurrutia, "El teatro, recuerdos y figuras", *Revista de Bellas Artes*, núm. 7, México, enero-febrero de 1966, p. 14.

Europa y ubica el origen del teatro experimental en el mundo de la siguiente manera:

> El teatro naturalista, que más tarde, como la escuela literaria, había de caer en irremediable desprestigio por su técnica fotográfica y por su afán de idealizar el culto a la materia, fue el origen y la base firme del teatro experimental. [...] Basado en un constante ensayo de ideas y de formas y de variados medios de expresión espiritual, pronto encontró [...] como producto de la lucidez de sus propagadores, un sendero propio, superior, para llegar a la superación artística y para consagrar los valores escénicos genuinos, usando una [práct]ica renovadora en dirección y mo[vimie]nto, en decorado y en vestuario.[32]

Continúa su texto y menciona a personas que en el mundo han evocado el teatro original haciendo una profunda investigación, un profundo estudio y ensayos que han sido la llave de ese "recinto misterioso que es el teatro". Termina el párrafo y lo siguiente que aparece es el título: Historia de Teatro de Ulises, sin dar una introducción que vincule lo que ha venido desarrollando con lo siguiente. Justifica la aparición del Ulises como una necesidad del ambiente teatral, y se explaya en elogios por la actitud de sus protagonistas. En otras palabras, implícitamente Basurto reconoce al Ulises como el primer teatro experimental cuando dice:

> Con la humilde sencillez de los grandes acontecimientos de arte, en una forma desinteresada, nació en México, entre el cansancio espiritual de un público avezado al teatro de fines del siglo XIX –en cuanto al drama–, y al astrakán estilo Muñoz Seca –en cuanto a la comedia–, el primer teatro experimental. La necesidad de su creación era ya inaplazable en un medio raquítico, ciego casi ante las manifestaciones de arte y ante las mejores expresiones del espíritu. [...] Las grandes realidades en el arte, suceden siempre a la decadencia, a la crisis de los valores. En México fueron tres hombres distinguidos en la Literatura y en el arte los que, animados y auxiliados por una mujer inteligente y exquisita, establecieron [...], el primer teatro, en realidad el único, con el de Orientación, que es su continuador, que puedan ser

---

[32] Luis G. Basurto, "El teatro experimental en México", *Hoy*, 1 de junio de 1940, p. 66.

el exponente de un esfuerzo y un éxito genuinamente mexicanos; y sobre todo, genuinamente artísticos.[33]

Por otro lado, Francisco Montes reflexionaba en 1951 sobre los problemas de los teatros experimentales. Para él, los factores que contribuyeron al éxito de este tipo de grupos fueron: la valoración de la figura del director, y no estar sujetos a pagar por el alquiler de un local, por lo cual no estaban sometidos a la exigencia comercial, lo que no los comprometía a estrenar en un periodo establecido sino hasta haber logrado la calidad escénica esperada. Así, contaban con el tiempo y la relativa tranquilidad para ensayar. Asimismo, en tanto que los actores no dependían de un salario fijo, no estaban sujetos a las ganancias del teatro. De tal manera respondían a intereses artísticos y no únicamente económicos.

Para Montes, el origen de los grupos experimentales fue en 1928 con el Teatro de Ulises, como paradigma de la inquietud y curiosidad por conocer y escenificar teatro internacional *actual*, más allá del español.

"Hubo que esperar –dice– un largo tiempo para que el contagio se extendiera a más personas y grupos; quienes han logrado desplazar al teatro comercial y su paupérrima calidad artística constituyendo con esto una alternativa al buen teatro…" Entre otros grupos y directores destaca la presencia del Proa Grupo, el TEA, la Nueva Generación de Actores, La Linterna Mágica, el teatro de la Reforma; a Seki Sano, André Moreau, Luz Alba, Salvador Novo, José de Jesús Aceves, Enrique Ruelas, Ignacio Retes y Xavier Rojas.[34]

Pero no todas las opiniones fueron en el mismo sentido. En 1953, Fernando Medina, en su artículo "La crisis y el teatro experimental en México", muestra un panorama de lo acontecido el año anterior en la ciudad de México. Al referirse a este tipo de grupos señala que a falta de un mejor nombre se les llama "teatro experimental, evitando reconocer que carecen absolutamente de elementos de experimentación, y que son claramente el resurgimiento del ya perdido arte dramático".[35] Para este comentarista no hay una diferencia

[33] *Ibid.*
[34] Francisco Montes, "Los problemas del teatro: los teatros experimentales", *México al Día*, México, 1 de febrero de 1951, pp. 19-21.
[35] Fernando Medina, "La crisis y el teatro experimental", *Teatro*, núm. 3, Madrid, enero de 1953, p. 32.

tajante entre lo que se denominaba teatro experimental y el otro teatro:

> En México no existe entonces la siempre subrayada diferencia entre lo profesional y lo experimental. Los dos son teatro. Lo primero es un teatro viejo, alimentado en el pasado y la inactividad, y lo segundo es un teatro sugerente, fresco, que ahora nace con empuje del caos y agotamiento del anterior, con una sola mirada hacia el futuro [...] la de hacer buen teatro.[36]

Muchos años después, en una entrevista al director Luis de Tavira, éste definió a los grupos experimentales así:

> En términos generales, entendemos por grupos experimentales a la reunión de aquellos artistas que realizan búsquedas estéticas y que en la cultura contemporánea proponen obras con nuevas formas, nuevas temáticas, nuevos canales de difusión, nuevos públicos y nuevas maneras de relación entre los creadores y ese público.[37]

Como se puede advertir, casi todas las definiciones del término experimental ponen énfasis en el adjetivo nuevo, novedoso. Llama la atención que esa última caracterización hecha por Luis de Tavira no difiera demasiado de aquella hecha por Antonio Magaña.

No obstante, como resultado de lo antes expuesto se puede acordar que el término experimental ha ido modificando su connotación de manera que, aplicado indiscriminada o selectivamente, no da una visión amplia y certera del fenómeno teatral. Estos grupos llamados experimentales no revolucionaron de manera radical y de un día para otro el teatro. De tal manera que con la creación del Ulises y los demás, no hubo un cambio total o un cambio en la mayoría de los espectáculos teatrales, como se puede comprobar en el siguiente capítulo. Por el contrario, el teatro como actividad lucrativa persistió. La presencia del Ulises abrió la puerta a un nuevo repertorio. Es decir, la propuesta de obras de actualidad presentadas por los jóvenes literatos dio pie a que se conocieran autores de otras nacionalidades, cuya dramaturgia iba del realismo al simbo-

---

[36] *Ibid.*
[37] Julio C. López C., "Guiones de teatro. Grupos experimentales precursores: Teatro de Ulises", en *Signos, el arte y la investigación*, México, INBA, 1989, p. 185.

lismo pasando por el naturalismo, dejando de lado el costumbrismo español; lo que los cronistas llamaron "repertorio universal".[38]

El Teatro de Orientación ofreció, además de un repertorio similar, la apertura total de lo visual del teatro, con la inclusión del pintor Agustín Lazo como escenógrafo y pilar del equipo que dio origen a este grupo.[39]

Para concluir esta digresión, los cambios, las modificaciones que se fueron haciendo en el teatro fueron parciales y escalonadas; ante algún hallazgo, éste se asimilaba; pero también hay que señalar que no todos los creadores buscaban en una misma línea, esas búsquedas fueron diversas. Se puede decir que los grupos estudiados en este trabajo y de los cuales dan cuenta los siguientes capítulos, propusieron algunos cambios a uno o varios elementos que constituyen ese hecho teatral. El primer capítulo de este trabajo expone la vida teatral en la ciudad y describe cómo era el espectáculo teatral imperante y cómo funcionaba; así pues, en oposición a éste fue que surgieron aquellos grupos.

No obstante, para caracterizar a ese tipo de grupos se estará de acuerdo en utilizar la definición general que ofrece Patrice Pavis respecto al "teatro experimental" cuando anota:

> El término *teatro experimental* compite con *teatro de vanguardia, teatro laboratorio, performance, teatro de investigación* o simplemente *teatro moderno*, se opone al teatro tradicional, comercial y *burgués* que busca la rentabilidad económica y se basa en fórmulas artísticas seguras, o incluso al teatro de repertorio clásico que sólo monta obras o autores consagrados. Más que un género, o un movimiento histórico, es una actitud de los artistas frente a la tradición, a las instituciones y a la explotación comercial.[40]

Queda claro que los cuatro directores estudiados en este texto tuvieron una actitud diferente de la tradición española entonces predominante y también de la explotación comercial.

---

[38] Véanse los textos de Michele Muncy, *El teatro de Salvador Novo, estudio crítico*, México, INBA, 1976, y Armando de Maria y Campos, "El ritmo del teatro. Bontempelli, por el Teatro Orientación", *Hoy*, núm. 71, 2 de julio de 1938, p. 52.

[39] Véase la parte correspondiente a Teatro Orientación en Luis Mario Schneider, *op. cit.*

[40] Patrice Pavis, *Diccionario del teatro*, Barcelona, Paidós, 1998, p. 453.

Otro interés por acercarme a estos grupos se debe a que no existen trabajos dedicados a estudiar su aparición, objetivos, desarrollo, logros y desaparición, si bien es cierto que Magaña Esquivel en *Sueño y realidad del teatro*, publicado en 1949, hace una sinopsis de varios de ellos; José Antonio Alcaraz en *Un siglo de teatro 1900-1950*… alude a ellos de manera general. Pero aún no existen estudios específicos sobre cada uno de estos cuatro grupos y todos aquellos gestados entre 1939 y 1952.

Esta situación delineó el tipo de fuentes a las que se recurrió. Por consiguiente, gran parte de las mismas son artículos de revistas y periódicos revisados para integrar la información de las agrupaciones teatrales. Por lo demás, fueron consultados el archivo de Armando de Maria y Campos, bibliografía con relación al fenómeno teatral, a los directores de los grupos, así como la historia cultural de México, de la ciudad de México, etcétera. Por otra parte, tuve la oportunidad de entrevistar al maestro José Ignacio Retes y a la maestra Josefina Lavalle, a quienes agradezco mucho su atención.

Para finalizar sólo hay que decir que el trabajo está compuesto por cinco capítulos: el primero ofrece un panorama de la vida teatral en la ciudad de México durante los años de 1939 a 1948, periodo en que se desarrollaron los cuatro grupos estudiados. Los siguientes tratan de cada uno de ellos por orden de aparición: Teatro Panamericano, Teatro de las Artes, Teatro de Medianoche y La Linterna Mágica.

En cada una de estas divisiones se presenta una semblanza biográfica de sus gestores, los motivos e intenciones por las cuales decidieron formar su agrupación, la conjunción con sus actores y demás creadores, la forma de trabajo dentro del grupo, la presentación de las obras o temporadas ante el público, lo que dijo la crítica, y una última parte donde se contrastan sus pretensiones con sus logros. Cuando se presenta la crítica se hace un análisis de los elementos teatrales que se propusieron renovar o modificar. Hay un último capítulo que resume las aportaciones de estos grupos.

Este escrito concluye con al apartado "Anexos", que contiene una cronología de las presentaciones y una relación de los programas de mano de las funciones ofrecidas por el teatro Panamericano, de Medianoche y La Linterna Mágica, el programa de estudios de la Escuela del Teatro de las Artes, el programa de mano de *La rebelión de los colgados*, el programa general de la temporada del Teatro de Medianoche, un glosario onomástico y una serie de imágenes.

El teatro en la ciudad
de México (1939-1948)

I. El teatro en la ciudad de México
(1939-1948)

El lapso que inicia con la aparición de Teatro Panamericano en 1939 y culmina con la última temporada de la Linterna Mágica en 1948, corresponde al final del sexenio del general Lázaro Cárdenas, los años de la Unidad Nacional del general Manuel Ávila Camacho y el inicio del gobierno de Miguel Alemán.

El país

El periodo gubernamental del general Lázaro Cárdenas puede considerarse la expresión más radical surgida de la Revolución mexicana, a pesar de que en los últimos años de su administración implantó una política de distensión para ganar la confianza de los empresarios, con el propósito de brindar seguridad a las inversiones y frenar la combatividad de los sectores laborales.

En cuanto a la política internacional, su gobierno sorteó las dificultades acarreadas por la expropiación de la industria petrolera, es decir, el boicot económico, el cierre de los mercados al petróleo nacional, la baja del precio de la plata y la amenaza de una intervención militar.

Esta situación cambió al estallar la segunda Guerra Mundial, con la confrontación de los países aliados –Inglaterra, Francia y Estados Unidos de América– contra los países totalitarios –Alemania, Japón e Italia–. Tal enfrentamiento redujo el juego político de México en cuanto a su afiliación en el campo internacional. Además, el compartir una amplia frontera con Estados Unidos automáticamente lo convirtió en socio comercial y aliado del entonces denominado bloque democrático.

Por su parte, Estados Unidos dirigió sus intereses a asegurar el abastecimiento de materias primas llegadas de los países de Latinoamérica para su economía de guerra. Así, previno que México no consintiera en los asedios de los países totalitarios y, sobre todo, no padeciera una situación de inestabilidad que pusiera en riesgo su frontera sur. Por ello modificó su política al fomentar una buena relación y colaboración política, económica y militar entre los dos países. En consecuencia, la agenda mexicana se abocó a recomponer la política nacional y las relaciones con el exterior, dejando de lado las grandes reformas para otro momento.

Ante dicha situación, la década de los años cuarenta estuvo marcada por dos procesos. Uno, el que llevó a cabo el grupo gobernante, a través de una política moderada, con la intención de dar un giro a las políticas sociales del cardenismo y redefinir las relaciones con Estados Unidos para adecuar la política nacional a la situación bélica.

El otro proceso se dio en el desarrollo de la economía nacional, que se vio afectada por la guerra con el cierre del mercado europeo; esto propició la ampliación de las relaciones comerciales con Estados Unidos. Ese crecimiento comercial llevó a México a subordinar su relación con el país del norte, pero también le permitió reactivar su economía por la demanda de productos necesarios para la guerra, tales como minerales, productos agropecuarios, ciertas manufacturas textiles y calzado. De igual forma, México captó capitales foráneos ante el incremento de las exportaciones.

La guerra ayudó también a constituir la política gubernamental de unidad nacional del presidente Manuel Ávila Camacho, cuyo fin era establecer la concordia de los integrantes de la familia revolucionaria y sanar las heridas sociales y políticas de fines del cardenismo.

La participación de México al lado de las democracias permitió al Estado promover una política de conciliación nacional entre los diversos sectores sociales y políticos, favoreciendo las reformas que aseguraron el control político en el país. Esa política también se tradujo en la colaboración de esos diferentes sectores en torno a las medidas de defensa del gobierno, el cual trató de dirimir las diferencias entre patrones y obreros para no desestabilizar al país.

Un ejemplo de este tipo de convivencia lo muestra Sergio Pitol en *El desfile del amor*. El novelista cuenta:

> Políticos y artistas convivían en esa reunión de una paz perfecta; damas y caballeros descendientes de las antiguas familias se mezclaban y departían sin recelo con quienes sólo en fechas muy recientes […] habían ascendido en la escala social […] los invitados nacionales y extranjeros parecían coexistir de la manera más tersa.[1]

Con el envío de un escuadrón aéreo al Pacífico se exaltó el sentimiento nacional y la participación al lado de las potencias democráticas. En el imaginario colectivo la guerra fue el suceso "que liberó al país de los fantasmas del pasado": la lucha armada, las soldaderas, los pleitos entre las facciones revolucionarias.[2] De igual modo allanó la entrada a la modernidad económica, ya que fue un periodo de impulso a la industria y de construcción de carreteras, tales como la Panamericana, que vinculó a Estados Unidos con el sur del continente. Se realizaron nuevos trazos urbanos y se incrementó la construcción de modernas edificaciones que albergaron mercados, escuelas, hospitales[3] y centros de espectáculos.

En el campo de la literatura, durante el avilacamachismo los conflictos y ámbitos populares, indígenas y sociales todavía fueron temas que se abordaron. Pero los nuevos escritores se interesaron más por recrear las vivencias de una sociedad urbana y por mostrar las confrontaciones entre los nuevos grupos sociales emergentes y los sobrevivientes del porfiriato. Asimismo incursionaron en la política cultural y en el diseño de una revolución en vías de institucionalización. Contra esa corriente destaca la figura de José Revueltas, quien inició "su atrevida obra narrativa de crítica total al sistema, al que

[1] Sergio Pitol, *El desfile del amor*, México, ERA, 1989, pp.18-19.
[2] Rafael Loyola (coord.), *Entre la guerra y la estabilidad política. El México de los 40*, México, Grijalbo-CNCA, 1990, p. 4.
[3] Durante 1948, por ejemplo, hubo una gran campaña pro construcción de escuelas primarias, tanto en la ciudad como en todo el país; en la colecta participaron actrices de teatro y cine, así como varios empresarios extranjeros radicados en México. Véase *Jueves de Excélsior* de ese año.

acusaba de haber matado ya a la Revolución Mexicana".[4] En el cine, mientras tanto, predominaron las imágenes de guerra al lado de

> […] las reminiscencias de tiempos pasados y la recreación del estilo de vida de los ahora hegemónicos agrupamientos sociales. El país entraba decididamente a la confortable velocidad del automóvil y del avión, habituándose también a los ritmos de una sociedad urbana y abierta al exterior.[5]

Al finalizar el gobierno de Ávila Camacho el perfil del país había cambiado: atrás quedaban las corrientes radicales del proceso revolucionario, su lugar lo ocupaban aquellos que se veían en el fervor industrialista, la devoción patriótica, el espíritu de conciliación nacional y el afán de convertirse en gente decente y honorable cuya principal preocupación era construir el México del siglo XX.[6]

Durante el sexenio del licenciado Miguel Alemán el desarrollo del país se orientó hacia la búsqueda de capitales extranjeros y el diseño de proyectos de desarrollo económico, con la presencia de la iniciativa privada. El orden nuevamente se establecía en la casa; anota José Joaquín Blanco que "todo debía ser patriótico, pomposo, presidencialista y conmemorativo; los símbolos nacionales no podían ser debatidos. México entraba de traje, muy peinado y con modales diplomáticos a la comunidad de naciones modernas".[7] A los artistas y escritores se les pedía lo mismo que antes

> […] pero de otro modo y con nuevas restricciones: que decoraran la idea de nación, que infundieran el respeto por la cultura y por el arte como formas de disciplina social, que condecoraran a la burocracia política con loas y murales, pero todo ello sin los modales rancheros, populistas ni facciosos de antes.[8]

Entonces México era visto por el mundo, continúa Blanco, y por lo tanto debía comportarse como mayor de edad, sin pleitos, motines o polémicas. A cambio, el Estado se interesó más por la cultura aca-

---

4 José Joaquín Blanco, "Medio siglo de literatura en México", en *Política cultural del Estado mexicano*, México, CEE-GEFE, 1983, p. 106; y Loyola, *op. cit.*, p. 6.
5 Loyola, *ibid.*
6 *Ibid.*
7 José Joaquín Blanco, *op. cit.*, p. 108.
8 *Ibid.*

démica, el lenguaje, la arquitectura, el turismo, la recuperación de las artes prehispánicas y la filosofía moderna. En reconocimiento a esa domesticación moderna de México se presentaron exposiciones, congresos y conferencias internacionales de prestigio académico. La cultura se vio representada en el secretario de Educación, Jaime Torres Bodet, quien llegó a dirigir la UNESCO; con lo cual la cultura quedó oficialmente bajo las órdenes del presidente y del partido oficial. Esto permitió poner coto o de plano expulsar la crítica y cuestionamientos que pudieran hacer artistas e intelectuales.[9]

Pero, como bien dice Blanco, no sólo debe responsabilizarse al gobierno de dicha situación; los sectores más favorecidos de la sociedad mexicana aprobaron tal actitud: empresarios, Iglesia, clase media, e incluso los sectores menos oprimidos de los trabajadores organizados.

> [...] con las medidas antiobreras y anticampesinas implantadas después de Cárdenas, y aun con él, a fin de que las causas laborales no resquebrajaran la Unidad Nacional, la mayoría popular no tenía voz ni voto, incluso se había hecho casi invisible detrás de las pesadas, brutales instituciones charras del tipo de la CTM.[10]

La ciudad

La ciudad de México entonces era pequeña, con un poco más de un millón y medio de personas asentadas en una superficie cercana a los 12 000 kilómetros cuadrados mientras se convertía en una ciudad moderna: estrenaba la ampliación de avenidas como San

---

[9] Fueron los años en que se orientaron recursos hacia la "alta cultura" y el fortalecimiento de las academias: se creó el Colegio Nacional, el Instituto Nacional de Bellas Artes (1946), la Dirección de Enseñanza Normal (1947), la Dirección General de Alfabetización, el Instituto Nacional Indigenista (1948), la Asociación Nacional de Universidades e Institutos de Educación Superior (ANUIES) y el Instituto Nacional de la Juventud (1950). En 1951, por iniciativa de Jaime Torres Bodet, en su carácter de director de la UNESCO, se creó el Centro Regional de Educación Fundamental para América Latina (CREFAL) y la Ciudad Universitaria, en 1952.

[10] José Joaquín Blanco, *op. cit.*, p. 109.

Juan de Letrán, Chapultepec y La Verónica, que después se llamó Melchor Ocampo y hoy es parte del Circuito Interior. Asimismo inauguraba la remodelación de Insurgentes, avenida Juárez y la construcción de novedosos rascacielos como Casa Nieto, ubicado en San Juan de Letrán y Juárez.

La modernidad era disfrutada por una parte de los habitantes de la ciudad, quienes se complacían por el confort que proporcionaban los servicios urbanos (luz eléctrica, agua potable individualizada, gas, teléfono) que se extendían cada vez más, sobre todo en los predios fraccionados para constituir las nuevas colonias, como Santa María Insurgentes, Narvarte o San José Insurgentes. Ese bienestar también se acompañaba de los novedosos mobiliarios y artefactos domésticos como la estufa de gas, de petróleo o tractolina, para los menos pudientes, que sustituían al carbón para los anafres o la leña para las tradicionales cocinas empotradas; así también refrigeradores, lavadoras, licuadoras y planchas eléctricas hacían cada vez más cómoda la vida cotidiana.

Por esos años los horarios de trabajo cambiaron y se hicieron corridos. Es decir, se canceló el cierre de comercios a mediodía para que la gente fuera a su casa y regresara más tarde a trabajar. Esto modificó la costumbre de comer en casa para hacerlo cerca de la oficina o centro laboral, lo que permitió la proliferación de fondas y restaurantes en el centro. Los cafés también crecieron en número y se hicieron notar, sobre todo cuando la ciudad se vio sorprendida por la llegada de inmigrantes europeos a causa de la Guerra Civil en España y la segunda Guerra Mundial.

En plena conflagración mundial y hacia finales de ésta, el país sintió sus efectos: mayor inflación, carestía, escasez y apagones en la ciudad. Al respecto, la actriz Clementina Otero cuenta sus recuerdos:

> […] los ciudadanos de todos los estratos y edades gozamos de lo lindo, celebrando los muy emocionantes apagones, que duraban media hora […] e interrumpían toda labor […] En México y otras importantes ciudades del país, los pobladores acudíamos al centro y desfilábamos en orden por las principales calles, avenidas y plazas; paseando en grupos o parejas en total oscuridad, que se iniciaba al sonar estrepitosamente la alerta durante el lapso que marcaba la Secretaría de Guerra; que expandía emocionalmente una turbación, que más que entrenarnos en previsión de un ataque aéreo, nos hacía

vibrar y sentir que estábamos en medio de un sorprendente y oscuro desfile de carnestolendas sucedido en París, Tokio, Londres o Berlín.[11]

Sin embargo, estos inconvenientes no fueron motivo para que la gente dejara de asistir a los centros de reunión y diversión como teatros, cines y cabaretes, generalmente ubicados en el centro de la ciudad.

El teatro

Roberto Núñez y Domínguez, *El Diablo*, crítico del semanario *Revista de Revistas*, desde principio de la década de los años treinta registraba en sus páginas los espectáculos de los teatros: Fábregas, Ideal, Politeama, Iris y Lírico. En uno de sus comentarios de 1934 anunció que Iris y Politeama se iban a convertir en cines y seguramente el Lírico sería demolido. Para *El Diablo* había una correspondencia entre el local y las obras escenificadas en él, de tal manera que en el Lírico se veía el género de las revistas, en el Ideal las comedias y en el Fábregas los melodramas.

Después de una rápida revisión a varias publicaciones periódicas, se puede advertir que entre 1939 y 1948, periodo de nuestro estudio, los cronistas registraron las representaciones teatrales de unos 14 locales; en cinco o seis se observa una actividad constante. Es decir, se ofrecían espectáculos casi todo el año aunque, en general, los locales cerraban durante la Semana Santa y el periodo de las fiestas de diciembre; en ocasiones alguno de esos seis teatros seguía trabajando. Los demás abrían temporalmente y también había salas cinematográficas que eventualmente daban cabida a espectáculos teatrales.

En este trabajo sólo se mencionan los locales y obras teatrales que fueron ubicados en las fuentes revisadas, pero ello no quiere decir que fueran los únicos que existían en la ciudad. A continuación se muestra un cuadro donde aparece el registro de la actividad de esos locales a lo largo del periodo estudiado. Aparecen los nombres de los locales mencionados en alguna nota aparecida en

[11]   Luis Sánchez Zebada, "Clementina, el teatro de México y la guerra", en *Los escenarios de Clementina Otero*, México, CNCA-INBA, 1999, p. 18.

Local	Años										
	1938	1939	1940	1941	1942	1943	1944	1945	1946	1947	1948
Alameda	X		X		X	X			X		
Apolo			X	X							
Arbeu	X	X	X	X		X				X	
Bellas Artes	X	X	X	X	X	X	X	X	X	X	X
Colonial			X		X						
Fábregas			X	X	X	X	X	X		X	
Follies Bergere			X	X		X	X				
Hidalgo			X	X	X	X					
Ideal	X	X	X	X	X	X			X	X	
Iris								X		X	
Lírico	X	X	X	X	X	X	X			X	
Orientación, SEP			X	X							
SME				X	X	X			X	X	X
T. del Pueblo			X	X	X						
T. en la calle									X	X	
Radioteatros		X	X					X	X		

Fuentes:

Hemerográficas: *Revista de Revistas*, 1937-1948; *Jueves de Excélsior*, 1940-1948; *México al Día*, 1939-1947; *Hoy* y *El Nacional*, 1940-1943.

Bibliográficas: Armando de Maria y Campos, *Crónicas de hoy*, México, Botas, 1941, y *Veintiún años de crónica teatral en México 1943-1948*, Beatriz San Martín (comp.), Martha Julia Toríz P. (ed., introd., notas e índice), México, INBA-IPN, 1999.

las publicaciones consultadas. Se aclara que no se revisó de manera exhaustiva la cartelera teatral, en vista de que se consultaron diarios y revistas.

A primera vista se puede advertir que entre 1939 y 1948 la actividad teatral de la capital se realizaba con cierta regularidad en los siguientes teatros: Alameda, Apolo, Arbeu, Palacio de Bellas Artes, Colonial, Fábregas, Follies Bergere, Hidalgo, Ideal, Iris, Lírico, Orientación de la SEP y el Teatro del Pueblo. También había representaciones de Teatro en la calle –en la Alameda Central o en otros parques y plazas de los diversos barrios populares de la ciudad–, así como emisiones de radioteatros por varias estaciones radiofónicas, como la XEW, la XEN, la XEQ, la XEB, la XEXA, la XEDP, Radio Universidad y Radio Educación de la SEP. A lo largo de estos años fueron escuchados, entre otros, los siguientes radioteatros: *Sueño de un día* de Rodolfo Usigli,[12] *Espectros de vivientes* de A. Izquierdo Albiñana, *Ha llegado el momento* de Xavier Villaurrutia y *De cualquier manera* de Armando de Maria y Campos.[13]

Así como *El Diablo* relacionó cada tipo de obra con el local, se puede observar, en una revisión somera, que durante estos años en los locales Alameda, Apolo, Follies Bergere, Lírico y Colonial principalmente representaron revistas y espectáculos musicales. Mientras que el Arbeu, Fábregas e Iris escenificaron comedias y melodramas; el Ideal hizo honor a su alias, "La casa de la risa", al presentar comedias. En tanto que el SME se fue configurando con un repertorio novedoso, para decirlo con Magaña Esquivel, de tipo "universal". Por su parte, el Palacio de Bellas Artes, el Hidalgo, Orientación y el Teatro del Pueblo se fueron perfilando como locales institucionales, donde el tipo de espectáculos fue variado y diverso. Lo indiscutible es que Bellas Artes se fue delineando más como un centro artístico cultural que como un simple local teatral.

En consecuencia, durante este lapso la mayor oferta la otorgaron los espectáculos de divertimento frívolo, y después los de pretensiones artísticas que entretenían al público. No se debe olvidar que para los productores de estos espectáculos era de vital importancia obtener recursos económicos. Sólo el local del SME albergó grupos experimentales y estuvo fuera de la órbita comercial. También el Palacio Bellas Artes dio cabida a varios grupos y la actividad en este espacio fue constante a lo largo de estos años.

A continuación se presenta una breve semblanza de los teatros antes mencionados.

El teatro Alameda estuvo frente a la Alameda Central de la ciudad de México, de ahí su nombre, y se inauguró en marzo de 1936.[14] Fue una sala cinematográfica y eventualmente presentó zarzuelas, comedias y espectáculos musicales.

[12] "El teatro del Aire", *Hoy*, México, 29 de abril de 1939, p. 47.
[13] Armando de Maria y Campos, "El ritmo del teatro", *Hoy*, México, 23 de diciembre de 1939, p. 58.
[14] Roberto Núñez y D., *Cuarenta años de teatro en México, descorriendo el telón*, Madrid, Rollan, 1956, y Pablo Dueñas, *Las divas en el teatro de revista mexicana*, México, Asociación Mexicana de Estudios Fonográficos, 1994.

El Apolo, cuya sede estaba al fondo de la plaza de las Vizcaínas,[15] albergó "artistas" de la revista, la comedia y del burlesque. Los estudiosos y críticos teatrales como don Armando de Maria y Campos y Antonio Magaña dan cuenta que ahí se presentaban espectáculos "de amplia pornografía para hombres solos".[16] Estos espectáculos poco educativos llevaron a las autoridades a clausurarlo definitivamente, ante las quejas constantes de que sus representaciones eran inmorales e indignas para el decoro de la ciudad.[17] No obstante, en 1940 se puede percibir que su programación fue variada: en marzo se representó *Yerma* de Federico García Lorca en una temporada de teatro moderno; en agosto hubo una obra de teatro francés moderno y para noviembre se presentó la obra *Burlesque* de Jorge Loyo.[18]

Como los locales antes mencionados, el teatro Colonial presentó compañías de revista. Éste se situaba en la entonces gran avenida San Juan de Letrán, hoy Eje Central Lázaro Cárdenas. Nació como una pequeña carpa, pero en los primeros años cuarenta se convirtió en un teatro donde entraban más de 1 200 personas; los cómicos *Palillo* y *Don Chicho* fueron parte del elenco que provocó la risa del público asistente.[19]

De igual manera en el Follies Bergere, instalado en la entonces calle de Santa María la Redonda, donde actualmente principia la Plaza Garibaldi,[20] se presentaban compañías de revista, como la de Roberto Soto, y espectáculos cómico musicales. Sin discusión alguna fue la casa del comediante Mario Moreno *Cantinflas*. En agosto de 1940 este local estuvo a punto de ser clausurado por no cumplir

---

[15] En ocasiones es llamado por los cronistas teatro Vizcaínas.

[16] Don Armando Maria y Campos a fines de 1939 calificaba los espectáculos del Apolo como: "género pornográfico apto para hombres solos o mal acompañados", *Hoy*, México, 30 de diciembre de 1939, pp. 78-79; y Antonio Magaña E., *Los teatros de la ciudad de México*, México, SOSDDF, 1974, p. 105.

[17] "Se clausuró el teatro Apolo por deshonesto", *El Nacional*, México, 24 de septiembre de 1942, p. 2.

[18] Véase *El Nacional*, 3 de marzo, 3 de agosto y 25 de noviembre de 1940.

[19] Armando de Maria y Campos, "Aniversario del teatro Colonial", en *Memorias de teatro, crónicas (1943-1945)*, México, Compañía de Ediciones Populares, [1945], pp. 121-122.

[20] En el número 41 se ubicó el local teatral. La calle también se llamó Gabriel Leyva y el domicilio del teatro fue el número 43.

con el Reglamento de Espectáculos y porque sus instalaciones no ofrecían la seguridad requerida para el público asistente. No obstante, ante la promesa de *Cantinflas* de no hacer más chistes políticos, el problema se acabó.[21]

Al igual que los anteriores, el teatro Lírico presentaba revistas y espectáculos musicales. Son legendarias las temporadas que conjuntaron a Pablo Prida, Carlos Ortega y Carlos Padilla, sin olvidar la presencia de la *Gatita Blanca*, María Conesa, y de Joaquín Pardavé.

En cambio, el Iris, asentado en la calle de Donceles, colindante de la entonces Cámara de Diputados, hoy Asamblea Legislativa del Distrito Federal, fue un espacio donde se veían espectáculos de revista y comedia. En 1945 dio cabida a las temporadas de la compañía de los españoles Pepita Melía y Benito Cibrían, así como a la formada por Roberto Soto, Carmen Amaya y el ventrílocuo Paco Miller. Hasta 1948 el Iris siguió presentando el género "revestiril"; para este periodo los diarios también lo registran como un recinto cinematográfico, como Roberto *El Diablo* ya lo había pronosticado. A pesar de su carácter tan popular, en 1949 Seki Sano presentó las también mitológicas puestas en escena de *La doma de la fiera* de Shakespeare y *Un tranvía llamado deseo* de Tennessee Williams.

Por su parte, el teatro Arbeu, ubicado en la calle de San Felipe Neri, actualmente El Salvador, y sede de la Biblioteca Miguel Lerdo de Tejada, tuvo gran actividad a lo largo del periodo. Su foro presentaba revistas, comedias, ópera y zarzuela; alojó compañías argentinas, españolas y mexicanas. Por ejemplo, acogió las compañías españolas Melía-Cibrián y Díaz-Collado; esta última integrada por Josefina "Pepita" Díaz, Manuel Collado, y el dramaturgo Alejandro Casona, quien fue recibido como director artístico cuando éste emigró a México por causa de la Guerra Civil española.[22] Ambas compañías se presentaron durante varios años en este local. Durante 1940, hospedó a la compañía Infantil Mexicana con una temporada de zarzuelas y a Usigli cuando dirigió su obra *Corona de*

---

[21] "Las autoridades iban a clausurar el Follies Bergere", *El Nacional*, México, 2 de agosto de 1940, 2a. sec., p. 1.

[22] Roberto *El Diablo* en 1937 da cuenta de lo bien recibida que era esta compañía pues rompió los precedentes respecto a la duración de las temporadas: estuvo en el Arbeu por más de medio año. En *Revista de Revistas*, México, 31 de octubre de 1937, s/p.

sombra, la cual se suspendió al día siguiente del estreno por ausencia de público. La compañía de Moreno Torroba en 1947 presentó, entre otras zarzuelas, *Luisa Fernanda*, *Caramba*, *Chulapona*, *El barberillo de Lavapiés*, *Marina* y *La moza*.

Al revisar la prensa llama la atención la trayectoria de esas compañías españolas; se han localizado varias notas periodísticas de su paso por México, Colombia, Argentina, otros países y su retorno a México para una nueva temporada. Esto lleva a pensar que antes o durante la guerra en España salieron de gira por Hispanoamérica, pero al estallar la segunda Guerra Mundial tuvieron que viajar de modo continuo por el continente.

Por su parte, en el teatro Virginia Fábregas, situado en la calle de Donceles, se presentaron comedias, melodramas y eventualmente revistas. La compañía de María Tereza Montoya, casi anualmente realizó temporada en ese local. Hacia fines de 1943 fue elegido por María Luisa Ocampo, Celestino Gorostiza y Xavier Villaurrutia –principales organizadores de la agrupación Teatro de México– para llevar a cabo ahí sus escenificaciones.

En cuanto al teatro Ideal, instalado en la calle de Dolores, también conocido como "La casa de la risa", fue sede de la compañía de las hermanas Isabel y Anita Blanch, y allí se presentaron preferentemente comedias de autores españoles, argentinos y franceses. No obstante, las hermanas Blanch, su productor Carlos Lavergne y el director artístico Francisco *Paco* Fuentes, en ocasiones mostraron una postura de apertura y riesgo. Por ejemplo en 1937 y 1938 convinieron en presentar las temporadas de la agrupación La Comedia Mexicana, con obras de María Luisa Ocampo y demás dramaturgos integrantes de la misma. Luego, en 1939, la propia compañía de las Blanch escenificó la obra de Rodolfo Usigli *La mujer no hace milagros*; después, en 1941, presentó *La ciénega* de Catalina D' Erzell. Y en 1942 dieron a conocer una convocatoria muy importante para el teatro mexicano, invitaron a los autores locales al concurso de obra dramática del Ideal. De esto da cuenta la siguiente nota periodística:

> Una tentativa en pro del surgimiento del teatro nacional se ha producido últimamente en nuestro medio citadino, la empresa del Ideal abrió un concurso para autores mexicanos y se formó un jurado compuesto en su mayoría por críticos profesionales. Como puede verse no ha faltado nada para que se produzca el hallazgo de la obra mexi-

cana en este caso del concurso preferentemente del género de comedia.[23]

La obra premiada con el primer lugar fue *Una Eva y dos Adanes*, original de don Ladislao López Negrete. El segundo lugar fue para la obra de Xavier Villaurrutia *La mujer legítima*; ambas fueron representadas en octubre de ese año.[24] El concurso provocó cierto distanciamiento entre la compañía de la actriz María Tereza Montoya y los autores mexicanos, porque la diva no podía estrenar ninguna de las 60 obras que participaron en el mencionado concurso sino hasta después de ser montadas por el empresario Lavergne. Esto la llevó a acercarse a Médiz Bolio para iniciar su temporada anual con una obra de este autor.[25]

El Palacio de Bellas Artes se inauguró en 1934 con un flamante programa musical y teatral. En función de gala la Sinfónica Nacional, dirigida por Carlos Chávez, presentó la *Sinfonía pastoral* de Beethoveen. Al terminar y después de un breve intermedio, se levantó "el telón de cristales para dar paso a la representación de *La verdad sospechosa* [...] La escenografía monumental corpórea, con multitud de cambios avalada por el escenario giratorio y los excelentes equipos mecánicos y de iluminación, obra de Carlos González".[26]

Se puede decir que, desde su construcción, este recinto significó el espacio más importante de las artes escénicas. Desde que se inauguró, la administración del Palacio fue independiente y funcionaba más o menos como otro local teatral: cualquier compañía nacional o extranjera podía alquilarlo; no se percibe una línea clara y definida sobre los espectáculos ahí presentados. Poco a poco, sobre todo a partir de 1938,[27] año en que pasó a depender de la SEP, se fue perfilando como un centro cultural y el representante de la cultura institucional, en este caso del teatro.

---

[23] Fernando Mota, "Proscenio", *México al Día*, México, 1 de octubre de 1942, p. 20.

[24] Véase *Jueves de Excélsior*, México, 1 de octubre de 1942, p. 16, y 22 de octubre de 1942, p. 32.

[25] José Luis Mayral, "Los comediógrafos mexicanos", *Jueves de Excélsior*, México, 6 de mayo de 1943, p. 4.

[26] Antonio Magaña, *Los teatros de la ciudad de México*, México, 1974, p. 116.

[27] La dirección y administración del Palacio fueron asumidas por el entonces flamante jefe del Departamento de Bellas Artes, Celestino Gorostiza.

Para decirlo con José Joaquín Blanco: la tendencia oficial se inclinó por privilegiar a los seguidores cercanos a la ruta del gobierno; a los artistas se les pidió, aunque no abierta ni explícitamente, que sus creaciones "destacaran la idea de la nación, exaltaran los símbolos patrios e infundieran respeto por la cultura y las artes en general como forma de disciplina social, esto es, participar en el cambio del país hacia la modernidad al mostrar un nacionalismo bordado de buenos modales".[28]

Por ley emanada del Congreso de la Unión en 1946, ese Departamento se transformó en el Instituto Nacional de Bellas Artes (INBA), y las secciones de Artes Plásticas, Música, Teatro, Danza y Literatura se convirtieron en departamentos. A partir de entonces el Departamento de Teatro fue el que determinó las actividades educativas, de investigación y difusión del arte teatral, cumpliendo con lo establecido en la ley de creación del INBA.

A lo largo de los años 1939 a 1948 se puede observar que el Palacio recibió compañías nacionales, extranjeras, instituciones estatales, sindicales, asociaciones civiles que mediante alquiler o convenios utilizaban el foro para reuniones sindicales, congresos nacionales, interestatales, interamericanos, mundiales, o para coronar a la reina de tal o cual festival de determinada agrupación social.

También cobijó la última temporada del Teatro Orientación (1938). Y después de 1946 su programación, y difusión por medio de la prensa, se alineó a esa modernidad nacionalista de la que habla José Joaquín Blanco, al mostrar –en 1947– la temporada denominada Comedia Mexicana, cuyo repertorio fue *La huella* de Agustín Lazo, *El pobre barba azul* de Xavier Villaurrutia y *El gesticulador* de Usigli. O bien las temporadas de Teatro Universal (1948-1949) en la cual se escenificaron obras como *Antígona* de J. Anouilh, *Como la primavera* de S. Benson, *Judith* de F. Hebbel, *Romeo y Julieta* de W. Shakespeare, *La danza macabra* de A. Strindberg, *Los girasoles* de G. Cantini, entre otras. Asimismo, la temporada de teatro para niños (1947-1948) en la que se presentaron *Sueño de una noche de verano* de Shakespeare, *Don Quijote* de Cervantes y *Astucia* de Luis G. Inclán, adaptadas por Salvador Novo.[29]

---

[28] José Joaquín Blanco, "Medio siglo de literatura en México", en *Política cultural del Estado mexicano*, México, SEP-GEFE, 1983, p. 108.

[29] Salvador Novo, *Dos años y medio del INBA. Fundación del Departamento de Teatro*, México, INBA, 1950, p. 100.

Por su parte, el teatro Hidalgo, ubicado en la calle de Regina número 52, albergó durante varios años y por cortas temporadas a compañías de refugiados españoles y grupos de actores que podrían ser llamados aficionados, como el Cuadro Dramático Proletario de los Talleres Gráficos de la Nación o los grupos participantes en el Primer Festival de Arte Popular, organizado por la Dirección General de Acción Cívica del Departamento Central.[30]

El teatro Orientación, situado dentro del edificio de la SEP, cuyo acceso estaba por la calle de González Obregón, era una pequeña sala que en 1932 inauguró su primera temporada. En 1940 el actor Miguelito Montemayor se presentó con la obra *Vivamos un sueño*[31] y al año siguiente alojó a la Agrupación Catalana d'Art Dramatic del Orfeo Catalá.[32]

En cuanto al Teatro del Pueblo, cuya sede se encuentra en las instalaciones del mercado Abelardo Rodríguez, en la calle de República de Venezuela 72, durante este periodo fue conducido por la Dirección General de Acción Cívica del Departamento Central. Su actividad no era constante, sin embargo puede advertirse que sus espectáculos eran dirigidos particularmente a un público popular. Y también que podía ser utilizado por quien lo solicitara; como en los casos de Teatro Panamericano (1939), la Compañía Infantil de Zarzuelas (1940), la Compañía de Celia Manzano (1941), o bien por Carlos González como director artístico de la Compañía Pro Teatro (1942) auspiciada por Acción Cívica.

En el periodo presidencial del general Lázaro Cárdenas, las organizaciones sindicales habían crecido; el Sindicato Mexicano de Electricistas (SME), en consecuencia, contaba entre sus afiliados a los trabajadores del sector. Hacia 1938 decidió abandonar su sede de la calle de Colombia e inició la construcción de su nuevo edificio que fue uno de los primeros del estilo arquitectónico funcionalista.[33]

---

[30] Véase *El Nacional*, México, agosto y noviembre de 1940 y enero de 1941.
[31] Véase *Jueves de Excélsior*, México, 1940.
[32] Véase *El Nacional*, México, 17 de enero de 1941, p. 4.
[33] En arquitectura, el funcionalismo se caracteriza porque, entre todas las consideraciones del proyecto, hace hincapié en aquellas que se refieren a la función por encima de lo meramente estético. En consecuencia, rechaza la ornamentación y considera que la composición de un edificio tan sólo debe expresar su cometido. Enrique Yáñez, el constructor del edificio para

Por ese tiempo, una de las actividades artísticas que ya realizaban sus agremiados era el teatro; Xavier Villaurrutia impartía clases y había formado un grupo.[34] Más tarde Seki Sano y un grupo de artistas presentaron a los dirigentes del SME un proyecto de escuela artística para los trabajadores, el cual fue aceptado. De esto y más trata el capítulo 3, referente al Teatro de las Artes, donde se amplía la información.

Durante los años que se están historiando, el local del SME también albergó al Proa Grupo del director José de Jesús Aceves y a La Linterna Mágica de Ignacio Retes. Ambos grupos presentaron durante sus temporadas un repertorio que incluía autores noveles, mexicanos y extranjeros que, como diría Antonio Magaña, mostraron un repertorio universal. Acerca de La Linterna Mágica, el último capítulo de este trabajo da cuenta de su trayectoria.

En este corto recorrido puede notarse que la mayor oferta teatral fue la de los locales que presentaron revistas, zarzuelas, musicales y comedias, aunque éstos no siempre tuvieran un contenido educativo o estético. En otros locales como el Fábregas, Arbeu y aun el Ideal, sus dueños y las compañías que los ocuparon –sin perder su visión lucrativa– pretendieron mostrar obras con un contenido menos soez, pero que divirtiera y entretuviera al público.

Por otra parte, también hay que señalar cómo el Palacio de Bellas Artes fue ocupando un lugar preponderante durante este periodo, convirtiéndose en un recinto cultural. Podría decirse que el gobierno de la ciudad también intentó perfilar al Teatro del Pueblo de manera similar, pero sin conseguirlo. Otros espacios que albergaron grupos que estaban fuera de la órbita comercial fueron el Hidalgo, el Orientación y más tarde el local del SME.

En los siguientes capítulos se expone la trayectoria de cuatro grupos que se encontraban fuera de esa órbita comercial, cuya organización y funcionamiento eran diferentes de las compañías que se presentaban en teatros como el Lírico, Ideal, Arbeu o Fábregas. Esto da pie para distinguir la manera de operar del teatro de com-

---

el Sindicato de Electricistas en la ciudad de México, puede considerarse uno de los pioneros de la arquitectura funcionalista mexicana.

[34] Una nota dice: "El martes 4 de abril se presentó en el teatro de Orientación de la SEP *Demetrio* de Jules Romains y *El oso* de Anton Chéjov, con el grupo teatral del Sindicato Mexicano de Electricistas que dirige desde hace tiempo Xavier Villaurrutia", *Letras de México*, núm. 4, 15 de abril de 1939, p. 8.

pañía y del comercial; asimismo, para hacer una descripción de cómo era y funcionaba este tipo de teatro de acuerdo con los testimonios del literato y crítico Carlos González Peña; del actor, productor y promotor teatral Enrique Alonso *Cachirulo* y del periodista Luis Amaña.

Las compañías comerciales

Carlos González Peña cuenta que durante las primeras décadas del siglo XX, los teatros estrenaban una obra cada semana. Por ejemplo, el teatro Hidalgo de la calle de Corcheros, hoy Mesones, por tradición alojaba al melodrama; a éste asistía el público del barrio aledaño, pues el local no era tan céntrico como el Arbeu, que se encontraba a sólo dos cuadras, donde la concurrencia era más culta.

Los espectadores del Hidalgo ocupaban sus lugares y durante los intermedios solían comer viandas que para tal lapso llevaban. Dice González Peña: "La gente tiene que llevar la cena para resistir a la emoción y a la apetencia urgida. Engulle enchiladas y tacos en lunetas y galería".[35] Además expresaban con contundencia su beneplácito: aplausos y ovaciones o su desaprobación por medio de rechiflas y bullicio.

Por su parte, Enrique Alonso, quien se inició como actor de zarzuelas y aun siendo joven teatrista trabajó en la compañía de María Tereza Montoya, en su libro *Conocencias* describe con abundancia de detalles la organización de este tipo de conjuntos. No obstante, conviene hacer la siguiente aclaración: es verdad que su lectura es muy amena y logra transmitir el entusiasmo del autor, pero no se debe olvidar que son sus memorias y por ello están orientadas desde su visión artística, ideológica, en fin: de vida. De modo que sus testimonios tienden a enaltecer el tipo de teatro que él realizó. Aquí no se pretende desmerecer sus revelaciones, puesto que presentan muchas actividades cotidianas de los hacedores teatrales, las cuales él conoció y vivió.

También conviene recordar cómo estaban constituidas las agrupaciones teatrales a principios del siglo XX. Una compañía de zarzuela, en 1900, se integraba por los siguientes elementos:

---

[35] Carlos González Peña, *El alma y la máscara*, México, Stylo, 1948, p. 12

1) Primeras tiples absolutas
2) Primeras tiples cómicas
3) Segundas tiples
4) Primera tiple característica
5) Segunda característica
6) Primeros tenores
7) Primer barítono director de orquesta
8) Primer bajo
9) Primeros tenores cómicos
10) Bajo cómico
11) Segundo barítono
12) Apuntadores
13) Pareja de baile
14) Partiquinas
15) Partiquinos
16) Maestro director y concertador
17) Violín concertino
18) Maestro de coro
19) Dieciocho coristas de los dos sexos
20) Archivero
21) Guardarropa
22) Agente apoderado[36]

Por su parte, una compañía teatral contaba con tiples, características, tendres, barítonos, tenores cómicos, bajos, maestros, actrices, actores y el representante de la empresa.[37] Sin embargo, para el periodo que se estudia –y aun después–, una compañía teatral como la de María Tereza Montoya[38] contaba con menos elementos.

Así, Enrique Alonso relata su experiencia al haber trabajado con ella, hacia 1950. La diva entonces preparaba una gira a Monterrey; cuando Alonso se enteró, le solicitó integrarse a su elenco y fue citado en el teatro Arbeu, donde se iniciaron los ensayos del nuevo repertorio y le hicieron una prueba; al finalizar ésta fue aceptado. Ricardo Mondragón, quien era esposo de la Montoya, primer actor y director de la compañía, le asignó un sueldo y le entregó varios

[36] *Diario del Hogar*, México, 9 de enero de 1900, p. 3.
[37] *Diario del Hogar*, México, 7 de enero de 1900, p. 4.
[38] María Tereza Montoya decidió cambiar en su nombre la *s* por la *z* en enero de 1944, ya que según un astrólogo, eso le traería muy buena suerte. *Jueves de Excélsior*, México, 1944.

libretos para que los aprendiera de inmediato pues 10 días después salían de gira. El actor considera que, entonces, el ensayo era un rito y describe uno de dicha compañía:

> […] al fondo del escenario se ponían en semicírculo unas sillas [en número igual al] de actores. La primera figura –en este caso la Montoya– se sentaba al centro, y después los demás de centro a laterales, en orden que marcaba su categoría artística […] En el proscenio se colocaba una mesa con tres sillas; en la del centro se sentaba el apuntador; a su derecha, el director de la compañía […] y a su izquierda, el traspunte, que anotaba durante el ensayo todos los muebles y útiles que se necesitaban en la representación.[39]

Según Alonso, la silla del director era un lugar "cuasi" sagrado, porque el director "merecía un gran respeto, por haber logrado escalar ese puesto con su trabajo de muchos años".[40] Durante el ensayo, todos los presentes permanecían en silencio, no sólo por disciplina, sino también porque así iban aprendiendo las obras, lo cual facilitaba que en alguna emergencia posterior podían sustituir al actor titular de cualquier papel. La forma de trabajo que recuerda es la siguiente:

> Se ensayaba diariamente de las once de la mañana a las tres de la tarde en que nos íbamos a comer, ya que la primera función era a las cinco en punto. Salíamos del teatro cerca de medianoche, hora en que nos íbamos a cenar rápidamente, para ponernos a estudiar nuestros papeles.[41]

Las compañías de comedia estrenaban una obra por semana y las de zarzuela, dos o tres. Durante las giras, en las ciudades grandes presentaban dos o tres obras a la semana y en las ciudades pequeñas todos los días. Para la gira a Monterrey, la compañía de María Tereza Montoya se integró con "veintidós actores, un apuntador, un traspunte, una sastra, un representante y varios vestidores".[42] Antes de salir llevaban montadas las 10 primeras obras, a las que se

[39] Enrique Alonso, *Conocencias*, México, Escenología, 1998, pp. 274-275.
[40] *Ibid.*
[41] *Ibid.*
[42] *Ibid.*

sumaron tantas hasta llegar a 50 en los cuatro meses de temporada. Al respecto, Enrique Alonso cuenta:

Se llevaba la escenografía, utilería y vestuario de *época*, para todas esas obras, haciendo notar que los cabos (así se llamaba a los zapatos, botas sombreros y guantes) y toda la ropa de las obras de la *época actual* era propiedad de los artistas, lo que –en caso de los hombres– nos obligaban a llevar frac, smoking, traje gris, jaqué y abrigos y desde luego todos nuestros *cabos*, por lo que tuve que llevar sombrero de fieltro, sombrero cordobés (ya que se ponían varias obras cuya acción transcurría en Andalucía), zapatos de todos colores y los imprescindibles de *charol* para los trajes de etiqueta; además pelucas, bigotes postizos y todo un arsenal de maquillaje.

En el caso de las mujeres, vestidos de calle, de coctel, de gran gala, con sus correspondientes sombreros, guantes, joyas, mantillas y una enorme variedad de zapatos. Las pelucas necesarias para diferentes épocas y personajes; abrigos y estolas de piel.

La compañía viajaba con decorados suficientes para todas las obras que se pensaba poner, cajas y cajas de utilería y varios baúles con los libretos de todas las obras que se proyectaban, y los de obras que no se pensaban hacer… por si acaso.[43]

Todo se transportaba por ferrocarril; los actores y actrices debían presentarse muy bien vestidos, los señores con corbata y las señoras con guantes y sombrero. Durante el trayecto podían mudarse de ropa pero al llegar a su destino, debían cambiarse para aparecer muy elegantes ante la prensa que los esperaba.

En efecto, el testimonio de Alonso no difiere mucho de lo señalado por Luis Amaña en una nota periodística de 1935, donde describe el proceso para llevar a escena una comedia en el teatro Ideal:

Allí todo tiene que ser fijado de antemano, calculado con precisión. El director recibe las obras –en el Ideal principalmente de España–, las selecciona después de una lectura concienzuda, y elegida una procede al reparto de papeles de acuerdo con el personal de la compañía […] A veces hay equivocaciones o conflictos en el reparto; pero estas cosas son naturales en el teatro. La disciplina ante todo. La comedia se entrega al copista, encargado de separar el "rol" de cada personaje y después, dada la costumbre muy mexicana de estrenar cada sá-

---

[43] *Ibid.*

bado, comienzan los ensayos. El director de escena comienza por leer la obra, explicar situaciones y carácter de los personajes y ya aceptada la comedia, encarga al escenógrafo el decorado adecuado mediante un croquis que entrega como guía. Viene entonces el ensayo a la mesa los actores y actrices con sus papeles en la mano, siguen las indicaciones del director de escena: –"usted entra por este lado y hace esto, explica el director"–. La escena todavía no se reconstruye, el personaje todavía no se capta en todos sus matices, esto vendrá después cuando cada [uno] sepa ya su papel. Así pasa el primer día, ya aprendidos los papeles se hace el ensayo "a la concha". Los actores ya no tienen el papel en la mano; se guían solamente por el oído, siguiendo al apuntador. El director de escena los estudia, les explica nuevamente, les marca sus posiciones en la escena, sus entradas y salidas. Al fin viene el ensayo general con el decorado listo. El escenógrafo arma el decorado, distribuye los "laterales" y espera la aprobación del director. –"Esto aquí, eso allá". Queda la escena preparada para la función con muebles y utilería en general. Se prueban las luces y comienza el último ensayo. Todavía el director de escena hace las últimas indicaciones. Luego. ¡Estreno! Queda la obra expuesta al sentido receptivo del público que a veces ríe en una frase, que nadie se había fijado, a veces sucede hacia la quinta representación, el actor se da cuenta de que su personaje debe hacerlo de esta otra forma, que es la más justa. A la semana siguiente, vuelta a empezar. Lectura de la obra… etcétera.[44]

Lo dicho por Alonso y Amaña puede llevar a pensar que la gente que trabajaba en tales compañías comerciales era muy dedicada y profesional; y seguramente la mayoría lo era. Pero ese tipo de teatro se había desgastado y nuevas formas de hacer teatro circulaban por el mundo. Carlos González cuenta que hacia principios del siglo XX las funciones de comedia sólo se celebraban los domingos, luego se extendieron a los jueves. Él se percató que entonces:

Había tiempo de estudiar, de pensar, de ensayar las obras en vista del estreno […] semanario. Aun las compañías extranjeras […] sólo representaban martes, jueves, sábados y domingos, y, de tales días únicamente el segundo y el último con función doble. Tan saludable costumbre prescribió […] allá por los años 1911 o [19]12, haciéndose

[44] Luis Amaña Geveq, "El teatro por dentro", *México al Día*, México, 15 de mayo de 1935, pp. 18-19.

presentaciones diarias, y aun tres –tarde, "moda, noche– los domingos, invariablemente [...].[45]

Y reflexiona que, con esos periodos, cómo iban a estudiar o a ensayar los actores y actrices, si ya no había tiempo ni para comer o dormir. En consecuencia, para ser actor ya no era necesaria la sensibilidad: "sino una constitución férrea. El espectáculo se volvió comercio. Y, los pobres comediantes [se convirtieron] en jornaleros del teatro".[46]

Por otra parte muchas compañías, para subsistir, olvidaban o no cumplían con las convenciones teatrales que ese teatro había impuesto. Veamos dos ejemplos. Carlos González relata que, cuando incursionó como dramaturgo por primera vez en el Hidalgo, entregó su pieza a la compañía de la actriz española Elisa de la Maza. Se trataba de un drama en tres actos sobre un idilio rural que culmina en tragedia; la acción sucede en su natal Hidalgo, como él mismo dice: "¡Mexicano todo, mexicanísimo hasta los tuétanos!" Cuando llegó al teatro y vio la vestimenta de los actores, no daba crédito de lo que sus ojos veían:

> [...] me aterro –dice– al toparme con el galán. En mi dramático engendro tenía que hacer un tipo de muchacho gallardo, medio charro y de bonitas hechuras [...] por el que se desviven y desmayan las rancheritas [...] Pues bien, está hecho un "peladazo" de huaraches, de camisa y calzón blancos; feísimo; con unos cuantos pelos en la jeta superior, que se le erizan a manera de púas.[47]

En efecto, la representación fue una desilusión para él. "Salvo la primera actriz, todos los demás –dice– fuera de lugar [...] Escuchándolos, no me encontraba yo a mí mismo".[48]

El otro ejemplo lo da Enrique Alonso, en su libro, cuando alude a Carmen Amaya, a quien pondera por ser la única que mantuvo el género de la zarzuela cuando ya habían pasado sus mejores tiempos. Ella alquilaba el Hidalgo los domingos para dar extensas funciones desde las cuatro de la tarde hasta las 11 de la noche. Alonso

---

[45] González Peña, *op. cit.*, p. 18.
[46] *Ibid.*, p. 19.
[47] *Ibid.*, p. 16.
[48] *Ibid.*

reseña una ocasión en que asistió porque se presentaba Esperanza Iris:

> Ahí pude ver un espectáculo que a mí –lobo de teatro– me pareció alucinante. La compañía estaba formada por cantantes y actores de bastante edad, con voces en muy mal estado y físico muy deteriorado. Vestían ropajes viejos y se maquillaban –ellos y ellas– como coches recién pintados. La función duró siete horas y la última obra, que debería durar hora y quince, duró cosa de veinte minutos, ya que fue cortada a troche y moche porque había que terminar antes de las once para no pagar horas extras. Doña Esperanza estaba todavía de buen ver (de lejos) y aunque su voz estaba ya "fané y descangallada", era poseedora de una gracia singular y un magnetismo […] pero todo el elenco trabajaba con unos deseos enormes de agradar al público, y lograba que a los pocos minutos de iniciada la función quedara cautivado y perdonaba todo. Convencido de que estaba viendo una función en los mejores días del Principal […] La escenografía estaba compuesta de viejos telones raídos y sucios que muchas veces no correspondían a las necesidades del libreto, el vestuario era por lo regular el adecuado […] aunque en ocasiones tuviera más años que la más vieja tiple que ahí actuaba […][49]

El propio Alonso califica esta escena de alucinante y su testimonio muestra la agonía de ese género. También alude a la costumbre de comer durante los entreactos cuando dice que a las ocho de la noche, de acuerdo con lo estipulado por el Sindicato de Filarmónicos, se hacía un descanso que era aprovechado por los espectadores para salir a comer tortas en el estanquillo ubicado frente al teatro o comerlas en el mismo local.

Como se ha visto en este recorrido por los locales teatrales, ése era el teatro que nutría a los capitalinos. De modo que jóvenes y no tan jóvenes, mexicanos y extranjeros residentes en esta ciudad, pensaban que el teatro podía ser de otra manera, hacerse de otra forma; que los autores mexicanos podían ser llevados a la escena adecuada y dignamente; que los actores debían cambiar su forma de actuar; y algunos ya lo habían experimentado, como en el caso de Seki Sano. Estaban convencidos de que México debía contar con una escuela cuya finalidad fuera formar actores verosímiles y eso

---

[49] E. Alonso, *op. cit.*, pp. 298-299.

podía lograrse con los que estudiaran y ensayaran más de una semana su personaje. La aparición de estos grupos, llamados entonces experimentales, propició cambios en la manera de organizarse, hacer y representar el hecho teatral.

Los capítulos siguientes tratan de cuatro grupos cuyos directores buscaron modificar el teatro imperante e intentaron crear su propia escuela, aunque no fueron los únicos, como ya se ha dicho. No obstante, las enseñanzas de ellos, hablando metafóricamente, fueron las semillas que fructificaron en muchos jóvenes teatristas que a su vez han sido los maestros de otras generaciones; los ahora maduros artistas José Solé, Ludwik Margules y Héctor Mendoza, por sólo nombrar algunos.

El Teatro Panamericano o Panamerican Theatre de Fernando Wagner (1939-1943)

El Teatro Panamericano o Panamerican Theatre de Fernando Wagner (1939-1943)

Fernando Wagner

El 7 de noviembre de 1906, en la ciudad Gotinga de la región de Sajonia, nació el director y maestro, impulsor y organizador de Teatro Panamericano, Fernando Wagner. Al contar con 19 años descubrió su gran deseo de dedicarse al teatro, anhelo que comunicó a su padre, de quien recibió un rotundo no. A pesar de la negativa, decidió seguir adelante con su vocación. Viajó a Berlín e ingresó a la universidad para estudiar ciencias y artes teatrales. Durante este periodo tomó clases con los señores Pröckel y Mülhofer, y de dirección escénica con el profesor Ferdinand Gregori. Trabajó como actor en varios teatros del Estado y también fue discípulo de Max Reinhardt y Leopold Jessner.[1]

Ante las penurias personales padecidas por la falta de recursos económicos, regresó a la casa familiar. El padre, intentando alejarlo del teatro, lo envió a México para encargarse del patrimonio familiar, la Casa Wagner y Levien, empresa fundada por su abuelo don Agustín hacia mediados del siglo XIX.[2]

---

[1] Aimée Wagner, "Fernando Wagner (1906-1973)", documento mecanoescrito, Archivo personal de A. Wagner.

[2] *Ibid*. La Casa Wagner y Levien fue la primera tienda especializada en instrumentos musicales y en editar música.

Lejos de la vigilancia y presión familiar se vinculó al ámbito teatral mexicano, en el cual desarrolló su vocación. En México, primero fue profesor de clases de alemán en la Escuela Nacional Preparatoria de la UNAM (1932). Dos años después empezó a impartir el curso práctico teatral en la Facultad de Filosofía y Letras de la misma universidad.[3]

Se puede decir que para 1935 se había introducido al ambiente teatral de la ciudad de México; de acuerdo con una nota periodística, Wagner había realizado un trabajo con alumnos de la universidad en el local del Teatro Orientación.[4] Igualmente, la investigadora Josefina Brun registra que ese mismo año, con un grupo de estudiantes universitarios, Fernando Wagner primero puso en escena la obra *Bunburry o la importancia de ser formal* de Oscar Wilde[5] y, más tarde, por el tricentenario de la muerte de Lope de Vega, presentó en el Palacio de Bellas Artes *Peribáñez y el comendador de Ocaña*.[6]

Entre 1935 y 1939 Fernando Wagner viajó por Estados Unidos. En 1935 visitó varias universidades donde dio a conocer la poesía moderna alemana. Regresó a México, participó en numerosos recitales poéticos, lo que le brindó gran prestigio como declamador; dirigió y actuó en la obra *Wen der hahn krät* (*Cuando el gallo canta*) de August Hinrichs (1936).[7]

Hacia fines de 1938 y principios de 1939, viajó nuevamente a Chicago para sustentar varias conferencias sobre México. Fue entonces cuando conoció a los dirigentes del grupo de Teatro de Chicago (Federal Theatre Staff for Chicago), sociedad patrocinada

---

[3] *Ibid.*

[4] "En el Teatro Orientación […] la obra de Evreinoff y de Paul Morand *El viajero del amor*, culminaron con sus representaciones en este teatro. Trabajaron en la obra dependientes de la Facultad de Filosofía y Bellas Artes de la Universidad Nacional Autónoma de México, que dirige el profesor Wagner […] la representación tenía que resultar algo digna del adelanto de sus alumnos y alumnas […]", *El Ilustrado,* México, 9 de mayo de 1935, p. 20.

[5] Josefina Brun, "El teatro universitario de la UNAM", en *Escenario de dos mundos, inventario teatral de Iberoamérica*, t. 3, Madrid, Centro de Documentación Teatral, 1988, pp. 159-171.

[6] A. Wagner, *op. cit.* y "Fernando Wagner", *Escénica*, nueva época, núm. 12, México, julio-agosto de 1992, p. 47.

[7] *Ibid.*

por el gobierno de Estados Unidos. De 1939 a 1943 dirigió Teatro Panamericano.

En 1940 dirigió, para la temporada de teatro para niños de la Dirección de Educación Estética de la SEP, al lado de Clementina Otero, *La reina de la nieve*, adaptación y traducción de Celestino Gorostiza. A lo largo de esta década colaboró en varias ocasiones en las temporadas de teatro para niños.

En 1942 con el profesor Enrique Ruelas formó el primer grupo preparatoriano que se presentó en el Palacio de Bellas Artes con las obras *Contigo pan y cebolla* de Manuel Eduardo de Gorostiza y *A ninguna de las tres* de Fernando Calderón. Al año siguiente fue director escénico de la ópera *Fidelio,* de Beethoven, durante la temporada de Ópera Nacional.

En 1947 decidió optar por la nacionalidad mexicana, y al año siguiente llevó a escena la obra *Judith,* de Friedrich Hebbel, con alumnos de la Escuela de Teatro de Bellas Artes; de acuerdo con Aimée Wagner, esta escenificación resultó innovadora, ya que fue la primera vez que en el Palacio de Bellas Artes se utilizó el foso de la orquesta para la salida de actores.[8]

Un año después, en 1949, asumió la cátedra de técnica teatral superior, cuando la Facultad de Filosofía y Letras fundó una sección de Teatro, dependiente del Departamento de Letras. En esta tarea docente estuvo acompañado por Rodolfo Usigli y Enrique Ruelas, quienes impartieron, el primero, Historia del teatro universal y Teoría dramática,[9] y Ruelas el curso Técnica teatral.[10] Este acontecimiento que los reunió ha llevado a considerarlos como los fundadores del actual Colegio de Literatura Dramática y Teatro.

En 1957 obtuvo el grado de maestro en la UNAM. Como docente también lo fue en la Escuela de Arte Teatral del INBA, en la Escuela de Arte para Trabajadores de la SEP, en la ESIME del Instituto Politécnico Nacional y en la Escuela Superior de Guerra. Publicó tres libros: *Poesía alemana desde Rilke, Teoría y técnica teatral* y *La televisión.*[11]

---

[8]   *Ibid.*
[9]   En una semblanza biográfica de Rodolfo Usigli, este hecho se registra en 1947 y se dice que impartió los cursos de historia del teatro y análisis, y composición del drama. En *Boletín Citru*, México, núm. 1, octubre-diciembre de 1983, pp. 9-10.
[10]   A. Wagner, *op. cit.*
[11]   *Ibid.*

Su tarea principal como artista fue la de director escénico, teatral y televisivo. Montó obras de autores extranjeros y mexicanos, entre muchas otras: *La locura de los ángeles* (1957), *El escándalo de la verdad* (1960) y *Cada quien su vida* de Luis G. Basurto; *Rosalba y los llaveros* (1961) y *La danza que sueña la tortuga* (1962) de Emilio Carballido; *Debiera haber obispas* (1961) de Rafael Solana; *El color de nuestra piel* (1962) de Celestino Gorostiza; *Las cosas simples* (1963) de Héctor Mendoza y *Juego peligroso* (1965) de Xavier Villaurrutia. Para la televisión coordinó en 1953 el programa de corte cultural *Cita con el arte*. En un accidente automovilístico perdió la vida el 19 de octubre de 1973.

Teatro Panamericano

En 1939 Fernando Wagner ya se había hecho de un espacio dentro del ámbito teatral de la ciudad; combinar sus actividades docentes teatrales con la difusión de la cultura germana y mexicana en Estados Unidos le permitió conocer, en Chicago, al director "Don Farran, oficial de la Marina estadunidense, encargado del Servicio del Teatro Federal, y a John Mc Gee, director artístico del mismo".[12] Durante su estancia por aquella ciudad le propusieron poner en escena, en México, "ciertas obras importantes que ellos, por circunstancias especiales, no podían hacerlo".[13] No podían porque varias habían sido censuradas, y ese mismo año, en junio, el Congreso de Estados Unidos canceló el Teatro Federal al acusarlo de actividades antiestadunidenses, ya que un grupo de congresistas consideró que en él se habían infiltrado ideas socialistas y comunistas.[14]

En consecuencia, a Wagner el proyecto le pareció muy interesante y al regresar a México decidió organizarlo y llamarlo Teatro Panamericano.[15] Aimée Wagner dice que tal empresa también fue

---

[12] A. Wagner, "*Ex president* de Emmet Lavery y *Enterrad a los muertos* de Irving Shaw: dos obras que le fueron vetadas al Teatro Panamericano", documento mecanoescrito, 8 hojas.

[13] Manuel José Rodríguez, "Teatro Panamericano, breve charla con Fernando Wagner", *Excélsior*, México, 27 de abril de 1939, p. 4.

[14] A. Wagner, *op. cit.*

[15] Manuel J. Rodríguez, *op. cit.*

posible debido a que la Casa de música Wagner y Levien quebró y los recursos que recibió su padre los utilizó para llevar a cabo tal hazaña.[16]

Propósitos

El maestro, en otra entrevista, manifestó que Teatro Panamericano había nacido con la intención de contribuir a aproximar intelectualmente a los pueblos de habla inglesa y española por medio de representaciones teatrales, colaborando de esta manera al ideal panamericano y "de intensificar los lazos culturales e intelectuales entre los países de América por medio de actividades artísticas".[17]

Es posible decir que las ideas que constituyen el pensamiento panamericanista de Wagner tienen su base en la obra *Ex presidente* de Emmet Lavery.[18] De acuerdo con sus declaraciones, esa pieza muestra lo que sucedería si la política del "buen vecino" se tornase en la política del "hermano mayor". Armando de Maria y Campos dice que en la obra de Lavery: "el expresidente logra evitar una intervención armada de los Estados Unidos en México, pero pierde la vida en su generoso empeño".[19] Wagner considera la obra como una fantasía revolucionaria que orienta "a las masas mexicanas y a las americanas" sobre los fundamentos de las verdaderas relaciones entre ambos países. Aunque considera que "desde el punto de vista estrictamente teatral, es de positivo valor".[20]

Don Fernando anunció en varias ocasiones su próximo estreno para ser representada tanto en inglés como en español, no obstante, como dice Aimée Wagner, corrió la misma suerte que en el país del norte: fue censurada.[21]

Para Wagner, *Ex president…* contaba con los requisitos que debían cubrir las obras seleccionadas por Teatro Panamericano:

---

[16] Aimée Wagner, "Fernando Wagner", *Escénica*, nueva época, núm. 12, México, julio-agosto de 1992, p. 47.
[17] Armando de Maria y Campos, "El ritmo del teatro. El Teatro Panamericano de Fernando Wagner", *Hoy*, México, 22 de julio de 1939, p. 90.
[18] Quien era el encargado del repertorio de la agrupación estadunidense.
[19] Armando de Maria y Campos, *op. cit.*
[20] Manuel José Rodríguez, *op. cit.*
[21] A. Wagner, *Ex president…*, *op. cit.*

No queremos estrenar en México, o dar a conocer, obras de Broadway, de taquilla pertenecientes a repertorios que no nos interesan ya que tenemos trazada una especial orientación, para mostrar sólo las creaciones que tengan carácter social de alto valor artístico que sirvan para el acercamiento intelectual de ambos pueblos. Obras que nos muestren la psicología, la manera de entenderse recíprocamente.[22]

Esto puede considerarse una declaración de principios, ya que conjunta los elementos que quería destacar: obras con cierto carácter social y valor artístico; piezas cuya función vincule a los dos pueblos y que muestren su psicología.

En otra entrevista, publicada en julio de 1939, reafirma lo antes dicho y puntualiza que Teatro Panamericano estaría compuesto por actores y directores de ambos países. Con Teatro Panamericano esperaba realizar dos grandes hazañas: por una parte, cubrir la "necesidad de la capital mexicana para legitimar el teatro moderno, ausencia incomprensible con relación al avance de la pintura y la música, y dos, acrecentar el entendimiento interamericano por medio del drama".[23]

Hay que destacar que las escenificaciones se programaron para ser habladas en inglés, por ello convocó a acudir a los muchos mexicanos bilingües y a los miembros de las colonias extranjeras, quienes la recibieron con agrado. En este lapso, el propósito de Wagner no sólo era atender a los residentes estadunidenses e ingleses y turistas que periódicamente llegaban a México, sino también a los mexicanos. Una nota periodística alude al primer estreno y da la bienvenida a dicha iniciativa: "La colonia de habla inglesa impacientemente esperaba esta necesaria inclusión a la vida cultural de la ciudad de México [...]"[24]

---

[22] *Ibid*.

[23] "Drama has mexican debut with Aid of US techcnicians", *The Christian Science Monitor*, 27 de julio de 1939 (fotocopia). Archivo personal de A. Wagner. La nota también apunta sobre el origen de Teatro Panamericano y trayectoria de Fernando Wagner: "La idea surgió a raíz del encuentro del Profesor Fernando Wagner (quien fue conferenciante en Chicago), y miembros del Federal Theatre Staff for Chicago and the Midwest. El profesor Wagner fue formalmente Director de teatro del Departamento de la Escuela de Bellas Artes de México y ahora encabeza el Teatro de la Escuela de Arte para Trabajadores Núm. 1 en la ciudad de México". Traducción libre de la autora.

[24] "Town", 19 de abril de 1939 (fotocopia). Archivo personal A. Wagner. Traducción libre de la autora.

El acercamiento con el Federal Theatre Staff for Chicago le permitió a Wagner llevar a cabo esta empresa y poner en práctica los propósitos que pretendía y, sobre todo, le dio la oportunidad de hacer teatro, aunque fuera para los estadunidenses, como atinadamente señaló Rodolfo Usigli años después. Éste, en un artículo dedicado a Wagner, refiere su trayectoria, su labor en la universidad y como docente de obreros mexicanos en una escuela oficial:

> Wagner es, a su modo un agitador, [...] un romántico [...] Dio vuelta a la Universidad Nacional en pos de una escuela de teatro [...] No pudiendo hacer, ni en la Universidad, ni en Bellas Artes, ni en la Escuela de Arte para Trabajadores, un teatro mexicano para los mexicanos, y teniendo que hacer teatro, decidió hacerlo para los norteamericanos en México.[25]

Antes de abordar el desarrollo del Teatro Panamericano, hay que señalar algunos aspectos con relación al trabajo previo de Fernando Wagner en México y sus conocimientos artísticos. Como ya se dijo, en 1935 presentó el montaje de *Peribáñez y el comendador de Ocaña*; la investigadora Josefina Brun indica que dicha puesta en escena:

> [...] causó gran revuelo porque fue realizada totalmente al estilo de Max Reinhardt [...] contrastó en forma definitiva con el montaje que el año anterior había hecho Alfredo Gómez de la Vega de *La verdad sospechosa* [...] para la inauguración del Palacio de Bellas Artes [...] Wagner presentó la obra de Lope ignorando todo el peso de la vieja escuela española de la actuación redescubriendo la belleza del espacio vacío y la pronunciación natural.[26]

El comentario parece un tanto contradictorio porque primero dice que fue presentada "totalmente al estilo de Max Reinhardt" y más adelante, que "redescubrió la belleza del espacio vacío". Y parece contradictorio porque otros autores, refiriéndose a los montajes de Max Reinhardt, señalan que dentro de su eclecticismo logró fusionar las propuestas de Georg Fuchs, Adolphe Appia y otros. Al apro-

---

[25] Rodolfo Usigli, "Realidad y espejismo del Teatro Panamericano" (fotocopia), 6 de marzo de 1941, archivo personal, A. Wagner.

[26] Josefina Brun, "El teatro universitario de la UNAM", en *Escenario de dos mundos, inventario teatral de Iberoamérica*, Madrid, Centro de Documentación Teatral, 1988, pp. 159-171.

piarse de esas propuestas consiguió descubrir el decorado plástico, mostrando en sus puestas en escena decorados en planos y en
volúmenes. También de acuerdo con lo que señalan Gaston Baty y
Rene Chavance:

> Son conocidos […] los refinamientos y la habilidad constructiva que
> Reinhardt desplegaba en la erección de sus decorados sobre la esce-
> na giratoria. Los practicables se apoyan unos en otros, se ensamblan,
> se superponen y aparecen en todas sus fases en los cuadros sucesi-
> vos que se presentan sin interrupción ante los espectadores. Y la luz
> actuando sobre los volúmenes, alargando las sombras proyectadas,
> inmaterializando la cúpula horizonte que redondea su curva de yeso
> por encima de todo, completa de manera sorprendente la impresión
> de verdad […] Esta verdad […] no puede entenderla el célebre direc-
> tor alemán sin las bellas cadencias de la línea, sin las asociaciones de
> cálidos y sobrios coloridos […][27]

En el mismo sentido, Odette Aslan comenta que el director alemán
Reinhardt elegía diferentes espacios de acuerdo con las piezas que
montaba, por ejemplo, para *Edipo* utilizó el circo Schumann de Berlín; para *Sumurun* instaló un escenario con *puente japonés*, y en su
Dantón creó una asamblea revolucionaria al unir escenario y sala.[28]
Para decirlo de otra manera, Reinhardt se inclinaba por los grandes,
fastuosos y opulentos espectáculos que apenas se distinguían de
sucesos comunitarios o sociales, como una procesión o un festival
deportivo, saliéndose de los límites del teatro. Sin embargo, seguía
manteniéndose dentro de un movimiento realista, a pesar de que
estilizaba ciertos medios de expresión.[29] Esto explica por qué la
aseveración de Brun parece contradictoria.

El local

Ahora bien, cuando inició sus actividades en Teatro Panamericano,
Fernando Wagner comentó que llevaba varios meses trabajando y

[27] Gaston Baty y Rene Chavance, *El arte teatral*, México, FCE, 1992, pp. 261-262.
[28] Odette Aslan, *El actor en el siglo XX, evolución de la técnica, problema ético*,
Barcelona, Gustavo Gili, 1979, p. 177.
[29] Baty y Chavance, *op. cit.*, p. 263.

preparándose para levantar la empresa antes del estreno de la primera temporada. En la entrevista que se ha citado, agradece la ayuda recibida por el escritor y dramaturgo Julio Jiménez Rueda y por el Departamento de Acción Cívica que le facilitaron gratuitamente el Teatro del Pueblo, ubicado en las instalaciones del entonces moderno mercado Abelardo Rodríguez, en pleno corazón de la ciudad.[30]

El elenco

En cuanto al conjunto de actores, una parte lo constituían los mexicanos Pedro Armendáriz y Alfonso Ruiz *Panseco*, quienes daban "al grupo un carácter profesional", decía Wagner.[31] Debutaban las actrices Estela Gaxiola, Louise Schirmacher y el actor Cornelio Kabter, también mexicanos. Entre los estadunidenses se encontraban Lillian Schoen, colaboradora cercana de Wagner y "actriz profesional –decía éste– que ha trabajado en los mejores teatros de Chicago y de otras ciudades de la Unión Americana", y Winifred Widener, bailarina profesional que había trabajado en el Goodman Theatre, así como Nikky Branson, cuya experiencia teatral Wagner la remitía a su trabajo en Victoria, Canadá.[32]

Al hacer un recuento sobre Teatro Panamericano otros nombres que aparecen son los de Mary Temple, de la Royal Academy, quien trabajó en Londres, Canadá y Broadway; Ray Adams, del Penn State Players; Rickey Austin, quien había actuado en Montreal, Toronto, Broadway y Hollywood; Edward Binns, Jane Blair, Tom y Pat Ireland, del Cleveland Playhouse; Eddy Aboumrad, Clifford Carr y Bud Erard, que debutaron en el Panamericano, y Maurice Gnesin, director del Goodman Theatre de Chicago. De los participantes de habla hispana aparecen los nombres de Arturo de Córdova, Isabela Corona, Benito Cibrián, Pepita Melia, Consuelo Alba, Eduardo Noriega y Vicqui Ellis.[33] La participación de estos actores y actrices sustentaban ese carácter profesional que Wagner pretendía consolidar.

[30] Manuel J. Rodríguez, *op. cit.*
[31] *Ibid.*
[32] *Ibid.*
[33] Fotocopias de una revista, s.f., s. pie de imp. Archivo personal A. Wagner.

Primera temporada

Se concibió con un repertorio de ocho obras, para presentarse a partir de abril y hasta mediados de septiembre; aunque cinco fueron las escenificadas entre abril y agosto de 1939:[34] *Strange bedfellows (Extraños compañeros)* de John Mc Gee (estreno mundial), *Arms and the man (Héroes)* de George Bernard Shaw, *Bury the dead (Enterrad a los muertos)* de Irwin Shaw, *Good bye again (Adiós otra vez)* de Allan Scott and George Haight y *Rain (Lluvia)* de Colton y Randolph.

El 20 de abril de 1939,[35] en el escenario del Teatro del Pueblo se estrenó la obra de John Mc Gee *Strange bedfellows (Extraños compañeros)*, comedia que muestra los conflictos de la familia Chadwick. El tío Morton, senador en Washington, trata de salvaguardar su imagen pública, pues la conducta de su familia la puede empañar: una de sus sobrinas, actriz importante, quiere ser madre sin casarse y la otra se ha divorciado ocho veces, en tanto que las actividades de su hermano son poco claras, pero la aparición de los personajes de la abuela y el amigo logran resolver felizmente el conflicto.

El reparto lo integraron Pedro Armendáriz, Winifred Widener, Lillian Schoen, Estela Gaxiola, Louise Schirmacher, Nikky Branson, Alex Fernández, Bud Erard y Ray Adams; de acuerdo con lo expuesto por Wagner, su forma de trabajo fue con regularidad y empeño como una empresa perfectamente organizada con el fin de captar el interés del público; además confirma la colaboración del artista plástico Gunther Gerzso, en ese momento también escenógrafo del teatro de Cleveland.[36]

El segundo estreno se llevó a cabo el 27 de abril, *Arms and the man (Héroes)* de George Bernard Shaw, también en el Teatro del Pueblo. El elenco se formó con Nikky Branson, en el papel de Raina, Pedro Armendáriz como Sergio el oficial de caballería, Alex Fernández como el capitán Bluntschli, Estela Gaxiola como Lauka la sirvienta, Bud Erard como Nicola el sirviente, Winifred Widener

---

[34] Una nota periodística en inglés dice que el estreno era para el 13 de abril pero alguien del reparto enfermó y tuvieron que posponerlo para el día 20. Archivo personal A. Wagner. Traducción libre de la autora.

[35] A. de Maria y Campos, "El ritmo del teatro. El Teatro Panamericano de Fernando Wagner", *Hoy*, México, 22 de julio de 1939, p. 90.

[36] Manuel J. Rodríguez, *op. cit.*

como Catalina la matrona búlgara, y Ray Adams como el capitán Petkkof. La escenografía fue de Gunther Gerzso.

La comedia se ubica en una pequeña ciudad a las faldas de los Balcanes perteneciente a los búlgaros, quienes han vencido a los serbios. Con esta noticia inicia la obra. La acción dramática comienza con la sorpresiva entrada de un fugitivo, un oficial del ejército serbio, de origen suizo, en la habitación de una joven cuya familia es la más rica del lugar. Ella y su madre lo encubren. Cuando regresan a casa el padre y el prometido de la joven, cuentan sobre la guerra y de cómo un oficial del ejército enemigo, ahora amigo, sobrevivió al ser ocultado por una chica. Esto será el detonador para mostrar las relaciones falsas entre los jóvenes de cierta clase social y los enredos en los que interviene una doncella ambiciosa quien profetiza que ella se casará con el novio de su señorita, y ésta, con el oficial suizo.

Días después del estreno, en el periódico *Excélsior* apareció una nota de Charles H. Bond, quien comentó que no se habría alcanzado el propósito del autor porque no se llegó a la esfera del entretenimiento, pero inmediatamente después anota: "no hubo falla en la pieza, ni defectos en los actores […] sólo una escasa audiencia no supo apreciar suficientemente el esfuerzo de los actores que querían dar lo mejor de sí […]"[37]

Por el contrario, con respecto a la actuación felicita ampliamente a Alex Fernández por su sostenida caracterización del capitán Bluntschli, el oficial suizo; para él, lo mejor de la noche. Pedro Armendáriz le parece excelente porque supo administrar su personaje y juzga afortunadas las actuaciones de Estela Gaxiola como Lauka, Bud Erard como Nicola, y Ray Adams como el capitán Petkkof. De manera específica menciona a Estela Gaxiola: totalmente simpática, sensible y fresca al servir. El comentarista considera que ella, con Alex Fernández, encontraron el nivel "para traernos efectivamente el carácter vivo de Shaw […] Ellos fueron los dos únicos del reparto que cambiaron sus identidades para sustituirlas por los personajes del escritor irlandés". Finalmente considera que a Teatro Panamericano aún le falta crecer y "de patito feo puede llegar a cisne".[38]

[37] Charles H. Bond, "*Arms and the man*. Might have been", *Excélsior*, México, (s.f. legible) (fotocopia). Archivo personal A. Wagner. Traducción libre de la autora.
[38] *Ibid.*

Otra nota periodística del 6 de mayo señala un perceptible mejoramiento y considera que es una obra con gran dificultad en el repertorio de Shaw; indica que el director interpretó de tal forma la pieza que la colocó en la categoría de farsa, cuando afirma: Wagner se ha esforzado "por acentuar la sátira shaviana, sobre las tradicionales glorias a la guerra [...]"[39]

Con relación a las actuaciones, menciona que la señorita Branson, en el papel de Raina, es una caricatura, ella es la llave del esquema de puesta en escena, pero corta todo el tono armónico y la parte atractiva de la obra. Alex Fernández como Bluntschli, el hombre práctico de negocios de la guerra, es actuado con más realismo; el actor sigue al pie de la letra al autor, aunque pierde algo de humor. Estela Gaxiola como Lauka, la sirvienta con alma de aristócrata, con todo es atractiva por lo difícil de su caracterización. De los demás sólo menciona el personaje que les tocó representar y señala la nueva cara en la compañía, la de Ray Adams.[40] La nota periodística también anuncia el próximo estreno para el 18 de mayo con la obra *Lo imprevisto* (*The Unforeseen*), traducida al inglés por Julio Jiménez Rueda.[41] No obstante, esto no sucedió.

Con la escenificación de *Héroes* el 15 de junio, Teatro Panamericano inició su estancia en el Palacio de Bellas Artes. La mudanza de local también trajo cambios en el elenco: la señorita Nikki Branson fue sustituida por Annelies Morgan; Pedro Armendáriz abandonó el grupo y su personaje pasó a ocuparlo Edward Binns.[42] Otro comentario anónimo da cuenta de los cambios e indica sobre la presentación en Bellas Artes:

> La compañía mostró un considerable mejoramiento por encima de la primera representación, incluir en el reparto a Annelies Morgan levantó el nivel profesional, por el que el grupo se ha estado esforzando [...] Morgan vino a México desde los escenarios de Nueva York donde por varios años ha estado experimentando. Su presentación como Raina la heroína [...] fue encantadora, fresca y completamente segura [...] El director Fernando Wagner ha conjuntado un grupo de

[39] "Presenting stars of Mexico's English theatre. English players offer Shaw's *Arms and man*", s. pub., 6 de mayo de 1939, s.p. (fotocopia). Archivo personal A. Wagnwer. Traducción libre de la autora.

[40] *Ibid*.

[41] *Ibid*.

[42] Véanse programas de mano.

treinta actores y actrices para las producciones y un nuevo diseñador de escena ha llegado desde el Teatro de Cleveland, para manejar las cuestiones técnicas, de rápidos cambios.[43]

Al parecer, los cambios favorecieron el desempeño del grupo. La maestra Wagner dice que el cambio de teatro fue debido a que después de la segunda presentación en el Teatro del Pueblo, el fracaso económico se hizo tan evidente que Teatro Panamericano estuvo a punto de sucumbir. Pero la ayuda del Club Altrusa de asistencia infantil permitió la continuidad convirtiéndose en su patrocinador al conseguir el Palacio de Bellas Artes para las subsecuentes representaciones y encargarse de la venta de los boletos.[44] Asimismo, la nota periodística anuncia el siguiente estreno para el día 6 de julio: *Bury the dead* (*Enterrad a los muertos*) de Irwin Shaw en el Palacio de Bellas Artes.

El texto fue escrito en 1936, es una pieza antibélica cuyo asunto principal es la negativa de seis soldados muertos a ser enterrados y las complicaciones que esto trae a los altos mandos de la milicia. Muestra la relación de la elite militar con el capital y con los medios de información, para querer acallar la noticia. La solución que encuentran los generales es llevar a las mujeres cercanas a los soldados: esposas, novias, madres para que los convenzan y se dejen enterrar; situación que no logran revertir en vista de que los argumentos de los soldados son más fuertes.

El 7 de julio en *El Universal Gráfico* apareció una nota, su anónimo autor señala que a pesar de no ser una obra dedicada al público mexicano, puesto que la representación fue en inglés, eso no le impide referirse a este acontecimiento. Para él *Enterrad a los muertos* es un drama de técnica moderna por su rápida e ininterrumpida continuidad "a modo de cine", la idea de la obra es original y la finalidad precisa al condenar la guerra.[45]

Lo que se ve en escena, dice, es la protesta de seis soldados muertos que no aceptan ser sepultados y se mantienen erguidos al lado de sus tumbas hasta que termine la guerra. Muestran su

---

[43] "English cast in war play for", *Mexico Today*, 24 de junio de 1939 (fotocopia), archivo personal A. Wagner. Traducción libre de la autora.

[44] A. Wagner, *op. cit.*

[45] "Teatrales. Estreno de *Enterrad a los muertos* en Bellas Artes", *El Universal Gráfico*, México, 7 de julio de 1939, p. 6.

rebeldía por el sacrificio inútil de sus vidas; con ellos están las seis mujeres que amaron.

> […] son doce tipos de gran fuerza […] trazados admirablemente bien con unas cuantas frases: la esposa que habla del niño que él no conoció; la madre insistente en ver el rostro desfigurado del hijo, por la metralla; la mujer pobre que repite en dolorosa obsesión la cifra del exiguo sueldo del marido, que no le permite tener al niño que ella ansía y que termina su parte con una imprecación enérgica, para los que han necesitado ir hasta el sacrificio para comprender por qué causa debieron haber luchado […] y otros tipos que sirven para dar continuidad rápida a la obra, sin faltar detalles de humorismo y sátira […][46]

De esta crónica dos elementos se destacan de la puesta en escena: el lenguaje y el empleo del espacio. Del primero apunta: "es ágil lleno de frases cortantes, de paradojas sutiles y aun de palabras gruesas aplicadas con exactitud".[47] Atento observador, describe parte de la representación y de los elementos escénicos:

> El escenario, en oscuridad profunda va siendo parcialmente iluminado según la escena; en el momento del clímax, no hay una sola luz y son las voces únicamente las que trasmiten la evocación del drama. Para poner la escena, dos cortinas negras abiertas en ángulo, un pequeño templete, unos sacos de arena.[48]

El comentarista se disculpa porque le es difícil en un apretado escrito mencionar el desarrollo de cada uno de los actores y actrices, pero anima a los lectores a ver la ulterior representación del siguiente jueves en Bellas Artes, a pesar del poco inglés que sepan: "los aficionados al teatro deben ir a ver la obra, dice, perderán mucho de su belleza si no entienden todo, pero perderán todo si no la ven".[49]

Al día siguiente, 8 de julio, el periódico *Excélsior* publicó dos notas en su sección en inglés una de F. Bristol y otra de Arturo Aguilar; el primero comenta:

[46] *Ibid.*
[47] *Ibid.*
[48] *Ibid.*
[49] *Ibid.*

La obra de Shaw es una poderosa acusación a la guerra y al sistema de ganancia. La representación fue desigual pero es un buen intento de hacer justicia a una obra tan difícil […] La ficción, seis muertos en el campo de batalla que rechazan ser enterrados, el autor continúa con una serie de escenas cortas de choque hasta que no se puede pensar nada más y baja la cortina […] Los elementos de la trama, son tan buenos que podrían presentar efectos muy estremecedores en la audiencia y un destino muy desagradable a los jóvenes […][50]

Bristol valora que a lo largo de la representación hubo momentos brillantes de actuación en contraste con otros. Le pareció excelente que al abrir la escena aparecieran tres soldados viendo las tumbas de los seis muertos, pero opina que los muertos, que él vio, no estaban homogéneamente muertos; considera que realizar este tipo de papeles es difícil; no obstante, el efecto sumamente realista y lúdico se logra. Además, evalúa las actuaciones de Edward Binns como el general, Janet Marshal como la esposa que se entrega al suicidio al filo de la tumba, y Annelies Morgan como la amarga y frustrada Martha, excelente.

Para él, los momentos del cierre fueron efectivos por el discordante clamor de las voces en la oscuridad, acusando, protestando, llorando, polemizando y rezando. Sin embargo, al llegar propiamente el final, cuando los seis muertos desde la trinchera caminan imperturbables dentro del fuego de cara a la "máquina-pistola", desentonan en su actuación porque cambian su atención para fijarse en los escalones, y hacia arriba, para ver cómo cae la cortina.

En el siguiente comentario, se percibe que su autor había visto con anterioridad en otro lugar esta pieza, porque señala: "La representación pudo haber ganado como en previas producciones de la obra, esos seis simplemente enfilan sobre la parte trasera del terraplén y lentamente desaparecen de la vista".[51] También cuenta que el jueves, cuando vio la representación, "uno de los 'muertos' movía la cabeza mientras ponía atención para ver si caía la cortina, pero éstas son sutilezas".[52] No obstante, reconoce el gran esfuerzo de Teatro Panamericano por llevar a cabo este tipo de escenificaciones.

[50] F. Bristol, *Bury and Dead*, México, 8 de julio de 1939 (fotocopia). Archivo personal A. Wagner. Traducción libre de la autora.
[51] *Ibid.*
[52] *Ibid.*

Por su lado, Arturo Aguilar destaca que *Enterrad a los muertos*, un drama antibélico, construido en un acto largo con muchas escenas, usó "una simple decoración con extraños efectos de luces y cambios de luz", en la cual una de las escenas se actuó en plena oscuridad.[53]

Se queja de lo desigual del reparto, por ello agradece que los menos capaces fueran asignados a papeles menores. Felicita a Ricky Austin en su papel de capitán y a Edward Binns como el general (quienes recibieron aplausos espontáneos por sus largos parlamentos). Considera que Annelies Morgan tuvo una actuación tan buena como el clímax de la obra. Y a Fernando Wagner le da el mayor crédito por montar esta obra y por su excelente y moderna técnica de dirección. Aguilar anuncia que esta misma producción se presentará nuevamente el 13 de julio.

El 22 de julio, un anónimo cronista se refirió a dicha función. Al inicio de su escrito señala que la obra antibélica de Shaw ha sido un acontecimiento en los círculos teatrales y la prensa mexicana ha sido unánime en elogios. Considera que la elección de la obra fue de lo mejor de Teatro Panamericano hasta ese momento; "sobre todo en este tiempo que una guerra recorre tres continentes". Para él, la actuación de Annelies Morgan fue "notable, hizo una interpretación completamente convincente de la esposa amarga, Morgan no es sólo una actriz versátil, también talentosa y emocional; su actuación del jueves produjo una gran ovación del público".[54]

Es el único comentarista que se refiere a la música incidental, cuya autoría y dirección fue del maestro Ángel Salas. En la puesta en escena, la música fue ejecutada en vivo por la orquesta de la Escuela de Arte para Trabajadores; para el cronista "capturó el espíritu de la obra y su interpretación fue uniforme".[55]

Los anteriores comentarios (que describen con detalle la puesta en escena) llevan a pensar que conmocionó a los espectadores. Aunque hay que decir que Irving Shaw, en el libreto, para ubicar la acción, anota en la primera acotación cómo debe estar distribuido

---

[53] Arturo Aguilar, "*Bury and Dead* unique short drama", *Excélsior*, México, 8 de julio de 1939 (fotocopia). Archivo personal A. Wagner. Traducción libre de la autora.

[54] "Pan American play a success" (fotocopia) (s.f.). Archivo personal A. Wagner. Traducción libre de la autora.

[55] *Ibid*.

el espacio escénico. A continuación se presenta un resumen de la misma:

> El segundo año de la guerra, que habrá de empezar mañana por la noche.
>
> El escenario se divide en dos planos, al frente, el escenario escueto; al fondo, no demasiado atrás y extendiéndose a lo largo del escenario, una plataforma [...] No se hará uso de objeto alguno para adorno del escenario [...] algunos sacos de arena enteros y rotos, que yacen a lo largo de la plataforma, y de alguna tierra suelta [...] Toda la plataforma está pintada de un negro muerto. Aparece iluminada por un intenso reflector [...] Ésta es la única luz que hay en el escenario. La plataforma representará un campo de batalla, desgarrado, ya en calma, a alguna millas atrás del frente actual en donde un destacamento de enterradores, de pie en una zanja de bajo fondo [...] los espectadores les ven solamente de la cintura arriba [...] seis cadáveres [...] se amontonan a la derecha de la plataforma, envueltos en lona.[56]

A lo largo del texto dramático, el autor también va señalando las acciones que se deben realizar y los espacios que se deben iluminar para dar continuidad a la acción dramática. De los comentarios periodísticos encontrados y de lo ahora señalado, se puede inferir que Wagner estaba poniendo en práctica una concepción moderna no sólo de la dirección sino del teatro en su conjunto, en tanto que el texto dramático perfilaba el uso del espacio escénico. Wagner hizo suya la propuesta del autor y jugó con el espacio escénico, usando varios niveles, empleó pocos elementos escenográficos y manejó la iluminación empleando contrastes y produciendo efectos de luz (como lo solicitaba la dramaturgia).

Por otra parte, cabe destacar la sorpresa que le causó la dramaturgia a un cronista quien advierte en su manufactura una "técnica moderna" al presentar los diálogos con base en frases cortas, lo que permitía el desarrollo de la representación. Elegir la obra, debió de haber sido algo muy pensado y que conscientemente buscaba el efecto que obtuvo porque tenía que ver directamente con lo que sucedía y vivía el mundo en esos meses: el inicio de la segunda Guerra Mundial.

[56] Irving Shaw, *Enterrad a los muertos*, libreto, trad. Xavier Villaurrutia y Marco A. Galindo, 62 pp.

La maestra Wagner tuvo a bien comentarme que don Fernando quiso escenificarla nuevamente en 1940, en español, para lo cual la tradujeron Xavier Villaurrutia y Marco Aurelio Galindo. Después de cinco meses de ensayo se presentó por una sola ocasión. Participaban, entre otros, Fernando Torre Lapham, quien debutó como actor, y Xavier Rojas. La obra fue censurada. Entonces se dijo que no era conveniente su representación, debido a que México estaba a punto de convertirse en aliado de las potencias democráticas, por lo que no llegó a más espectadores.[57]

En oposición a la obra antibélica de julio, el 3 de agosto se presentó en Bellas Artes *Good bye again* (*Adiós otra vez*). Para el cronista de *El Universal Gráfico*, la obra era típicamente estadunidense y creía que lo sucedido en escena únicamente podría pasar en la sociedad del norte. Puesto que los personajes "tienen una psicología tan especial sobre los problemas del amor, el amorío, el matrimonio y el divorcio […] los acontecimientos se desarrollan en una forma tan graciosa y […] natural […]",[58] los autores Allan Scott y George Haight lograron una comedia graciosa por las situaciones expuestas, y el ingenio de los diálogos hizo que el público riera de buena gana.

La trama de la obra es sencilla: un escritor que recorre el país se encuentra con una antigua novia cuyo nombre no recuerda; él es despreocupado, ingenioso, mentiroso; ella, romántica, ilusa y aburrida de su matrimonio con un hombre de negocios que bien podría vivir sin ella; la solución podría ser el divorcio de ella para casarse con el escritor, pero a éste eso no le interesa; aparece entonces la secretaria atractiva, inteligente y enamorada; al final el matrimonio no se disuelve y todo acaba bien.

El comentarista de *El Universal Gráfico* dice que Fernando Wagner es un incansable y acertado director. Edward Binns, un actor de primera fila, expresivo y natural en el papel del escritor; la Morgan, como la secretaria, es un personaje demasiado sencillo para su temperamento y capacidad artística. En el reparto también se encontraba Waldeen, la conocida coreógrafa y bailarina, quien actuó el papel de la esposa con mucha gracia y finura; y con la mención de los demás integrantes le parece que la obra salió completa.[59]

---

[57] A. Wagner, *op. cit.*

[58] RFM, "Teatrales. Una comedia 'típicamente americana' estrenada en Bellas Artes", *El Universal Gráfico*, México, 4 de agosto de 1939, p. 15.

[59] *Ibid.*

Sobre el público dice lo obvio: la asistencia mayoritaria fue de estadunidenses e ingleses, pero también menciona la presencia de muchos mexicanos a quienes les interesan estas cosas del teatro. Al final de la nota anuncia como próximas funciones dos producciones mexicanas, una obra de Rodolfo Usigli y otra aún no definida; pero eso no sucedió en esta temporada.[60] Una pequeña nota aparecida en *Mexican Weekly News* menciona que la obra fue presentada por primera vez en 1932, e inmediatamente aclamada por la prensa, como una de las más simpáticas comedias vista en los últimos años en Broadway.[61]

Llama la atención la referencia a Broadway, en vista de que Wagner había dicho no querer montar obras vistas en ese lugar. ¿Acaso no se había enterado? O a pesar de saberlo, ¿le pareció pertinente presentar la obra después de la pieza antibélica?

Otra nota aparecida el 5 de agosto estima la actuación de los integrantes del reparto, pero sobre todo subraya la participación del director que "merece honores extras por la selección de esta deliciosa y sofisticada comedia moderna de comportamientos americanos, y por la rápida vivacidad en esta presentación". Además, le parece que esta producción es mejor que las anteriores y digno ejemplo de lo que Wagner "puede hacer con un reparto adecuado y capaz". Por ello, el autor anuncia que seguirá con interés las siguientes presentaciones que, dice, serán *Day dream* de Usigli y *Fumed Oak* de Noel Coward.[62] También alude al paso de la obra por Broadway y cuenta que anteriormente criticó a Teatro Panamericano por su carácter de aficionado (*amateurismo*); pero en esta representación ya no hay nada de eso. Para terminar su escrito invita al público a asistir a divertirse por sólo tres pesos en esta ciudad.

Para concluir esta primera temporada se presentó *Rain* (*Lluvia*); su última función se llevó a cabo el 26 de agosto. El comentarista de *El Universal Gráfico* refiere que dos sentimientos chocan en la obra: puritanismo y sensualidad. La historia se desarrolla en una

---

[60] *Ibid.*

[61] "Pan American Theatre, gives *Good bye again*", *Mexican Weekly News*, 5 de agosto de 1939 (fotocopia). Archivo personal A. Wagner. Traducción libre de la autora.

[62] "Good bye again makes a well deserves hit", *Mexico City*, 5 de agosts de 1939, p. 12 (fotocopia). Archivo personal A. Wagner. Traducción libre de la autora.

isla de los mares del sur donde se encuentran un misionero protestante y una mujer liviana. Al escritor de la nota le parece que las caracterizaciones de Annelies Morgan y de Edward Binns en los papeles principales fueron estupendas y aplaude la dirección de Wagner:

> El director es el que estudia cada una de las interpretaciones, las retoca, las equilibra con el resto de la obra y da a ésta la vibración que debe tener, su ritmo. Así como culmina en *Lluvia* la actuación de los actores […] se destaca la dirección de Fernando Wagner, estudioso y dinámico, que sabe que el director es, más que todo, maestro de artistas.[63]

El cronista se lamenta por el fin de la temporada sin la presentación de una obra mexicana ya ensayada, aunque no especifica cuál; y por el retorno a Estados Unidos de varios de los integrantes del elenco, a quienes desea ver nuevamente en el escenario del Palacio de Bellas Artes.

Segunda temporada

Después de algunos meses Teatro Panamericano ofreció su segunda temporada. De enero a marzo de 1940 las obras presentadas fueron: *Mexican mural* del yucateco Ramón Naya, *Boy meets girl (Muchacho conoce muchacha)* de Sam y Bella Spewack, *Night must fall (Al caer la noche)* de Emlyn Williams, y *Ashes of dreams (Escombros del sueño)* de Celestino Gorostiza.

Antes de iniciar la temporada, el cronista de *El Universal Gráfico* empezó a promoverla. En una nota menciona que *Mexican mural*, después del estreno en inglés, se iba a escenificar en español. Anuncia la obra de Usigli, *El gesticulador* y dice que ésta, como la de Gorostiza, serían presentadas tanto en español como en inglés. Auguraba éxito para Teatro Panamericano y, de manera firme y útil, para el teatro mexicano.[64]

---

[63] RFM, "Teatrales. El drama más impresionante del teatro americano. Final de temporada", *El Universal Gráfico*, México, 26 de agosto de 1939, p. 13.

[64] RFM, "Teatrales. Las mujeres sí hacen milagros o la Jettatura rota.- *Mexican Mural*", *El Universal Gráfico*, México, 15 de enero de 1940, p. 12.

Por otra parte, en la contraportada del programa de mano de esta segunda temporada, se puede leer que una de las metas del grupo era presentar obras mexicanas al lado de las mejores piezas estadunidenses, pero que en la temporada anterior, por muchas circunstancias, no fue posible producirlas. Sin embargo, la intención del director para la segunda temporada era poder presentar tres de las mejores (cuyos autores han contribuido y representan al teatro mexicano), las cuales, consideraba, serían de gran interés para turistas y residentes de habla inglesa, y siguiendo los lineamientos de Teatro Panamericano estas obras se representarían (como sucedió) en inglés.

De las tres obras mexicanas anunciadas sólo dos de ellas fueron vistas por el público: *Mexican mural* y *Escombros de sueño*; *El gesticulador* no, a pesar de ser considerada por Wagner una de las mejores.[65] El señalamiento sobre el interés del público anglófono por las piezas mexicanas lleva a pensar que la experiencia de la temporada anterior afianzó en Wagner su visión sobre cuál era el público a quien debía dirigir sus espectáculos.

Así pues, el 23 de enero se inauguró la segunda temporada en el Palacio de Bellas Artes con el estreno mundial de *Mexican mural*, obra dividida en cuatro actos, de Ramón Naya, quien la escribió en inglés y con la cual obtuvo un premio en Estados Unidos otorgado por el Group Theatre de Nueva York. Un año antes, en abril de 1939, el *Chicago Tribune* había aplaudido su premiación por presentar un cuadro variado de aspectos de la vida mexicana.[66] Para el director de Teatro Panamericano, dicha pieza era: "un drama altamente impresionante, esencialmente con tema mexicano, lleno de comentarios sobre la vida mexicana".[67]

Por su parte, un anónimo comentarista agradeció a Fernando Wagner por empezar a cumplir su promesa de dar a conocer obras mexicanas en inglés bajo la tutela de Teatro Panamericano. Sin embargo, considera que *Mexican mural* fue una producción equi-

---

[65] Contraportada del programa de temporada julio-agosto de 1940 de Teatro Panamericano.

[66] En el programa de temporada julio-agosto de 1940 de Teatro Panamericano se reproduce un párrafo de la nota periodística aparecida en el *Chicago Tribune*. Traducción libre de la autora.

[67] Contraportada del programa de temporada julio-agosto de 1940 de Teatro Panamericano. Traducción libre de la autora.

vocada porque es una composición, un cuadro mural, con débiles nexos, donde se presentan ambientes, tipos y asuntos falseados; donde se mezclan y contradicen supersticiones, hechicerías, la algarabía del carnaval veracruzano, el dolor de un entierro, riñas, asesinatos de delincuentes hablantes en español y con un rebuscado final. A pesar de ello reconoce el empeño del director y del elenco dignos de mejor obra.[68]

En cambio en *El Nacional*, otro autor refiere que dicha obra "tiene un poco de todo, malo y bueno. De todo se vale el autor, de lo pintoresco y lo melodramático, para merecer la atención de sus oyentes estadunidenses". También alude a su presentación en Nueva York.[69] Por otro lado Luis G. Basurto, en el resumen del año teatral acotó a favor de *Mexican mural* las destacadas aptitudes de Annelies Morgan, dueña de una excelente sensibilidad, y resalta "la importancia de la obra, de ser hecha para público estadunidense, y las cualidades de fuerza, sobriedad y buena arquitectura, que la caracterizaron".[70]

De acuerdo con varias notas aparecidas en los periódicos *Excélsior* y *El Universal* en sus secciones en inglés, *Mexican mural* se presentó el 1 y el 7 de febrero en Bellas Artes y el 9 en el International Club for Woman de Humbold 47. Entre los integrantes del reparto estuvieron Annelies Morgan, Edward Binns, Luz Alba, Ricky Austin, Hilda Rosembaum, Bonnie Ferher, Vicky Wagner y María Pérez Arce. Durante la función del club femenil, se incluyó una danza con Jocelyn Burke y el *scketch: You were perfectly fine* con Dorothy Parker.

Una de las notas también cuenta que varias personas se acercaron a Wagner interesadas en ser *socios* de Teatro Panamericano; esto motivó la creación de una sociedad a la que cualquier interesado podía afiliarse por sólo 15 pesos al año, lo que brindaba a los inscritos asistir a todas las representaciones y comprar cualquier número de boletos.

Aquí cabe hacer algunos señalamientos en cuanto a Teatro Panamericano cuando se presentó en el Palacio de Bellas Artes. Durante este periodo el jefe de la Sección de Teatro era don Ar-

---

[68] "Teatros", *Mexico City Post* (fotocopia). Archivo personal A. Wagner.
[69] EHM, "Columnas del Periquillo", *El Nacional*, suplemento cultural, México, 18 de febrero de 1940, p. 3.
[70] Luis G. Basurto, "Panorama escénico del año 1940", *Excélsior*, México, 1 de enero de 1941, secc. III, p.14.

mando de Maria y Campos. Su visón sobre ese grupo se puede apreciar en el siguiente texto:

> Panamericano. Agrupación de los actores nuevos de México, iniciados en diversas escuelas, bajo una técnica moderna. Obras del teatro universal, actuales, de interés vivo para el público contemporáneo. El primer esfuerzo de conjunto de actores que han conquistado individualmente un nombre.[71]

Es posible pensar que el texto anterior haya sido escrito para un boletín de prensa en virtud de la responsabilidad del crítico teatral. Por otra parte, una constante fue que en los anuncios promocionales de los montajes de Teatro Panamericano se señalaba que entre uno y otro de los actos de la obra a presentar se iluminaría la cortina Tiffany del foro de Bellas Artes.

Además, tanto en la difusión periodística como en los programas de mano, aparece el logotipo del grupo, el cual es una "P" estilizada, es decir, un círculo grueso de cuyo lado izquierdo baja una línea que se apoya sobre el vértice de una "A", que es un semicírculo alargado; dentro de éste se localiza una "T" cuya línea perpendicular a la vertical es curva. El estilo recuerda al *Art deco*.

Para concluir esta digresión, en la portada de los programas de mano aparecen dos figuras, del lado izquierdo una mujer desnuda, rodeada de flores y plantas, quien se trenza el cabello. Del lado derecho un hombre desnudo, sin pelo, rodeado de cactus; al fondo se observan unas montañas; el hombre tiene entre las manos una máscara que mira. Estos dibujos se acreditan como "Dos figuras del Teatro Orientación de Federico Canessi, reproducidas con el permiso del Departamento de Bellas Artes".

La siguiente producción se llevó a cabo el 30 de enero con el estreno de *Boy meets girl* (*Muchacho conoce muchacha*) de Samuel y Bella Spewack, "los hermanos Álvarez Quintero del teatro norteamericano", según Julio Acosta, comentarista de *Romance*. Se presentó nuevamente el 6 de febrero en el Palacio de Bellas Artes. En los papeles principales estuvieron Annelies Morgan como Susie, la camarera; Edward Binns y Clifford Carr como los sinvergüenzas au-

---

[71] Fondo Especial de Armando de Maria y C., 1940, Carpeta Sección Teatro-Ballet de Bellas Artes.

tores de Hollywood; el resto lo integraron Jane Blair, Alton Summers, Bern Sidney, Ricky Austin, Bonnye Feher, John Langdon[72] y el recién llegado al grupo Bill Ellis, como el héroe vaquero del oeste.[73]

Las notas periodísticas revisadas cuentan que la obra es una comedia hollywoodense ligera como cualquiera de las escritas en los pasados años veinte.[74] En ella se parodia y se satiriza la vida en Hollywood y el cine industrial. La historia trata sobre dos escritores de ese lugar quienes convencen a una camarera, madre de un nonato, para que él filme películas. Una de las notas acota sobre los autores de *Boy meets girl*:

> Es una sana actitud de hurgonada bromista a ellos mismos, una fuerte caracterización de Hollywood, para quien los Spewack escriben, no obstante. Ellos enfatizan el extraño hecho de un escritor de guiones, la descomunal ignorancia de un productor y lo absurdo de la firma de un nonato para hacer películas.[75]

Sobre la siguiente obra programada, *Night must fall* (*Al caer la noche*) de Emlyn Williams, las notas periodísticas que se han podido obtener nada más anuncian su representación, a excepción de Luis G. Basurto, quien en su resumen anual dice "fue un indudable acierto de composición dramática y de interpretación de los actores".[76]

La siguiente pieza programada fue *Ashes of dreams* (*Escombros del sueño*) de Celestino Gorostiza, traducción de Max Hug Austin, estrenada el 8 de marzo. Un cronista indicó que *Ashes of dreams* es un sutil análisis de las relaciones humanas. El elenco estuvo constituido por Annelies Morgan y Edward Binns como protagonistas, acompañados por Jane Blair, Ricky Austin, Jocelyn Burke, Jack Hardwick, Clarisa Barr, Lilyan Trigos, Mady Jongenell y Vicki Ellis.[77] Para el cronista de *El Universal Gráfico* la pieza de Gorostiza:

[72] *El Universal*, México, 29 de enero de 1940 (fotocopia). Archivo personal A. Wagner. Traducción libre de la autora.

[73] *Excélsior*, México, 6 de febrero de 1940 (fotocopia). Archivo personal A. Wagner. Traducción libre de la autora.

[74] *El Universal*, México, 29 de enero de 1940.

[75] "Anglo american notes", *El Universal*, México, 4 de febrero de 1940 (fotocopia). Archivo personal A. Wagner. Traducción libre de la autora.

[76] Luis G. Basurto, *op. cit*.

[77] "Ashes of dreams", *Mexico City Post*, 9 de marzo de 1940 (fotocopia). Archivo personal A. Wagner. Traducción libre de la autora.

[…] es una obra llena de sutilezas, construida con gran equilibrio y llevada desde el principio hasta el fin con un ritmo uniforme y un interés continuo. Su tema es la ilusión de un joven por encontrar a la mujer que ha forzado en su imaginación, en sus sueños; cuando cree haberla visto en un teatro, la pierde inmediatamente y se lanza a buscarla con tanta ansia como poco resultado. Y cuando la encuentra, la mujer idealizada no es como su adorador creía. El sueño se reduce a escombros. Pero el joven soñador encuentra en una mujer que estaba tan próxima a él que ni siquiera la había advertido, la encarnación de su tipo.[78]

Valora la dirección de Wagner y el escenario magníficamente puesto por Harry Altner. Para él sobresalieron las actuaciones de Edward Binns por su naturalidad y vehemencia en el papel de Arturo, y de Annelies Morgan, como Victoria, quien lo realizó con gran finura. También menciona a las cuatro muchachas que arrancan aplausos a pesar de sus breves actuaciones.[79]

El cronista de *El Nacional* también da cuenta del estreno como un hecho bastante significativo por ser la segunda obra mexicana del repertorio. Pero se lamenta, al considerar que es un síntoma alarmante que haya sido estrenada en inglés, en su traducción y no en el idioma original; pide al Comité pro Teatro de la ciudad de México hacer algo contra lo que el llama "fuerzas ocultas que se oponen a las posibilidades del buen teatro mexicano".[80]

La última función de *Escombros de sueño* (y final de la temporada) se llevó a cabo el 25 de marzo, a la cual asistieron más de 500 estudiantes estadunidenses del Stephen College. Una nota decía al respecto: "Sin duda es de suma importancia que estas jóvenes […] reciban una impresión viva de la literatura moderna mexicana que les permitirá entender mejor el ambiente artístico de México".[81]

Esta nota exhibe la postura de Wagner al dirigirse de manera más directa al público de habla inglesa, residentes y turistas, al presentar obras mexicanas en esta temporada. También muestra cómo

---

[78] RFM, "Teatrales. Presentación en inglés de 'Escombros de sueño' de Gorostiza", *El Universal Gráfico*, México, 11 de marzo de 1940, p. 12.

[79] *Ibid.*

[80] J. M. González de Mendoza, "Columnas del Periquillo", *El Nacional*, México, 10 de marzo de 1940, p. 3.

[81] "Última función de Teatro Panamericano. Asistirán mañana al Bellas Artes, las 600 colegialas", *Excélsior*, México, 24 de marzo de 1940, p. 2.

uno de sus patrocinadores, la Wells Fargo & Co., consiguió que ese grupo de colegialas asistiera a dicha función.[82] Vale mencionar que en los programas de mano aparece publicidad de esa casa comercial y su domicilio (uno de los sitios donde se podían obtener boletos para las funciones). También hay que decir que los precios para las funciones de esta temporada en Bellas Artes iban de uno a cuatro pesos.

Tercera temporada

La siguiente temporada se llevó a cabo durante los meses de julio y agosto del mismo año 1940, con las obras: *Yes my darling daughter* (*Sí, mi amada hija*) de Mark Reed, *Dangerous corner* (*Esquina peligrosa*) de J. B. Priestley, *Mañana is anothey day* (*Mañana será otro día*) de Apstein y Morris, y *The second man* (*El segundo hombre*) de N. S. Behrman.

Sobre *Mañana is another day*, el cronista de *El Universal Gráfico* señala que es una comedia de fino humor, la cual pinta a los visitantes estadunidenses en México en un *tono caricaturesco*, muestra tanto a los turistas como las costumbres de la gente provinciana de México. El autor considera que es una comedia

> [...] agradable, escrita con fino humorismo y acertadas pinceladas, para pintar tipos y situaciones de nuestros visitantes [...] puestos en contacto con el ambiente y gente de México [...] Pero nada hay en ella que pueda molestar a los turistas que rieron de buena gana, ni a los nacionales que comprendemos la sorpresa de nuestros vecinos ante modos y costumbres que no parecen haber variado desde los quietos días de la colonia [...] construida con bastante habilidad y gracia ligera [...] El ambiente plácido de Cuernavaca da a la comedia (con sus personajes nativos) un amable y pronunciado sabor local.[83]

La actriz mexicana Clementina Otero, quien fue una de las protagonistas, por primera vez se presentó hablando en inglés; su personaje era el de la muchacha mexicana dulce y delicada que consa-

---

[82] Nota mecanografiada, archivo personal A. Wagner.

[83] RFM, "Teatrales. Comedia y artistas de México en el Teatro Panamericano", *El Universal Gráfico*, México, 12 de agosto de 1940, p. 13.

gró los mejores años de su vida a un amor que se fue. Para el cronista, su actuación fue precisa y segura, tan destacada como la de Annelies Morgan. Por su parte, Lily Trigos interpretó el papel de maestra estadunidense que ansía vivir la vida mexicana durante sus vacaciones. Otros participantes fueron Eduardo Noriega, Ricky Austin, Victoria Griffith y Matilde Brant; "la decoración estuvo a cargo de Harry Altner, moderna y cuidadosa –dice el autor–, como todas las que ha presentado en el mismo teatro".[84]

En la búsqueda de material hemerográfico, por desgracia, no se ha encontrado información que refiera a las demás puestas en escena de esta temporada. No obstante, vale la pena señalar la manera de elegir los espectáculos en el Palacio de Bellas Artes. Como ya fue mencionado en el capítulo anterior y de acuerdo con lo que se observa en las carteleras de los diarios, para 1940 la programación de espectáculos en el Palacio aún era un tanto ambigua, y tal parece que quien pudiera pagar determinada cantidad, obtenía la sala más importante de la ciudad. Por ejemplo, durante los meses de abril, mayo y junio de ese año, en dicha sala se presentó una temporada teatral con tres obras, *Cyrano de Bergerac*, *Niebla* y *El círculo de yeso*, con una compañía encabezada por Fernando Soler, a quien lo acompañaban su esposa Sagra del Río, Rodolfo Landa e Isabela Corona, entre otros actores.[85]

Tal compañía contaba con el apoyo del Departamento del Distrito Federal, el cual había nombrado un comité pro teatro de la ciudad de México. La evidencia de contar con recursos económicos para pagar publicidad se nota en el tamaño de sus anuncios. Mientras las inserciones de Bellas Artes podían ser hasta de un octavo de página, algunas del comité pro teatro de la ciudad llegaron a ser de un cuarto de página. Asimismo, se puede distinguir que la propaganda de Teatro Panamericano fue de un treintaidosavo de página.

Al terminar la anterior temporada, la de Fernando Soler, a fines del mes de junio empezaron a aparecer anuncios de *Marcus*, un espectáculo musical importado de Estados Unidos, con base en cuadros donde aparecían desnudos femeninos. Éste permaneció en el Palacio de Bellas Artes hasta la primera quincena de septiembre.

[84] *Ibid.*
[85] Véase *El Universal Gráfico* y Marco Aurelio, "Teatros", *El Ilustrado*, México, 13 de junio de 1940, p. 34.

Durante ese lapso apareció una nota periodística que informaba de la próxima inauguración de un local para Teatro Experimental en el espacio que ocupaba el Salón Verde del Palacio de Bellas Artes, cuyo cupo era de 500 butacas y su creación se debía a la iniciativa del director de Bellas Artes, Celestino Gorostiza. Para el autor de la nota, este hecho cubría la necesidad de 50% de los habitantes de la ciudad amantes del teatro y de la música, y daba a conocer algunos nombres del elenco: "se nos ha informado que habrá varios conocidos como Carlos López Moctezuma, Clementina Otero, Josefina Escobedo y algunos nuevos que han trabajado en el Teatro Panamericano que dirige el dinámico Fernando Wagner".[86]

Cuarta temporada

Ésta se llevó a cabo en las instalaciones de ese nuevo local durante noviembre y diciembre de 1940. A partir de la segunda semana de noviembre empezaron a salir los anuncios de *Anna Christie* de O'Neill; la prensa en general aplaudió esta nueva incursión de Teatro Panamericano por el hecho de que la temporada era en español.[87] Una nota informaba sobre el repertorio y el elenco:

> Por primera vez Wagner director y productor, montará obras en español, piensa llevar a escena, también *La Hiedra* de Xavier Villaurrutia, *Cándida* de Bernard Shaw, *Un muchacho conoce una muchacha*, *Sí mi querida hija*, *Adiós de nuevo*, *El hombre que vino a cenar*.
>
> *Anna Christie*, actores: Arturo de Córdoba (*sic*), Isabela Corona, Annelies Morgan, Stella Inda, Carlos López Moctezuma, Miguel Montemayor, Lucille Bowlin, José Neri Ornelas, Arturo del Campo.[88]

---

[86] Indiana, "Teatrales. Tendremos teatro experimental", *El Universal Gráfico*, México, 12 de septiembre de 1940, p. 16.

[87] "Lumiere dice…", *Jueves de Excélsior*, México, 14 de noviembre de 1940, p. 32; "Lumiere dice…", *Jueves de Excélsior*, México, 21 de noviembre de 1940, p. 8; "Lumiere dice…", *Jueves de Excélsior*, México, 28 de noviembre de 1940, p. 24. Anuncios en *El Universal Gráfico*, México, 28 al 30 noviembre y 2 al 6 diciembre de 1940.

[88] "Teatro de cámara en Bellas Artes", *Jueves de Excélsior*, México, 5 de diciembre de 1940, p. 24.

Y el lugar, como ya se mencionó, era el Salón Verde. En realidad, de las obras anunciadas sólo se presentaron en esta cuarta temporada: *Anna Christie* de Eugene O'Neill, *Del brazo y por la calle* de A. Moock y *Pettitcoat feaver (Fiebre de faldas)* de Mark Reed. Cabe hacer una precisión: el autor de la nota anterior incluyó equivocadamente la obra de Villaurrutia; ésta se presentó en Bellas Artes meses después pero con la compañía de María Tereza Montoya.

El estreno de *Anna Christie* fue el 30 de noviembre y las siguientes funciones se efectuaron del 1 al 4 y 6 de diciembre. Como actores principales estuvieron Isabela Corona, Arturo de Córdova, Eduardo Montemayor y Estela Inda. Sobre Arturo de Córdova, el cronista de *El Universal Gráfico* menciona la buena elección de llevarlo al escenario, quien a diferencia de otros actores llegaba de la pantalla al foro teatral llevando su naturalidad. En escena se logra ver a "un galán joven –anota– de justa prestancia, de cálida voz, intérprete comprensivo […] disciplinado y estudioso […] La obra permite [su] lucimiento como [el] de Isabela".[89]

Cuando se refiere a la actriz, señala que su trabajo fue esforzado y valiente, pues no hacía mucho se había exhibido la película del mismo nombre, por ello tuvo que luchar contra su recuerdo. Y enfatiza el "perceptible avance, pues ha extendido una gama de matices en su voz, vive mejor su personaje y no pierde detalle del estado de su alma". Sobre Annelies Morgan, estima su actuación en su breve papel y valora el trabajo de Jorge de la Cueva por su gran sobriedad; él también se presentaba por primera vez en un escenario profesional. Para el cronista, la obra fue un espléndido estudio de "almas y tipos […] que saltan del papel al tablado mientras a lo lejos ulula una sirena de vapor de un barco en la niebla". Finalmente considera que este programa es bastante atractivo para los aficionados "con una magnífica obra y una actuación muy meditada y bien realizada".[90]

Por otra parte, Víctor Moya, comentarista del semanario *Todo*, se alegra porque el grupo Panamericano utilizó el teatro de cámara, puesto que da la posibilidad de un contacto cercano entre público y actores; además, porque permite la realización de decorados poco

[89] RFM, "Teatrales. Eugene O'Neil en el teatro panamericano", México, 2 de diciembre de 1940, p. 8.
[90] *Ibid.*

gravosos y el uso de efectos de luz sorprendentes. Sin embargo, considera que para la primera función de *Anna Christie* las decoraciones no correspondieron a la "buena actuación de Isabela, de Arturo de Córdova y Annelies Morgan, ni al cuidado puesto por el director en la presentación [...] salvo el del segundo acto, [los demás] son monótonos y acusan pobreza de imaginación, siendo particularmente tonto el del tercer acto".[91]

Sobre las actuaciones, hace un comentario detallado de cada una de las principales. De Isabela Corona dice: "nos dio una interpretación intensa y humana". A pesar de ello

> [...] en el primer acto nos pareció que prestaba gran intensidad a escenas que por ninguna razón deben tenerla y este over-acting constante le restó naturalidad y no hizo resaltar debidamente el contraste de estados de ánimo que la protagonista tiene en los actos primero y segundo. Pero desde que se levanta el telón para el segundo acto, Isabela nos hizo ver una actuación y una comprensión excelentes, principalmente en el acto tercero.[92]

Con relación a Arturo de Córdova, señala que posee dotes relevantes de actor como "la naturalidad, el gesto expresivo y exacto y una gran intuición para medir sus frases y pausas haciéndolas intencionales"; no obstante, su voz tiene cierta monotonía que con la práctica podría desaparecer. Destaca el trabajo de la Morgan por su capacidad de interpretar personajes disímbolos, "la naturalidad y colorido" que supo darle a su personaje. Y sobre Jorge de la Cueva apunta:

> [...] estuvo francamente fuera de papel. El padre de Anna Christie, viejo lobo de mar, borrachín y peleonero, brutal a ratos y sencillo siempre, no apareció por ninguna parte. En su lugar nos obsequió con un buen padre de familia español, taciturno, amargado y quejumbroso [a pesar de ello] tuvo sus mejores momentos en el tercer acto, durante escenas muy bien llevadas, que no requerían actuación caracterizada.[93]

---

[91] Víctor Moya, "Circo, maroma y teatro", *Todo*, México, 12 diciembre de 1940, p. 60.
[92] *Ibid.*
[93] *Ibid.*

El vestuario, en general, le parece apropiado, aunque un poco excedido por las camisetas rayadas de los varones. De los trajes de Isabela, al del tercer acto lo considera demasiado refinado y al del primer acto no deja ver que quien lo viste es una "mujercilla de la calle, pobretona y profesional". Señala como contraste entre la escena y la recepción: "El mozo del bar pudo darse cuenta, a primera vista, de la calidad de la visitante y era menester que el público también tuviera esa misma impresión".[94] Aquí cabe señalar que el autor dirigió su crítica al vestuario, pero uno percibe que esos comentarios más bien se orientan hacia la actuación y dirección, en tanto que la actriz no manifestó de manera eficaz su personaje.

Como cierre de sus comentarios, el cronista invita al público a asistir al Salón Verde a ver la "buena actuación del grupo y las posibilidades que ofrece el pequeño teatro en México". Destaca la visión de futuro de Fernando Wagner, al tratar de solucionar dos problemas que, a su parecer, son los que no han permitido la presentación de obras serias: "la escasez de público y [...] el alto costo de alquiler, decorado";[95] es decir, de la producción.

Por su parte, el semanario *El Ilustrado* da cuenta del inicio de la breve temporada del "Teatro de Cámara cuyo derrotero ha cambiado y presentará en castellano, el vigoroso drama de O'Neill". Acerca de los actores, en términos generales indica la buena interpretación; en particular sobre Isabela Corona anota: "realizó una gran labor como protagonista; gracias a su temperamento y al buen estudio que hizo de su papel". La coloca en el mismo nivel del otro protagonista cuando dice: "Su cometido artístico brilló a gran altura con Arturo de Córdova", de quien añade: "es un apuesto galán y buen actor, una revelación en la escena teatral". Para el autor, "completó el triángulo principal de los personajes, la estimable aportación de Jorge de la Cueva que ya va en camino de ser un profesional".[96]

Es interesante observar los diversos comentarios sobre los actores: casi todos son unánimes sobre Isabela Corona y Arturo de Córdova pero dispares sobre De la Cueva; aunque poco nos dicen sobre el desarrollo de su trabajo. También hay que subrayar la estimación que hacen los cronistas sobre la actitud de Wagner, es decir

---

94 *Ibid.*
95 *Ibid.*
96 "Teatros", *El Ilustrado*, México, 19 de diciembre de 1940, p. 10.

su ímpetu, su coraje, su perseverancia para llevar a cabo Teatro Panamericano; Rodolfo Usigli, al respecto, también señaló: "Wagner es trabajador. Siendo alemán, trabaja con la desesperada tensión de un mexicano, con la eficacia de un gringo y con la resistencia de un negro".[97]

La segunda puesta en escena de esta temporada fue *Del brazo y por la calle*, presentada también en el Salón Verde. Los protagonistas fueron los actores españoles Pepita Melía y Benito Cibrián, quienes concibieron sus personajes "de manera muy propia, dando a la comedia un matiz diverso y un ritmo muy especial".[98] Para Luis G. Basurto, a diferencia de *Anna Christie*, la obra contrastó enormemente, puesto que los españoles "representaron, sin ensayos eficaces, ni brillo escénico, una obra mediocre".[99]

De la información localizada sobre las representaciones de esta obra, a pesar de la difusión en diversos medios periodísticos,[100] no se puede deducir de manera veraz si la obra la dirigió Wagner o Cibrián, ya que éste también era conocido como director de la compañía Melía-Cibrián. Tampoco se pudo localizar información sobre cómo fueron invitados a participar en Teatro Panamericano, ni cómo fue el proceso para llegar a la presentación del estreno el 14 de diciembre de 1940. *Del brazo y por la calle* también se representó los días 20, 21 y 22 del mismo mes.

La última obra de esta temporada fue *Pettitcoat fever* (*Fiebre de faldas*) de Mark Reed; en ella reapareció Pedro Armendáriz quien, como se recordará, fue de los primeros integrantes de Teatro Panamericano.[101] Para Rodolfo Usigli fue un error presentarla en español, pues la considera una comedia "sin interés y sin alcance [...] un pretexto para salir del teatro sintiendo el vacío"; argumenta lo anterior cuando dice: "Los aciertos de la dirección no hacen más que subrayar la vaguedad de la obra, que nada tiene que decir al público de México y que carece de las grandes líneas universales

---

97 Rodolfo Usigli, *op. cit.*
98 "Teatrales. Una comedia para casadas que también es para maridos", *El Universal Gráfico*, México, 16 de diciembre de 1940, p. 16.
99 Luis G. Basurto, *op. cit.*
100 Anuncio, *El Universal Gráfico*, México, 14 de diciembre de 1940, p. 6. "Reflectores y lentejuelas", *Jueves de Excélsior*, 26 de diciembre de 1940, p. 40.
101 Betty Kirk, "Theatre down Mexico way", *The New York Times*, 27 de julio de 1941, p. 1. Traducción libre de la autora.

que, en otros casos, hacen imperativas ciertas piezas dramáticas para la cultura y la sensibilidad de cualquier público".[102]

Usigli también hace un balance crítico de Teatro Panamericano desde su inicio hasta esta temporada. Para él, entre 1939 y 1940 Wagner llevó a cabo la primera fase de su idea en la que el grupo fue considerado un teatro para turistas, pero con el tiempo fue cobrando su verdadera forma. Le parece que como el otro Wagner, Fernando buscaba una síntesis en el teatro, y "sigue buscándola aún: la síntesis de lo estadunidense y de lo mexicano, trece obras en inglés y dos en español constituyen el balance de estas temporadas".[103]

En ese teatro de cámara, Usigli considera que Wagner se aproxima a la síntesis, aprecia su trayectoria después de sus temporadas anteriores y observa "que se prepara a profesionalizar [este] esfuerzo semicomercial, semiexperimental [aunque] va hacia las obras mexicanas con paso lento".[104] También advierte varios errores evitables, como el repertorio que para él es azaroso, y la necesidad de apoyar a sus actores en lo que se refiere a dicción y entonación, así como el dilema de guiar o dejarse guiar por su público tal como lo hacen los empresarios comerciales. A pesar de ello, valora el esfuerzo de Wagner y, mirando hacia el futuro, enfatiza (y tal pareciera que también profetiza):

> Todo lo que se haga ahora en México en materia de teatro –fuera de los mercados habituales– debe ser un paso adelante. Para un romántico como Wagner el papel ideal es sembrar en el yermo mexicano un poco de tormento y un poco de arrebato; su drama es el papel de Sigfrido y los Nibelungos; su pelea es contra los maestros cantores […] y contra los mercachifles y los simuladores del teatro mexicano.[105]

Quinta temporada

Los meses de julio y agosto de 1941 fueron elegidos para la siguiente temporada de Teatro Panamericano, con obras mexicanas y re-

[102] Rodolfo Usigli, *op. cit.*
[103] *Ibid.*
[104] *Ibid.*
[105] *Ibid.*

posiciones de las anteriores. La intención de realizarla durante los meses del verano era captar la atención y la asistencia de los turistas estadunidenses.[106] Sin embargo, las obras presentadas fueron *You can't take it with you* (*No puedes llevarlo contigo*) de Kaufman y Hart, y *Ladies in retirement* (*Damas retiradas*) de Edward Percy y Reginal Denham, en el Palacio de Bellas Artes. Como se puede advertir no hubo reposiciones ni ninguna mexicana. Y en oposición a lo dicho por Usigli, en esta temporada Wagner definió su audiencia.

A partir del 20 de julio, el diario *Excélsior* inició la difusión de la temporada. El lunes 28 del mismo mes se estrenó *No puedes llevarlo contigo*. Dos días después un autor anónimo la reseñó. De acuerdo con sus apreciaciones, considera que el grupo "manejó adecuadamente el desarrollo de la comedia, al inicio de manera lenta, con un ritmo más rápido en el segundo acto, para terminar con un dramático final".[107]

La trama refiere las locuras de la familia Sycamore.[108] El reparto estuvo formado de la siguiente manera: Annelies Morgan como la señora Kirby; Ray Adams interpretó al abuelo Vanderhof; Maria Temple fue Alice Sycamore; Rilla Cady como Penélope Sycamore, madre de Alice; Rodolfo Acosta fue Paul Sycamore; Gene Gerzso como Essie, la joven esposa; Grisha Ghrekof como la maestra de baile ruso; Pol Delgado, el sirviente; Lucille Bowling como Olga, la duquesa; Alton Summers como el señor De Pinna, y el recién llegado a Teatro Panamericano Tom Ireland en el papel del señor Kirby.

Ir al Palacio de Bellas Artes, por esos días, podía resultar una noche de gran entretenimiento gracias a Teatro Panamericano, comentaba el anónimo anunciante. En la reseña advierte que "ocasionalmente los actores hablaron fuera de su turno, pero en general toda la presentación fue pareja, plana, aunque era necesario darle cierta vida a las líneas".[109]

Con relación a los actores menciona: Annelies Morgan, como siempre, simpática y creíble; el trabajo de Tom Ireland, parejo y res-

---

[106] *Ibid*.

[107] "Theatre", *Excélsior*, México, 2a. sec., 30 de julio de 1941, p. 5. Traducción libre de la autora.

[108] "Town topics", *Excélsior*, México, 2 de agosto de 1941, p. 5. Traducción libre de la autora.

[109] "Theatre", *op. cit*.

petable; Rilla Cady siempre asume su personaje y todo el tiempo es muy divertida, con su voz que alcanza altos niveles hizo cosas nunca antes vistas. Summers y Acosta estuvieron vivaces, suficientemente acoplados en el etéreo negocio de hacer fuegos artificiales. Ray Adams, Maria Temple, Pol Delgado y Gene Gerszo fueron buenos ejecutantes. De la maestra de baile dijo que pudo hacerlo mejor y ser más natural. Recomendaba aumentar el *tempo* de la actuación y enfatizar lo mejor de la dramaturgia.[110] Esta puesta en escena fue vista por segunda vez el sábado 2 de agosto.

La segunda y última obra de la temporada, *Ladies in retirement*, se programó para el 11 de agosto, sin embargo el foro de Bellas Artes fue ocupado por la embajada de Estados Unidos para un concierto musical; de ello da cuenta un anuncio, por lo que la obra teatral se pospuso para el miércoles 13.[111] Pero en realidad su estreno se efectuó el sábado 16. Los anuncios motivaban a los posibles espectadores así: "obra de misterio, [...] es un veloz, conmovedor, excitante melodrama que revela a un extraño grupo de personajes unidos por emociones poco usuales [...] es una obra de suspenso que ha ganado fama en Londres y Nueva York. Es la historia de un asesinato y la gente que contribuye al crimen".[112]

El reparto se formó con Annelies Morgan como Ellen Creel, en su quinta temporada consecutiva; Tom Ireland, quien llegó a México del Playhouse de Cleveland, Ohio, con 15 años de experiencia profesional en el teatro, en el papel de Albert, el sobrino; Rilla Cady, Patricia Ireland ("cuya carrera es tan larga como la de su esposo"), como la señorita Fiske;[113] Maria Temple, actriz inglesa, "quien llegó directamente de Broadway, aunque joven tiene una amplia experiencia en los teatros ingleses y estadunidense";[114] y Consuelo de Alba, joven actriz mexicana, [quien] posee una notable voz y "una

[110] *Ibid.*

[111] "Town topics", *Excélsior*, México, 8 de agosto de 1941, p. 5. Traducción libre de la autora.

[112] "Town topics", *Excélsior*, México, 2a. sec., 12 de agosto de 1941, p. 5; "Town topics", *Excélsior*, México, 2a. sec., 13 de agosto de 1941, p. 5. Traducción libre de la autora.

[113] *Ibid.*

[114] "Town topics", *Excélsior*, México, 2a. sec., 16 de agosto de 1941, p. 5. Traducción libre de la autora.

personalidad ligera" que puede ser la envidia de todas las actrices de México.[115] Ella participó en la temporada en español y ésta fue su aparición en inglés.

El 17 de agosto se publicó una reseña de Ruth Poyo en *Excélsior*. Según ella, la representación del día anterior fue de "acción rápida, [con] reparto uniforme, humor sostenido, sin ninguna caída; la mejor obra de Teatro Panamericano". Y resume la obra así: "hay dos hermanas, una asesina y un Cockney.[116] Aunque ellas viven un una casa inglesa a la orilla del mar, están ocupadas en ser realmente jubiladas. Ocupadas asesinando, sospechando de los otros, ocupadas cuidando a su sobrino Albert".[117]

Sobre cada uno de los actores señala: "el personaje de Annelies Morgan no hace nada por ser feliz, ni por sus hermanas dos débiles mentales. Su parte puede ser vista como siniestra, pero ella escoge darle un toque de sanidad y sentido de fatalidad. Tom Ireland hizo una fina actuación con su personaje, natural, un incontenible Cockney, muy divertido de ver". Considera que Pat Ireland hizo un mejor trabajo que en su anterior presentación en *You can´t…*: "es realmente divertida en esta obra. Dijo sus líneas con buen tempo como la seca señorita Fiske".[118]

La cronista quedó verdaderamente impresionada por el trabajo de la actriz ya que estuvo en escena sólo en el primer acto, pero destacó hasta el final quedando en la memoria. De las dos hermanas dijo que su desempeño fue bueno y estuvieron muy divertidas. No obstante le parece que el final fue muy abrupto: "de pronto aparece la cortina y la escena se queda en el aire, sin ser una falta del director o de los actores"; a pesar de ello valora toda la producción tan ingeniosa y entretenida que invita a los lectores a que no se la pierdan, puesto que al día siguiente habría función.[119]

Días después se anunciaba de la siguiente forma: "Esta tensa y misteriosa obra ha sido dada con una excelente producción por

---

[115] "Town topics", *Excélsior*, México, 2a. sec., 24 de agosto de 1941, p. 6. Traducción libre de la autora.

[116] Según el diccionario, *Cockney* es un habitante de ciertos barrios de Londres.

[117] Ruth Poyo, "The theatre", *Excélsior*, 17 de agosto de 1941, p. 14. Traducción libre de la autora.

[118] *Ibid*.

[119] *Ibid*.

Wagner, a crítico y público les ha gustado. Es una historia de asesinato, robo e intento de chantaje, dejaremos sientas ligeramente y seas suspicaz de tu vecino, no menciones nombres en tu vecindario. Es el mejor melodrama".[120] *Ladies in retirement* se presentó los días 16, 18, 23 y 25 de agosto en el Palacio de Bellas Artes, concluyendo así la quinta temporada.

Sexta temporada

En 1943, en el marco de la fuerte ofensiva de los ejércitos aliados contra los países del Eje, la propaganda del gobierno estadunidense en pro de la defensa de la democracia cundió por el planeta y los habitantes de la ciudad de México no fueron indiferentes a ella. Esto viene a cuento porque la sexta y última temporada de Teatro Panamericano se realizó a beneficio de la Cruz Roja de Estados Unidos con el patrocinio de la Cruz Roja Mexicana, con el objetivo de enviar esos recursos a las fuerzas aliadas, durante julio y agosto de ese año.

Las obras presentadas fueron: *Three men on a horse* (*Tres hombres en un caballo*) de John Cecil Holm y George Abbott, *Blind alley* (*Callejón sin salida* o *Esquina peligrosa*) de James Warwick y *Life with father* (*La vida con papá*) de Clarence Day.

El 6 de julio empezó la difusión. La publicidad anunciaba que tanto el grupo Panamericano como el American Colony Committe, es decir, la colonia estadunidense, auspiciados por la Cruz Roja Mexicana presentaban esta temporada. También señalaba que todo lo recabado sería entregado a la Cruz Roja de Estados Unidos. Varios sitios fueron los encargados de vender los boletos: la representación de la colonia estadunidense (ubicada en Orizaba 15), los domicilios de la Cook Travel y la Wells Fargo; las oficinas de Sanborn's, el Hotel Ritz y, por supuesto, las taquillas del teatro.

Uno de los anuncios, además, ofrecía tres números telefónicos

---

[120] "Town topics", *Excélsior*, México, 2a. sec., 21 de agosto de 1941, p. 7. Traducción libre de la autora.

[121] "Town topics", *Excélsior*, México, 2a. sec., 6 de julio de 1943, p. 4; "Town topics", *Excélsior*, México, 2a. sec., 24 de julio de 1943, p. 5. "Town topics",

para reservar boletos.[121] Asimismo, se avisaba que la cortina Tiffany sería iluminada en los entreactos. Las tres obras programadas fueron representadas en dos ocasiones. *Tres hombres en un caballo,* el miércoles 21 y el lunes 26 de julio;[122] *Callejón sin salida* el 28 de julio y el sábado 7 de agosto, y *La vida con papá* el sábado 14 y el miércoles 18 de agosto. El precio de los boletos fue de uno a seis pesos.[123]

El elenco de *Tres hombres en un caballo* se integró con Ray Adamns, Annelies Morgan, Maria Temple, Clifford Carr, Bud Erard, Lucille Bowling, Rickey Austin, Jorge Treviño, Eddie Aboumrad, Jorge Martínez, Eduardo Noriega y Tom Holland. Comedia ubicada en la "atmósfera histérica del hipódromo donde se desenvuelve un escritor de versos que también tiene un sistema para amaestrar caballos".[124]

Un anónimo comentarista cuenta: "desde el inicio hasta la última escena la obra fue interesante y bien actuada. Destacadamente –como siempre estuvo– Ray Adams como Erwing Trowbridg, el poeta […] Mary Temple como Mabel y Cliff Carr como Patsy, recibieron muchos aplausos. Cada uno en su papel estuvo inspirado, por la causa para la cual fue su trabajo".[125] Además, menciona que paralelamente al estreno teatral se llevó a cabo una noche de gala en el salón Ciro's.

Con relación al público comenta: "el primer piso se llenó, varios balcones también y la sección frontal del primer piso se ocupó por una apreciable y alentadora audiencia compuesta por diplomáticos, un ex monarca, profesores y estudiantes de muchos lugares, miembros de las colonias aliadas de la ciudad".[126]

El 31 de julio, Rodolfo Usigli, en su columna del semanario *Hoy,*

Excélsior, México, 2a. sec., 28 de julio de 1943, p. 7; "Town topics", *Excélsior,* México, 2a. sec., 5 de agosto de 1943, p. 7. Traducción libre de la autora.

[122] Los primeros anuncios de esta obra señalaron el estreno para el 14 de julio, pero otro notificó la posterior presentación, avisando a quienes compraron boleto para la primera o segunda función, que esta última se posponía para el 26 y que su lugar sería respetado.

[123] Anuncio, *Excélsior,* México, 2a. sec., 28 de julio de 1943, p. 7.

[124] "Town topics", *Excélsior,* México, 2a. sec., 21 de julio de 1943, p. 4. Traducción libre de la autora.

[125] "Charity play good success", *Excélsior,* México, 2a. sec., 23 de julio de 1943, p. 4. Traducción libre de la autora.

[126] *Ibid.*

reflexiona sobre el hecho de que hacía mas de un año que Panamericano no se presentaba. Continúa valorando el esfuerzo de Wagner,
comparándolo con los "errores de las empresas", y afirma: "Lo que
en Wagner es un esfuerzo sin frutos económicos, en los otros es un
error con éxito comercial".[127] Más adelante hace un breve recuento del grupo, para introducir su comentario sobre *Tres hombres en
un caballo*:

> El teatro panamericano ha presentado pocas obras originales –dos
> de mexicanos entre ellas– y puesto, para beneficio del público de
> habla inglesa, muchas otras estrenadas en Broadway en los últimos
> diez o doce años. Tal es el caso de *Three men on a horse* [...] estrenada
> por Alex Yokel en el Playhouse de Nueva York el 30 de enero de 1935
> y continuaba tan fresca a fines de1936.[128]

No obstante, sus comentarios más reveladores sobre el trabajo de
Wagner son los siguientes:

> Es una comedia de astracán sin astracán, vacía de todo lo que no sea
> chistes bobos en la lectura; comedia como dicen, "típicamente nor-
> teamericana". Pero había que verla montada para sentir toda su des-
> enfrenada comicidad y el admirable realismo de su ambiente. En lo
> literario no quita ni pone rey; pero teatralmente hacía levantarse de
> risa a los espectadores.[129]

Finalmente cierra su comentario apreciando el entusiasmo de
Wagner, "que le permite volver a la efímera realidad del teatro sin
intereses comerciales", le solicita montar obras que sobrepasen el
mero entretenimiento. Aunque no describe la puesta en escena, su
referencia a lo teatral del montaje da pie a pensar de manera más
firme que Wagner era ya un director experimentado, que extraía
del texto escrito lo necesario para que sus actores produjeran, en
escena, la magia de la comicidad para despertar la risa del espectador.

Sobre *Callejón sin salida* o *Esquina peligrosa*, el anónimo autor
de *Excélsior* dice: "es una obra de suspenso sobre gangsters, que

---

[127] Rodolfo Usigli, "El teatro en lucha", *Hoy*, México, 31 de julio de 1943, p. 63.
[128] *Ibid.*
[129] *Ibid.*

tiene un largo camino en Broadway". Destaca la dirección de Fernando Wagner, quien es capaz de sobreponerse y pasar por alto cualquier obstáculo para llevar a cabo esta segunda obra. Para el comentarista, todos los integrantes del reparto estuvieron bien plantados; señala que el pequeño actor David Hopps no demostró ningún miedo al público y dejó una buena impresión en la audiencia. Sobre los demás anota:

> Thomas Holland cuyo único momento de tranquilidad fue después de su suicidio y el ordenado profesor de psicología, Ricky Austin, cuyas líneas fueron largas y numerosas. Lisa Morgan como la vigorosa amiga y cómplice del *gangster*. Mary Temple la esposa del profesor […] Fue bueno el apoyo del vestuario. El decorado de la escena y las luces podrían perfeccionarse. *Callejón sin salida* será otro punto a favor de teatro Panamericano y toda la gente anglófona de la ciudad […][130]

Según parece, el trabajo que hizo la colonia estadunidense entre sus integrantes y público en general fue eficaz. Un comentario del crítico teatral Enrique Diez Canedo dice que las representaciones de la temporada fueron bastante concurridas. Él asistió a la primera función de *Blind alley*:

> […] pude apreciar el mérito de los actores y la cuidadosa labor escénica, fruto de concienzudos ensayos. Para mi gusto, esta ficción en que un profesor de psicología entabla un largo diálogo, no precisamente platónico, a través de tres actos, con el *gangster* que, revólver en mano y seguido de varios secuaces le asalta la casa, haciéndole volcar sus más íntimos complejos y acabando por acorralarle en un callejón freudiano, sin otra salida que el tiro con que se quita de en medio tiene demasiada letra.[131]

Finalmente hace un comentario sobre la dramaturgia: "sea en España o en México –dice– no podría concebirse tanta complicación

---

[130] "Town topics", *Excélsior*, México, 31 de julio de 1943, p. 12. Traducción libre de la autora.
[131] Enrique Diez Canedo, "Por los teatros…", *Excélsior*, México, 2a. sec., 2 de agosto de 1943, p. 2.
[132] *Ibid*.

en un bandido bien armado resuelto a salirse con la suya".[132] Llama la atención el comentario porque el redactor hispano advierte las diferencias culturales entre el país sajón y el mexicano.

Vida con papá fue la última producción presentada por Teatro Panamericano. Participaron: Annelies Morgan Thomas Holland, David, Ronald y Jimmie Hopps, su madre Clarise y Margot Wagner, en los principales papeles, acompañados por Bill Black, Russel Davis, Lyn Emery, Patricia Williams, Betsy Ross, Marie Mac Donald y Federico Ochoa. Para un comentarista, fue la pieza que contó con el elenco más grande de las obras presentadas ese año y quizá la más agradable para la colonia estadunidense.[133]

Como puede observarse, la última temporada fue un medio para cumplir un objetivo preciso: ligar al grupo, al director y al país con el mundo, entonces en guerra. Por ello se eligieron piezas que en Estados Unidos habían gozado del favor del público.

Logros

Para finalizar se puede decir que cuando Fernando Wagner fundó Teatro Panamericano, por un lado, declaró buscar el acercamiento intelectual de los pueblos de habla inglesa y castellana por medio del espectáculo teatral, y contribuir al ideal panamericano. Como se ha podido advertir –salvo en sus primeras declaraciones– no hay mayor alusión al mismo a lo largo de las temporadas. No obstante, lo que puede observarse es cómo vincula e involucra a personal artístico de ambos países. Además, por medio de la escenificación de las obras logró el acercamiento del público anglófono e hispanohablante de la ciudad de México en el Palacio de Bellas Artes.

Por otro lado estaría la parte profunda, la de las motivaciones personales que tienen que ver con el Wagner hombre –creador y social– cuando dice "queremos estrenar, dar a conocer en México, mostrar sólo creaciones que tengan carácter social, de alto valor artístico". Esta declaración tiene que ver con su vocación de hacer teatro. El encuentro con los artistas de Chicago y el apoyo que le brindaron fueron la base para concretarlo. Como dijo Usigli, hizo

---

[133] "Town topics", *Excélsior*, México, 2a. sec., 12 y 14 de agosto de 1943, p. 7. Traducción libre de la autora.

teatro aunque fuera en inglés. Esa plataforma permitió al director germano-mexicano desarrollar y poner en práctica sus conocimientos teatrales.

Como bien señaló Usigli, el repertorio de Panamericano no se caracterizó por su originalidad; sin embargo, hay que destacar que mostró obras de reciente hechura, de interés para el público contemporáneo anglófono y con cierto rasgo de denuncia social como *Enterrad a los muertos*. O bien, que mostraban la idiosincrasia de los estadunidenses en *Extraños compañeros* y, por otro lado, en *Adiós otra vez* cuestionaba los valores y costumbres de la sociedad mexicana de la época. O como *Mañana is another day* donde se presentaban los caracteres de los estadunidenses y mexicanos.

La prensa escrita dio cobertura a las temporadas del maestro Wagner, sobre todo en las secciones en inglés de los diarios citadinos. Las notas periodísticas han permitido hacer descripciones de algunas puestas en escena. De las pocas que se encuentran en las reseñas periodísticas, se puede percibir que Fernando Wagner empleó de manera particular elementos del espacio escénico y de la escenografía. En el escenario usó varios niveles (lo que le daba profundidad), elementos escenográficos y manejó la iluminación creando contrastes y produciendo efectos de luz.

Con relación al trabajo de los actores y actrices, la crítica dice que los elencos fueron desiguales, es decir los hubo con experiencia pero también los que se iniciaban; de los que contaban con cierta trayectoria en general, se pondera su trabajo. Llama la atención que ninguna reseña refiera desacuerdos entre ellos o con el director. Eso lleva a señalar cómo algunos actores estadunidenses continuaron trabajando con Wagner a lo largo de varias temporadas.

Por otra parte, la crítica enaltece el carácter y fortaleza de este director para continuar con el proyecto. Sobre su labor se alude con frecuencia a su "técnica moderna" pero no se describe su aplicación en la puesta en escena. Algunos comentaristas, como Usigli, señalan los efectos como en el caso de *Tres hombres en un caballo*.

En lo que se refiere al público, al inicio de Teatro Panamericano da la impresión de que Wagner no tenía muy claro quiénes eran sus espectadores, pero después de dos temporadas hay una clara definición: se dirige a los turistas y residentes de habla inglesa.

Las reseñas periodísticas, por otro lado, son insuficientes para poder medir, de manera veraz, cuál fue el impacto de Teatro Panamericano en el público estadunidense, inglés y anglófono en general, y el mexicano o de habla hispana.

El seguimiento que hace el periodista de *El Universal Gráfico* puede ser la prueba de que hubo un grupo de mexicanos asistentes asiduos. Sus comentarios, los de Usigli y de otros cronistas, llevan a pensar que ese público mexicano estaba constituido por personas que tenían conocimiento del idioma inglés. También hace suponer que eran de cierto nivel cultural y económico, puesto que los boletos costaban de uno a seis pesos, precio mayor con relación a los demás locales, aun para espectáculos del propio Palacio. Se puede pensar, entonces, que Teatro Panamericano, si bien fue una agrupación teatral no comercial con elementos innovadores, respondió a los gustos de un grupo reducido de mexicanos y extranjeros.

Fernando Wagner con artistas y amigos después del estreno de una de las escenificaciones de Teatro Panamericano. Glodys Roesling, Fernando Wagner, Luz Alba, Victoria Griffith de Wagner, Annelies Morgan y Rodolfo Usilgli (archivo A. Wagner).

PAN-AMERICAN
THEATRE

Director: FERNANDO WAGNER

PRESENTS

"STRANGE BEDFELLOWS"

BY
JOHN McGEE

Opening Performance

TEATRO DEL PUEBLO
MERCADO "ABELARDO L. RODRIGUEZ"

THURSDAY APRIL 20

At 8.15 p. m. Sharp

Cartel publicitario
(archivo A. Wagner).

$ 2.50 $ 1.50 $ 1.00

TICKETS ON SALE: ZAHLER'S CHOCOLATE SHOP AVENIDA JUAREZ 20
PRINCIPAL HOTELS.

Estela Gaxiola y Pedro Armendáriz, actores de *Arms and the man* (*Héroes*) de George Bernard Shaw (archivo A. Wagner).

Boceto de Gunther Gerzso para *Arms and the man* (*Héroes*) de George Bernard Shaw (archivo A. Wagner).

Escena de *Mexican mural* de Ramón Naya. En la imagen aparecen Luz Alba y Victoria Griffith (archivo A. Wagner).

Programa de mano
(archivo A. Wagner).

Sala Verde del Palacio de Bellas Artes (archivo A. Wagner).

Actores de Teatro Panamericano
(archivo A. Wagner).

Actores de Teatro Panamericano
(*El teatro en México*, 1958).

PAN - AMERICAN THEATRE
Director: FERNANDO WAGNER
Apartado 7901   México, D. F.

2 de abril de 1940.

Sr. Celestino Gorostiza,
Jefe del Depto. de Bellas Artes.
P r e s e n t e .

Gracias a su bondadoso ofrecimiento se encuentran al
macenadas en el Salón de Pintura del Palacio de Bellas Artes
las siguientes piezas de los decorados que son propiedad del
Teatro Panamericano a mi cargo:

"Mexican Mural"
2 arcos grandes, 3 arcos pequeños, 1 biombo grande (7x12)
1 biombo chico (3x5), 4 piezas de triplay.

"Boy Meets Girl"
2 puertas, 2 biombos para puertas, 2 piezas largas curva-
das, 2 piezas martillo pequeñas (3x12), 2 martillos de torre,
(4x15), 1 librero y piezas de triplay, 1 ventana grande (2 -
piezas verticales y 2 piezas horizontales con sus piezas de
ventana correspondientes), 2 biombos con sus puertas (escena
de hospital).

"Night Must Fall"
2 biombos grandes(7x15); 5 biombos angostos (3x15), 2 arcos grandes, 1 ventana grande de madera, 2 biombos (5x 15), -
1 biombo con su puerta y 1 biombo con puerta doble, 1 ventana grande francesa, 2 biombos angostos (3x13).

"Ashes of Dreams"
4 biombos que forman el martillo (Boy Meets Girl), 3 biom
bos viejos grandes (usados en el hall), 8 biombos angostos -
(0.70x3.55), 2 biombos angostos (0.70x4.40), 2 biombos de --
0.90x1.80, 2 biombos pra puertas, 2 puertas con sus marcos -
(2.50x1.80), 1 biombo grande de 1.80x3.55, 2 ventanas grandes cubiertas con material verde-amarillo (1.80x3.50), 1 chi-
menea.

"Rain"
8 petates.

El señor Miguel López guarda 1 árbol y una escalera,
propiedad del Teatro Panamericano. El señor Francisco Pérez
guarda 1 banca larga color café que se usó en "Night Must Fall"
también propiedad del Teatro Panamericano.

Dando a usted las gracias por este permiso de poder
dejar las piezas detalladas en el Palacio de las Bellas Artes
haga que principie de nuevo la temporada del Teatro Panamericano, me suscribo como su afectísimo amigo y seguro servidor,

EL DIRECTOR DEL TEATRO PANAMERICANO,

cc. Jefe de la Sección de Teatro.

Agradecimiento de Fernando Wagner al jefe del Departamento de Bellas
Artes, Celestino Gorostiza (Fondo AMC, Biblioteca de las Artes).

El Teatro de las Artes de Seki Sano (1939-1941)

El Teatro de las Artes de Seki Sano (1939-1941)

Seki Sano

En el puerto chino de Tsientsin (concesión japonesa) nació Seki Sano en 1905. Fue el primer hijo del médico Torata Sano y de Shidzuko Gotoo; durante su infancia estudió el ciclo primario en la Escuela Gyoosee de la misión francesa marista y la secundaria en la escuela bilingüe inglesa Kaisee. De acuerdo con la doctora Michiko Tanaka, quien ha hecho un estudio biográfico del director teatral, el periodo de formación educativo de Seki Sano "combinaba el código moral confuciano tradicional de servicio a la causa pública, con la mentalidad occidental moderna científica centrada en el individuo".[1]

El paso por este tipo de escuelas, además de desarrollar su habilidad políglota, le permitió al pequeño Seki Sano asomarse a las culturas europeas y su literatura dramática por medio de las representaciones que hacían los alumnos. En 1922 ingresó a la Escuela Superior de Urawa y se inició en el teatro. Al año siguiente, junto con varios compañeros de escuela, fundó la Asociación de Estudios Teatrales. Ese mismo año un fuerte terremoto sacudió Japón,

[1] Michiko Tanaka, "¿Quién fue Seki Sano antes de llegar a México?", en *Seki Sano 1905-1966*, México, CNCA-INBA, 1996, p. 8.

por lo que el joven estudiante fue al auxilio de su padre ayudándolo a evacuar su hospital en Tokio.

Según la doctora Tanaka, esto produjo en Seki Sano un cambio de actitud hacia el teatro ya que constituyó su "experiencia originaria" en la toma de conciencia social, al darse cuenta de la vulnerabilidad humana ante catástrofes naturales. Para ese tiempo, el régimen político japonés reprimió con gran fuerza a la población opositora, lo que le hizo descubrir el rostro opresor del Estado; de tal manera que sus actividades teatrales las encaminó hacia la "búsqueda del teatro con mensaje social y político".[2]

Tanaka considera que esta actitud seguramente fue propiciada por la convivencia con sus condiscípulos, quienes bajo la influencia de un importante organizador de jóvenes del Partido Comunista Japonés los había iniciado en la crítica social y la política. Con sus compañeros de la Asociación de Estudios Teatrales, asistió como alumno externo a cursos de educación teatral integral en el Teatro de Tsukidyi.

En 1925, Seki Sano fue aceptado en la Facultad de Derecho de la Universidad Imperial de Tokio, y con alumnos de Urawa fundó el Teatro MNZ y una revista con el mismo nombre, donde declaró su intención de apropiarse del método de Vsevold Meyerhold. Asimismo, se afilió a la Sociedad de Hombre Nuevo, adoptando el marxismo-leninismo como su ideología de acción. En 1926 debutó como director en el Teatro de Maleta; poco después con otros artistas fundó la Compañía de la Vanguardia,[3] cuyo propósito era manifestar que lo revolucionario podía ser también estético.

Su actividad artística ligada íntimamente a la política propició que varias veces fuera perseguido, encarcelado y que censuraran sus obras. Michiko Tanaka señala que

> Durante cinco años y medio de militancia político-teatral en Japón, Seki Sano dirigió más de treinta y cinco obras en foros cerrados [...] como en escenarios improvisados de locales sindicales, auditorios públicos y otros. La mayoría de estas obras sufrieron cortes y modificaciones importantes impuestos por la censura [...], por ejemplo *Príncipe Hagen* de Upton Sinclair, *Crucero Aurora* de B. A. Lavrenyov, *Juicio*

---

2 *Ibid.*
3 Ambos grupos teatrales presentaban obras de tendencia social.

de la historia, Fuego a París de Yadzhensky, fueron prohibidas […] poco antes de su estreno. [4]

Ante el hostigamiento y persecución del gobierno japonés, Seki Sano se refugió en la entonces Unión Soviética hacia 1932, donde permaneció hasta 1937. Ahí, se acercó a los maestros Meyerhold y Stanislavski, de quienes aprendió sus técnicas teatrales.

Durante este tiempo, fue un activo militante de izquierda y estudioso en el Laboratorio de Investigación Teatral de Meyerhold, de quien fue asistente desde enero de 1934 hasta junio de 1937. Como tal, desarrolló un método de registro y de análisis del creador teatral. También realizó investigaciones sobre las puestas en escena que Stanislavski había presentado durante los años veinte.

Después de un periplo por la entonces Checoslovaquia y París (1938), llegó a Nueva York donde fue detenido por intervención del gobierno japonés. No obstante, con el apoyo del Comité de Libertades Civiles consiguió su admisión en Estados Unidos por seis meses. En 1939 llegó a México, donde radicó desde entonces hasta su muerte. Recién llegado a México participó en la fundación del Teatro de las Artes. En 1942 dio clases en los Estudios Churubusco para actores de cine. En 1945 el gobierno de Estados Unidos suspendió la emisión de una visa que había solicitado, por ser comunista.

En 1948, junto con otras personas, fundó la Asociación Nacional de Teatros Experimentales, y junto con la directora Luz Alba constituyeron el Teatro de la Reforma. Durante su estancia en México dirigió casi 30 obras, fundó varias escuelas propias e impartió cursos en la Escuela de Teatro del INBA, de la ANDA y en el Centro Deportivo Israelita. En varias ocasiones viajó a diversos países de Iberoamérica para impartir conferencias, cursos, o bien, fundar instituciones de artes escénicas para la formación de actores teatrales y de televisión, como en Colombia durante 1955, de donde fue expulsado meses después por su militancia comunista. Murió en la ciudad de México el 29 de septiembre de 1966.

El presente trabajo sólo se acerca a un corto periodo de la vida profesional de este activo y militante director de escena; su postura ideológico política quedó asentada en los principios directrices del Teatro de las Artes.

[4] *Ibid.*, p. 12.

"Y llegó Seki Sano" a México

Durante su estancia en Estados Unidos, Seki Sano dirigió *Fuenteove-juna* de Lope de Vega con el Group Theatre of Workers Theater de Nueva York. En marzo de 1939 asistió a una reunión de artistas en la que se encontraba Rufino Tamayo, quien entonces vivía en esa ciudad. Como su permiso migratorio estaba por concluir, el direc-tor japonés se acercó al pintor mexicano y le expresó su interés por visitar México. Le solicitó ser el medio para entablar relación con Celestino Gorostiza, a la sazón jefe del Departamento de Bellas Ar-tes,[5] pues deseaba obtener una invitación a la República mexicana para realizar actividades teatrales.[6]

A pesar de la respuesta negativa de Gorostiza,[7] que parecía ex-cluir cualquier posibilidad de recibir a Seki Sano, éste llegó vía ma-rítima al puerto de Veracruz el 26 de abril. Cuando desembarcó, la legación japonesa había movilizado a residentes nipones para im-pedir su ingreso. Pero una petición directa al presidente y el apoyo de artistas mexicanos y extranjeros residentes en México contribu-yeron a que Lázaro Cárdenas le otorgara una visa por cinco años como exiliado político, por su conocida militancia antifascista y anti-militarista.[8]

---

[5] Como ya se ha dicho, entonces aún no se había fundado el INBA.

[6] En la comunicación, Seki Sano le dice a Tamayo que le adjunta su currícu-lum vitae para que tenga referencias sobre su trabajo profesional y pueda informar a Celestino Gorostiza cuando le escriba. Le plantea la posibilidad de colaborar con algún dramaturgo mexicano para escribir una obra donde se vea "la verdadera cara del imperialismo japonés" y la infiltración de éste en América del Sur. Confiesa que no habla español pero conoce el inglés, francés, alemán, japonés y latín, y está seguro de superar cualquier dificul-tad con relación al idioma. Carta de Seki Sano a Rufino Tamayo del 9 de marzo de 1939. Veáse Madeleine Cucuel, "Seki Sano y el teatro de México. Los primeros años 1939-1948", *Tramoya*, núm 39, abril-junio de 1994, p. 59, y Archivo de Celestino Gorostiza, *ibid*.

[7] Celestino responde a la petición de Tamayo diciéndole que el Departa-mento de Bellas Artes cuenta con un presupuesto limitado, pero, anota que "sería inútil intentar una actividad como la que propone el Sr. Seki Sano". Carta de Celestino Gorostiza a Rufino Tamayo del 24 de marzo de 1939.

[8] Armando de Maria y Campos, "El teatro", *Novedades*, 17 de diciembre de 1946, y *Veintiún años de crónica teatral en México, primera parte 1944-1950*, p. 168.

Ya en la ciudad de México, el crítico teatral don Armando de Maria y Campos cuenta que "el refugiado oriental rápidamente se relacionó con artistas e intelectuales de la extrema izquierda, mexicanos y extranjeros, y comenzó a desarrollar su plan para hacer teatro en México buscando la forma de obtener el apoyo oficial".[9]

El pintor Gabriel Fernández Ledesma fue quien presentó a Seki Sano con don Armando; éste era en ese momento el jefe de la Sección de Trabajo de Teatro de la Secretaría de Educación Pública. En una reunión donde se encontraron los tres, cuenta don Armando, se entendieron de inmediato y a los pocos días la SEP ponía a disposición del director japonés, un salón del tercer piso del Palacio de Bellas Artes y le confiaba un grupo de alumnos; por supuesto, con el consentimiento de Celestino Gorostiza.

Admisión en el SME

Es probable que en las conversaciones con sus nuevos camaradas, Seki Sano haya preguntado cuál era la relación de las organizaciones obreras mexicanas con el campo artístico, porque se enteró de la labor teatral que había realizado Xavier Villaurrutia el año anterior con miembros del Sindicato Mexicano de Electricistas (SME). En vista de que Villaurrutia había presentado su renuncia ante dicha organización,[10] el director asiático solicitó ser presentado con los responsables de la organización laboral. Tiempo después Seki Sano recordaba el encuentro celebrado una tarde de julio:

> [...] en unión de otros iniciadores del Teatro de las Artes, fui al viejo y polvoso edificio de la calle de Colombia No. 9. El objeto de nuestra reunión era discutir con los líderes del SME nuestro Plan General de Trabajo. Algunos de ellos se mostraron grandemente entusiasmados con nuestro proyecto, y otros no. Algunos pensaron que nuestro plan era muy difícil de llevarse a cabo en México, en esos momentos, y otros que comprendieron la importancia de tal empresa, nos lo manifestaron así, pero no sabían cómo podría materializarse nuestro plan. Diez meses han transcurrido desde que tuvo lugar aquella junta, y

---

[9] *Ibid.*, p. 169.
[10] José Santos Valdés, "Apuntes, para una historia del teatro de los electricistas", inédito, mecanoescrito.

durante este tiempo, el SME no sólo aprobó nuestro proyecto en general, sino que comenzó a darnos el apoyo moral y material necesario para la organización del Teatro.[11]

Al final de la reunión, como se observa, el SME aprobó el proyecto y se convino que tanto el sindicato como la SEP dieran su apoyo. Como el nuevo local sindical se estaba construyendo en la calle de las Artes número 45, se adoptó el nombre Teatro de las Artes, que venía de maravillas, al sentir de Seki Sano, pues era una referencia directa al Teatro de Arte de Moscú.[12]

En un artículo aparecido meses después en la revista *Lux*, que aún publica el sindicato, el anónimo autor menciona la reunión del grupo de intelectuales y artistas con la Comisión encargada del edificio; cuenta que los primeros presentaron un plan de trabajo y propusieron que la Sala de Espectáculos se convirtiera en un lugar propio para realizar diversas actividades artísticas.

> Con el arreglo aludido […] podrán llevarse a efecto entre otras actividades aparte de nuestras propias asambleas las siguientes: Convenciones, conferencias, proyecciones cinematográficas, conjuntos de Música de Cámara, orquestas sinfónicas, bandas militares, pequeños conjuntos o solistas de todos géneros, recitales literarios o de danza, opera de cámara, teatro dramático, conjuntos corales, teatro de títeres, etc., etc.[13]

El artículo también señala los colaboradores, la declaración de principios y las tareas de organización que, para entonces, ya habían realizado los miembros del grupo como audiciones y selección de obras. Entre los integrantes mexicanos estaban Julio Crespo de la Serna (pianista), Germán Cueto (escritor, escultor y titiritero), Enrique Othón Díaz (escritor y organizador de cine), Jesús Durán (pia-

---

[11] Seki Sano, "El Teatro de las Artes", *Lux, revista de los trabajadores*, México, núm. 5, 15 de mayo de 1940, p. 35.

[12] Madeleine Cucuel, *op. cit.*, p. 47, y "Surgirá un positivo teatro de los trabajadores en el nuevo edificio social de nuestra organización. El Teatro de las Artes. Destacados artistas e intelectuales se han agrupado para colaborar con el Sindicato Mexicano de Electricistas para la realización de este importante objetivo cultural y social", *Lux, revista de los trabajadores* (ene. de 1940), p. 61.

[13] "Surgirá un positivo teatro de…", *op. cit.*, p. 60.

nista), Gabriel Fernández Ledesma, Mauricio Magdaleno (dramaturgo y guionista), Ignacio Millán (periodista), Silvestre Revueltas
(músico), Arqueles Vela (poeta), Isabel Villaseñor (actriz). Entre los
extranjeros se encontraban José Bergamín (escritor español),
Rodolfo Halffter (músico español), Verna Carlenton (escritora), Seki
Sano y Waldeen (profesora de danza, estadunidense).[14]

La organización del Teatro de las Artes se llevó a cabo de acuerdo con ese plan general que había presentado el grupo de artistas,
de manera planificada y con objetivos muy claros, con la mira de
alcanzar una meta positiva, como se verá.

Propósitos y objetivos

El 1 de agosto nació el Teatro de las Artes, cuya declaración de principios, redactada por el propio Seki Sano, señalaba:

> EL TEATRO DE LAS ARTES pertenece al pueblo de México.
>
> EL TEATRO DE LAS ARTES surge como una expresión ingente e inapla-
> zable de la vida del pueblo de México, en su lucha por la defensa de la
> cultura y la democracia.
>
> EL TEATRO DE LAS ARTES mostrará en la escena, todo lo que el pueblo
> mexicano tiene derecho a disfrutar y que por razones de índole di-
> versa, no ha logrado hasta ahora.
>
> EL TEATRO DE LAS ARTES tiene un repertorio constituido por obras con-
> temporáneas y clásicas, de autores mexicanos y extranjeros; así mis-
> mo, representará producciones de tipo folklórico y, en primer térmi-
> no, aquellas que exalten las ricas tradiciones de México.
>
> EL TEATRO DE LAS ARTES nace libre de mercantilismos, de "profesio-
> nalismo degenerado", de "sistema de estrellas" y de cualquiera otra
> que impida, como hasta hoy, el desarrollo saludable en nuestro país, de un
> teatro genuino del pueblo. Será un arma de lucha, en las manos de
> nuestro pueblo, para superarse.
>
> EL TEATRO DE LAS ARTES combate el principio de "el arte por el arte"; es
> esencialmente: "teatro del pueblo y para el pueblo".
>
> EL TEATRO DE LAS ARTES es un teatro realista, libre del naturalismo o del
> realismo trivial, así como del formalismo siempre alejado del pueblo.

---

[14] *Ibid.*

¡PUEBLO DE MÉXICO! ¡ÉSTE ES TU TEATRO. REPRESENTA TUS ASPIRACIONES DE PROGRESO! ¡DALE TU ESTÍMULO, AYÚDALO![15]

Dicha declaración fue firmada por los pintores Gabriel Fernández Ledesma, Xavier Guerrero y Miguel Covarrubias; los músicos Silvestre Revueltas, Jesús Durán y Rodolfo Halffter; el titiritero Germán Cueto; Waldeen y Seki Sano. Tres puntos fueron los ejes a partir de los cuales se desarrolló la actividad del Teatro de las Artes: primero, su compromiso con el pueblo; segundo, su deslinde del mercantilismo artístico, y tercero, asumirse como teatro realista.

Vale decir que este documento no fue el único donde quedaron asentados los propósitos y objetivos del Teatro de las Artes. Al año siguiente un artículo da cuenta de las actividades del grupo y pondera también la función educativa del teatro:

> No tratamos que este teatro sea como todos los que han existido en nuestro medio, uno de tantos […] Su misión, la finalidad del mismo, no debe quedar reducida a proporcionar solaz a unos cuantos privilegiados, ni tampoco a sostener más o menos a los trabajadores manuales que en él se emplearán, ni a los artistas, actores y escritores a quienes deba su existencia […] Su función esencial es la de contribuir a la educación del pueblo […] no [como] cátedra. [o] tribuna […] [tampoco que] el teatro tenga prohibido el acceso al campo de las ideas. El objeto del teatro es la representación del hombre como una unidad completa, y esa representación no sería si la despojáramos de una de las más nobles actividades humanas: la actividad intelectual.[16]

En la visión de sus organizadores, llevar a cabo esa función educativa de la manera más adecuada, sólo podría lograrse con el apoyo de una organización como el sindicato. La agrupación político-laboral venía a jugar el papel de mediador para que sus agremiados encontrasen canales para la expresión artística, coadyuvando a una mejor calidad educativa y del arte popular. Por esto las siguientes declaraciones:

---

[15] *Ibid.*

[16] *Ibid.*, pp. 60-61. Ilustran el artículo una maqueta del foro teatral, el emblema del teatro y una fotografía de Seki Sano.

Es preciso que el teatro sea estructurado y gobernado directamente por el organismo que rija la vida colectiva. Sólo eso puede garantizar que nunca intereses particulares prevalezcan sobre el interés general permanente. A mayor abundancia sólo el organismo ordenador de la vida de un pueblo puede asegurar aquella acción constante uniforme, siempre orientada en el sentido de conseguir una mejora progresiva del teatro, así en su contenido como en sus formas de expresión. Y es esta ininterrumpida mejora la que ha de dar al teatro su mayor eficacia educativa.[17]

Más adelante, el artículo invita a los agremiados a participar en el grupo y "a todos los trabajadores e intelectuales de México con o sin experiencia profesional que deseen dedicar su esfuerzo al establecimiento de un genuino teatro popular en México". Se explaya en las actividades que realizarán sus integrantes y resalta la capacidad de los coordinadores artísticos, quienes facilitarían el desarrollo de los futuros actores y de aquellas personas "que deseen dedicarse a escribir obras teatrales, pintar la escenografía, animar los títeres, componer música e interpretarla, interpretar la danza, dirigir la escena, manejar el equipo eléctrico, ayudar en el trabajo general de la administración, etcétera, etcétera".[18]

El artículo no está firmado, pero los párrafos de la desiderata llevan a pensar que su autor fue Seki Sano, por el conocimiento que muestra sobre el teatro y sus diversas funciones y, sobre todo, porque expresan el pensamiento de una persona comprometida con la ideología de los trabajadores.[19]

Para mayo de 1940, en un texto del propio Seki sobre el Teatro de las Artes, hace un recuento de lo realizado durante 10 meses y lo que aún faltaba por hacer. Interesa destacar las observaciones del director japonés, quien de manera muy crítica enjuicia el teatro que se presentaba en la ciudad. Justamente lo que Teatro de las Artes no pretendía hacer:

Algunas personas creen que vamos a hacer la misma clase de teatro que se ha hecho en México; no hay nada más erróneo; no nos interesa reunir al azar un grupo de personas, hacerlos ensayar por unas se-

---

[17] *Ibid.*, p. 61.
[18] *Ibid.*
[19] *Ibid.*

manas o un mes, dar unas representaciones y ¡zas! se acabó la "temporada", los pobres actores buscarían otros empleos más estables y no más teatro por otro año. El plan del Teatro de las Artes es enteramente diferente [...] Primero que todo, nosotros vemos la absoluta necesidad de crear una escuela verdadera del arte teatral, que hace tanta falta en México, y que es la única base para obtener un teatro serio en el país que eche las raíces que más tarde producirán frutos bellísimos. Es ya tiempo de darse cuenta de que los artistas de teatro no se improvisan, sino que requieren años de entrenamiento diario y estudios concienzudos.

Hemos elegido para la escuela [...] un grupo de autoridades en este arte... preparadas para enseñar y demostrar las diferentes técnicas del teatro. No olvidamos ni por un momento que estamos dedicados a la creación de un nuevo teatro, un teatro realmente mexicano... el teatro mexicano actual todavía se aferra a la tradición antigua española o trata de imitar la revista "yanqui". Los actores y actrices mexicanos todavía declaman sus papeles en un estilo "cursi" de antaño, cuando deberían desarrollar una forma de actuación nacional. Pero no es toda la falta de ellos. No han tenido la oportunidad de aprender técnicas modernas usadas ya en todo el mundo. Esto es precisamente lo que nosotros queremos darles, y después ayudarlos a adoptar esas técnicas para crear una forma de teatro realmente nacional que exprese la vida y la lucha de México y de su pueblo, en el pasado y en el presente.[20]

Seki Sano aclara que para conseguir este objetivo se necesita tiempo y una cuidadosa y amplia preparación. También es evidente que una de sus metas era crear una escuela de arte teatral como primer paso para cumplir con la siguiente tarea, de la cual era consciente, innovar, crear un nuevo teatro realmente mexicano, contribuir al desarrollo de una forma de actuación de este país. En este sentido sus deseos casaban con los planteamientos culturales aclamados por Bellas Artes.

Ese mismo mes de mayo, en el primer boletín del Teatro de las Artes publicado en la revista *Lux*, aparece en la primera página el título: "Teatro de las Artes, teatro del pueblo y para el pueblo. Escuela del Teatro de las Artes, preparémonos para un nuevo teatro mexicano". En él se invita a participar al público en Teatro de las

---

[20] Seki Sano, "El Teatro de las Artes", *Lux, revista de los trabajadores*, México, núm. 5, 15 de mayo de 1940, pp. 36-37.

Artes por medio de las siguientes preguntas: "¿Le interesa a usted el teatro? ¿Considera usted que debe crearse en México un verdadero teatro popular? ¿Desea usted ser actor, escenógrafo, diseñador, dramaturgo? ¿Le interesa a usted la danza? ¿Quiere usted ayudar a crear un nuevo teatro?"[21] Después se señala que éste no es un experimento teatral cualquiera sino:

> [...] el primer intento serio por establecer en México las bases de un verdadero arte teatral, nutrido en todas las inagotables fuentes de la cultura universal, y con una valiente postura hacia el futuro. El Teatro de las Artes ofrece todas estas oportunidades para la creación de un nuevo teatro, nacional en su espíritu y de hecho; pero internacional en su alcance.[22]

Es decir, los integrantes del grupo asumían el compromiso de crear un nuevo y verdadero teatro mexicano. Más adelante, en el artículo se responde a la pregunta ¿qué es el Teatro de las Artes?; se menciona quiénes lo integran, dónde se localiza, explica qué es la escuela del Teatro de las Artes y, en una apretada síntesis, se expone lo antes dicho por Seki Sano. Lo más importante en este boletín es que se muestra el plan de estudios del primer curso de la escuela,[23] el repertorio y nuevamente se invita a participar en el grupo que ya para entonces se estaba organizando.

En cuanto al repertorio dice que "comprende obras progresistas, clásicas y contemporáneas de autores mexicanos y extranjeros"; para las temporadas de 1941 y 1942, las obras mexicanas que se pretendía representar fueron:

> *Subsuelo 27* periódico viviente por Eufemio Cardell, dramatización de la turbulenta historia del petróleo en México en una forma escénica nueva; *La vecindad* por José Attolini, íntimo estudio de los aspectos más resaltantes de nuestra vida diaria; *Éste era un rey* por Luis Córdoba una sátira cortante del fascismo, con música de Silvestre Revueltas; *Cantata* dedicada a las mujeres mexicanas, por Arqueles Vela.[24]

---

[21] *Teatro de las Artes, teatro del pueblo y para el pueblo* (boletín de información núm. 1), México, mayo de 1940, p. 4.
[22] *Ibid.*, p. 1.
[23] Véase el anexo 3 "Escuela del Teatro de las Artes, preparémonos para un nuevo teatro mexicano", revista *Lux*, 22 de mayo de 1940.
[24] *Ibid.*

Para un futuro no lejano, se mencionan, como obras extranjeras: *Fuenteovejuna* de Lope de Vega, *Tartufo* de Molière, *Los ladrones* de Schiller, *Bodas de Fígaro* de Baumarchais, *El inspector general* de Gogol, *Los tejedores* de Hauptmann, *La madre* de Gorki, *Kinkemann* de Toller, *Bodas de sangre* de Federico García Lorca, *Santa Juana* de George Bernard Shaw, *Esperando al zurdo* de Oddets, y *El arado y las estrellas* de Sean O'Casey.

El boletín también anuncia las actividades de la Sección de Danza, destacando que su repertorio se basa en espectáculos episódicos sobre la historia de México y las representaciones coreográficas se inspiran en el folklore nacional.

La invitación para participar en el Teatro de las Artes es muy elocuente, está dirigida a estudiantes, artistas, intelectuales y trabajadores, como puede leerse a continuación:

> La creación de un nuevo teatro en México, es ya una cosa urgente, inaplazable […] [se] hace un llamamiento cordial a todos profesionales y no profesionales, para colaborar en esta magna obra.
> ¡Ingrese usted al Teatro de las Artes!
> ¡Colabore usted al engrandecimiento de la cultura nacional!
> El Teatro de las Artes está abierto para todo el mundo, para todos los entusiastas del teatro, con o sin experiencia profesional que deseen dedicarse a la formación de un verdadero teatro del pueblo de México […]
> Si usted ama el teatro, ingrese. Si usted desea construir un nuevo teatro mexicano, trabaje con nosotros.
> Con nuestras manos, estamos escribiendo una nueva página en la historia de la cultura mexicana![25]

Como puede observarse, Seki Sano se dirigió a los jóvenes estudiantes o trabajadores entusiastas por aprender teatro y hacer de éste su oficio, así como a los profesionales que ya no gustaban de ese "viejo y cursi teatro español". ¿Cuántos de ellos fueron sus seguidores? Por lo que ahora se sabe, ningún actor, actriz o director profesional se integró a Teatro de las Artes.[26]

---

[25] *Ibid.*, p. 3.
[26] Veáse Brígida Murillo T., "La labor teatral de Seki Sano en México", tesis de licenciatura en literatura dramática y teatro, México, UNAM-FFYL, 1996, p. 204.

El local

Por otra parte, es importante mencionar el local del Teatro de las Artes porque fue el primero en ser construido con características modernas, es decir, con los elementos escenotécnicos necesarios para facilitar la actividad de quienes iban a utilizarlo. Tanto el local como el escenario tenían características diferentes de los ya existentes en la ciudad de México.

Como ya se dijo antes, cuando Seki Sano se acercó a los dirigentes sindicales, su local estaba por terminarse; dentro de ese proyecto arquitectónico se había planeado construir una sala para llevar a cabo asambleas. [27] Pero Seki Sano sugirió transformarla en un verdadero teatro. Al respecto cuenta: "Con la cooperación de los arquitectos, yo presenté un plan para la construcción de un teatro verdaderamente moderno, perfecto en todos sus detalles: un escenario adaptable, acústica y visibilidad excelente, equipo de iluminación espléndido etc. etc."[28] Continúa con una detallada descripción del escenario vinculando su forma con la función que debe tener el mismo:

[…] el escenario en este teatro moderno tiene una forma un poco rara. La gente se sorprende cuando entra a la sala […] basada en los principios del Teatro de las Artes […] siendo ante todo un teatro del pueblo, no debe tener forma antigua […] debe ser un teatro en el cual se le dé a [los artistas] el máximo de libertad y la posibilidad de crear una estrecha relación entre el actor y el espectador, así como una mutua reacción entre ellos […] este foro […] de enorme proscenio semicircular muy amplio y lejos de la cortina, directamente conectado con la sala por medio de escaleras, también en semicírculo. Imagínese por un momento al actor sentado en estas escaleras y hablando al público suavemente y [de] manera íntima, o imagínese una escena

---

[27] Habría que mencionar que el local sindical fue de los primeros monumentos funcionalistas contruido en México. Hecho por el arquitecto Enrique Yáñez, el edificio fue diseñado de manera multifuncional en cinco plantas, con un entresuelo donde se ubicaron oficinas, gimnasio, club, teatro, escuela, consultorios y un sanatorio con terraza jardinada. Como parte del mismo, David Alfaro Siqueiros plasmó el mural *Retrato de la burguesía. Apud.* Rafael López R., *Enrique Yáñez en la cultura arquitectónica mexicana*, 1989, pp. 61-61 y 125.

[28] Seki Sano, "El Teatro de las Artes", *op. cit.,* p. 36.

en la cual una furiosa multitud levanta sus manos que sostienen antorchas [...] y gritando se precipita a través de la sala hacia el foro llenando todos lo pasillos. El efecto teatral sería enorme.

En realidad, no menos de la mitad del cuerpo entero de este teatro, incluyendo el espacio dedicado al auditorio, puede ser y será utilizado por nosotros como escenario [...] como lugar para la actuación.[29]

De estas declaraciones del maestro japonés cabe destacar la importancia que concede al hecho de haber extendido el escenario hacia el lunetario. Seki Sano consideraba que el foro del SME era el único en México con esas características arquitectónicas, además del ciclorama y el equipo de iluminación que tendría al final de su construcción; "honradamente, dice, el teatro del SME es uno de los más perfectos y modernos de todo el continente americano y europeo exceptuando tal vez la Unión Soviética".[30] Su participación en el alargamiento del escenario deja ver que las enseñanzas de Meyerhold las había hecho totalmente suyas.[31]

En efecto, este espacio para artes escénicas contó con los elementos más adecuados y con la tecnología más avanzada que existía en ese momento. Para infortunio de Seki Sano no fue ampliamente utilizado por él, para ver en escena lo que había imaginado. Sólo al poco tiempo de concluido el local teatral pudo representar una función *La rebelión de los colgados* y *Esperando al zurdo*, obras que había dirigido con sus alumnos del Teatro de las Artes. Inmediatamente después Seki Sano dejó de trabajar para el sindicato. Otros directores teatrales fueron los que pudieron realizar sus montajes en este espacio. Fue hasta 1957 cuando de nueva cuenta Seki Sano colaboró con el SME con el montaje *Esto no se queda así* de Mario Sevilla Mascareñas y *Pozo negro* de Albert Maltz (1959).[32]

La construcción de un foro con las características ya mencionadas, concebido especialmente para el teatro, da una significación a la forma y contenido que Seki Sano pretendía hacer como creador teatral. Este acontecimiento propició una modificación en la mane-

---

[29] *Ibid*. Véase al final del capítulo el diseño del foro.
[30] *Ibid*.
[31] Véase "Meyerhold: los cinco primeros años" y "Meyerhold: el teatro como propaganda", en Edward Braun, *El director y la escena, del naturalismo a Grotowski*, Buenos Aires, Galerna, 1986.
[32] *Apud*. Michiko Tanaka, *op. cit*.

ra de representar el teatro con relación a la que se realizaba en la ciudad de México.

La Escuela del Teatro de las Artes

Dentro de la concepción artística de Seki Sano para plasmar en el escenario el teatro que él concebía, antes que nada debía contar con actores preparados por él. Este objetivo lo expresó cuando se acercó al SME y planteó la necesidad de crear una escuela. Como puede verse en el anexo 3, el primer curso estaba programado para iniciar un entrenamiento de seis meses, seguir con un periodo de ensayos y finalizar con presentaciones cuando el Teatro de las Artes fuera inaugurado. De hecho, las actividades de la escuela iniciaron el 2 de mayo de 1940.[33] El entrenamiento que ofrecía la escuela estaba orientado a futuros actores y bailarines y se dividía en cursos teóricos y prácticos.

Al ver detalladamente el programa del entrenamiento, resalta que el objetivo era formar personas con un amplio conocimiento de las artes y una vasta cultura. Sobre todo buscaba acercarlos al método de Stanislavski; uno de los cursos así se llamaba y estaba dedicado exclusivamente a ese sistema; la sinopsis de la materia dice: "Exposición detallada del mundialmente famoso método de Stanislavski, como base indispensable de la escuela moderna de la actuación. Su desenvolvimiento dentro del método de Meyerhold y otras importantes escuelas contemporáneas del teatro".[34]

Por otra, parte los cursos prácticos tenían que ver con la actuación, la voz y el entrenamiento corporal. Brígida Murillo, en su trabajo "La labor teatral de Seki Sano en México: 1939-1966, como maestro y director escénico", hace un análisis bastante amplio con respecto al funcionamiento de la escuela del Teatro de las Artes y de la aplicación del sistema stanislavskiano.[35]

Seki Sano buscaba un actor cuya formación fuera integral; un individuo cuya cultura general fuera extensa y cuyo cúmulo actoral debía haber ejercitado los instrumentos propios del actor, cuerpo, emoción y psique, dentro del estilo realista. Para acopiarse de ese

---

[33] Anexo 3, *op. cit.*
[34] *Ibid.*
[35] Brígida Murillo, *op. cit.*, pp. 22-34.

bagaje, el actor debía ejercitarse continuamente por medio del montaje de escenas. Sus alumnos dan cuenta de ello en las entrevistas realizadas por Brígida Murillo.[36] Después de 10 meses de trabajo, Seki Sano contaba con un grupo de 30 actores y actrices, una Sección de Títeres y un grupo de bailarines profesionales.[37]

De acuerdo con el programa de entrenamiento expuesto, podría pensarse que la interrelación de los cursos teóricos y prácticos habría dado los resultados esperados. No obstante, el testimonio del maestro Ignacio Retes, quien fue alumno y asistente de dirección de Seki Sano, hace dudar de lo anterior. Con respecto a las materias teóricas menciona:

> Historia del Teatro no se dio como materia académica […] como un curso homogéneo, sino en forma aislada, según se iban presentando las oportunidades de hablar de tal obra, de tal autor, de tal época […] En el programa estuvieron, pero en realidad […] no hubo un curso coherente, no hubo seminarios, no hubo horas especiales para dedicarlas a Historia de la Música, Historia de la Danza, se trató muy circunstancialmente.[38]

Esto lleva a pensar que Seki Sano dio mayor peso al estudio de las teorías de Stanislavski y Meyerhold y su práctica; en tanto que las materias académicas fueron expuestas y aplicadas de acuerdo con las necesidades.

De mayo a noviembre de 1940, se llevó a cabo el primer curso de seis meses de la escuela del Teatro de las Artes. Noventa personas se inscribieron; pero para mayo de 1941 había 25 integrantes, 18 varones y siete mujeres. El promedio de edad era de 23 años. Por nacionalidad, había 22 mexicanos, una cubana, una española y una francesa. Por ocupación, nueve oficinistas, siete estudiantes de diversas carreras universitarias, cinco obreros de varias ramas de la industria, tres estudiantes de primaria y un profesor normalista. Por experiencia artística, 11 carecían de ella, siete habían participado en grupos de aficionados, seis en grupos profesionales y uno había

---

[36] Brígida Murillo, *op. cit.*, p.129. También dan cuenta que sus autores preferidos eran Ibsen, Chejov, Stringberg, Miller, Williams, es decir, los realistas contemporáneos; de sus obras extraía escenas que trabajaba en clase.

[37] Seki Sano, *op. cit.*, pp. 35-36.

[38] Brígida Murillo, *op. cit.*, p. 23.

sido estudiante de una academia neoyorquina hacía 10 años. Por aspiración 20 deseaban ser actores, cinco directores y uno dramaturgo. De los 25 integrantes, 19 ya eran graduados de la escuela del Teatro de las Artes, seis habían ingresado después de concluido el primer curso, y siete estaban comisionados en la Sección de Títeres.[39]

El "Boletín…" número 2, de septiembre de 1940, ofrece un informe de las actividades desarrolladas de mayo a septiembre de ese año, describe el plan de entrenamiento de actores, con base en 53 ejercicios,[40] y el haber ensayado 12 *sketches* seleccionados de 25 tareas de memoria evocadora y observación, así como haber estudiado dos escenas de *Fuenteovejuna*, y haber entrado en la nueva etapa, la de despersonalización:

> Se repiten los mismos ejercicios, pero ya orientados a lograr la despersonalización del alumno; sobre todo, aquellos que lo ayudan a obtener un "sentido de verdad" máximo, como son los de observación y memoria evocadora. Esta etapa de nuestro programa de entrenamiento marca la transición en la educación del actor del estudio del "sentido de verdad" –logrado por medio de 53 ejercicios– al estudio del "control del actor sobre sí mismo" partiendo ya del conocimiento de "lo Teatral". Los ensayos de las obras [...] "Espectros", "La señorita Julia", "Esperando al zurdo" se efectúan colectivamente en nuestra Escuela y se hacen precisamente con tal objeto [...] Las tres obras anteriormente citadas no se ensayan con el objeto de presentarlas al público –excepto "Esperando al zurdo"– sino sirven únicamente de estudio para los actores. Se ha procurado, por lo tanto, darle a cada alumno el personaje que esté más alejado de su propio temperamento, proporcionándole así la oportunidad de lograr una despersonalización absoluta.[41]

[39] *Boletín Teatro de las Artes*, núm 4.
[40] Los 10 primeros buscaban lograr la libertad muscular; los cinco siguientes controlar y coordinar las partes del cuerpo; los otros cinco justificar la verdad escénica; dos más para desarrollar la imaginación creadora; los siguientes siete, establecer la interrelación con compañeros; cinco más de reproducción de acciones físicas; 10 tareas de actuación; dos series de ejercicios básicos de lucha de opuestos; cinco ejercicios para lograr autenticidad del sentimiento escénico, y dos series más para desarrollar la memoria evocadora y la capacidad de observación. *Ibid.*
[41] "Teatro de las Artes, teatro del pueblo y para el pueblo, Escuela del Teatro de las Artes, preparémonos para un nuevo teatro mexicano", revista *Lux*, 22 de mayo de 1940.

Además, afirma que al finalizar el periodo del curso de entrenamiento, se contaba con un grupo profesional de 30 actores, quienes se dedicarían a ensayar la obra con la que se inauguraría el local teatral en enero de 1941. Por desgracia, debido a cuestiones técnicas la conclusión del mismo se retrasó más de tres meses. Esto llevó a una crisis muy fuerte, pues el presupuesto con que contaba el Teatro de las Artes se vio mermado y hubo actores que lo abandonaron y tuvieron que regresar a su antiguo trabajo.

No obstante, el crítico Antonio Magaña en una nota que refiere al Teatro de la Reforma (otro grupo que fundó Seki Sano en 1949), hace un recuento de la trayectoria del maestro oriental. Anota que desde su llegada al SME organizó una escuela de arte dramático más que representaciones públicas. Enaltece la disciplina enseñada por Seki Sano: "los alumnos de Seki Sano estudian y ensayan, ensayan y estudian sin miras a ninguna representación a fecha fija. Es un verdadero laboratorio […] El maestro iba reduciendo a sus discípulos a la vida estudiosa, a la más rígida disciplina, mediante el empleo de experiencias anteriores".[42]

Esta afirmación también muestra cómo el maestro japonés fue sembrando en sus alumnos un tipo de actitud diferente frente a la profesión teatral; ver el escenario como un espacio sagrado. Actitud que prevaleció en los escenarios universitarios de los años sesenta y setenta.

Presentaciones

En la escuela del Teatro de las Artes actores, bailarines y titiriteros trabajaron y ensayaron para la presentación al público, pero el local teatral no se concluía. Cuando llegó el 14 de diciembre de 1939, fecha del 25 aniversario del SME, no contar con el escenario del foro no fue obstáculo para festejar tal conmemoración. Para Seki Sano fue un gran día "porque el Teatro de las Artes inició su existencia presentando su Teatro de Títeres". La función se llevó a cabo en el Casino del nuevo edificio. De acuerdo con el director asiático, se presentó "un programa sugestivo para los hijos de los miembros

---

[42] Antonio Magaña Esquivel, "El Teatro. Seki Sano y el teatro de la Reforma", *Suplemento de El Nacional*, México, 1949, s.p.

del SME […] El pequeño local estaba pletórico de niños y de sus padres, y sus risas y sus caritas iluminadas por el contento fueron la mejor recompensa que pudimos tener en nuestra primera relación artística con el SME".[43] En algunos volúmenes de la revista *Lux* aparecen fotografías de los títeres y público asistente. Después de esa presentación la Sección de Títeres tuvo una gran actividad a lo largo del año 1940.[44]

Mientras se concluía el foro teatral, la actividad realizada en la Sección de Danza empezó a germinar, su directora Waldeen llevó un proyecto de presentaciones de varias piezas al Departamento de Bellas Artes.

De acuerdo con la documentación consultada, salta a la vista una organización de tipo colegiada cuando se observan los nombres de los conductores del proyecto Teatro de las Artes, la manera de presentación de la programación de los cursos impartidos, el proyecto del Ballet y el convenio que firmaron Teatro de las Artes y el Departamento de Bellas Artes.[45] Este tipo de organización y sus acciones llevan a pensar que sus integrantes compartían una concepción de su trabajo artístico del tipo que hoy se llama multidisciplinario. De ello se da muestra, por ejemplo, en el *Boletín 3* donde aparece un apartado que dice: la escuela del Teatro de las Artes se enorgullece de ser la primera organización teatral mexicana que adopta como parte de su entrenamiento el estudio y la práctica de la biomecánica de Meyerhold, impartido por Waldeen a los actores.

---

[43] Seki Sano, *op. cit.*, p. 36.

[44] En el *Boletín* núm. 1, que es un informe de las actividades realizadas por Teatro de las Artes durante los nueve meses de existencia, se reportan 11 representaciones de la Sección de Títeres, del 25 de diciembre al 5 de mayo, en diversas plazas, escuelas y clubes de la ciudad.

[45] "Teatro de las Artes, teatro del pueblo y para el pueblo, Escuela del Teatro de las Artes, preparémonos para un nuevo teatro mexicano", *Lux*, 22 de mayo de 1940; y "Teatro de las Artes, teatro del pueblo y para el pueblo, Escuela obrera de Arte, por el arte en manos de los trabajadores", *Boletín de información*, núm. 3, *Lux, Revista de los trabajadores*, núm. 2, año XIV, 15 de febrero de 1941. Proyecto: Un ballet de Bellas Artes propuesto por Waldeen, mayo de 1940, Convenio para el ballet de Bellas Artes bajo el auspicio del Departamento de Bellas Artes, y programas de mano, estos últimos documentos en Carpeta Sec. Teatro, Fondo Especial Armando de Maria y Campos, Biblioteca del Centro Nacional de las Artes.

De igual forma, en el convenio antes mencionado aparecen los nombres de quienes integraban el Consejo Artístico del Ballet y su función artística especificada: Waldeen como directora, coreógrafa y maestra, Sivestre Revueltas por las composiciones musicales, Gabriel Fernández Ledesma por el diseño de la escenografía y Seki Sano por "todo lo concerniente a la escenificación de los ballets, dirección de secuencias dramáticas de los mismos, coros hablados etc".[46] Por otra parte, testimonios de las entonces alumnas de danza y actores cuentan que para el montaje del programa presentado en el Palacio de Bellas Artes, trabajaron de manera conjunta "sobre una misma idea aportando cada uno desde su arte", dice Josefina Lavalle.[47]

Como ya se mencionó, Waldeen presentó el proyecto en mayo de 1940, el cual fue aceptado, y después firmado el convenio para dar funciones como el Ballet de Bellas Artes; de esta manera fue auspiciado. El convenio fue suscrito, por parte de Bellas Artes, por Celestino Gorostiza como jefe del Departamento y, por la otra parte, como consejeros de escena y producción Waldeen, Silvestre Revueltas, Gabriel Fernández Ledesma y Seki Sano, miembros de la Sección de Danza y de Actores del Teatro de las Artes.[48]

El proyecto presentado por Waldeen no era otro que el conocido programa de las piezas *La Coronela*, *Procesional* y *Las fuerzas nuevas*. Las funciones se llevaron a cabo los días 23, 24, 26 y 29 de noviembre de 1940 en el Palacio de Bellas Artes. Pero la difusión empezó desde septiembre. El programa de la temporada también incluía las *Seis danzas clásicas*.[49]

Julio Castellanos realizó el vestuario y la escenografía de *Procesional*, mientras que la música la compuso Eduardo Hernández Moncada. Para las coreografías de *Las fuerzas nuevas* y *La Coronela*, el vestuario lo diseñó y confeccionó Fernández Ledesma. Cabe seña-

---

[46] Convenio…, *op. cit.*

[47] J. Lavalle, *La Coronela (1940), punto de partida*, video, México, 2001, duración: 50 min.

[48] Oficio enviado al jefe de la Sección Teatro del Departamento de Bellas Artes por Seki Sano, "Participación elementos Teatro de las Artes en el Ballet de Bellas Artes…", 3 de octubre de 1940, en Carpeta 1940, sec. de Teatro, Ballet de Bellas Artes, Fondo Especial Armando de Maria y Campos.

[49] Estas últimas fueron presentadas en el programa representado en Morelia.

lar que tanto para el vestuario como para la escenografía de esta última pieza, se apoyó en los grabados de José Guadalupe Posada.[50] Los testimonios de Ignacio Retes refuerzan lo anterior cuando menciona: "obviamente nos llevaba a pensar en lo que fue Posada para el movimiento de la Revolución Mexicana, lo que significó y cómo fue un movimiento que trascendió en tal forma que abarcó muchísimos campos e indujo a muchos individuos a profundizar en el arte popular mexicano […]"[51]

De igual manera, en el video de *La Coronela* realizado por la maestra Josefina Lavalle, se pueden observar elementos a los que aluden los testimonios; hay una secuencia que claramente recuerda a Posada.

El programa de mano de las presentaciones en Morelia incluye una sinopsis de cada uno de los cuatro episodios.[52] Muy acertadamente el estudioso de la música y del teatro Eduardo Contreras llama "argumento resumido" de *La Coronela*; señala:

> El primer episodio presenta a los ricos […] asocia el lujo, la abundancia y el poder con el modelo urbano […] el segundo a los pobres […] se carga a lo contrario: el paria, el explotado injustamente, el oprimido, el campesino, su conflicto ocurre fuera de la ciudad […] El tercero ocurre en los sueños de un rico […] el último vale por la Revolución misma […][53]

Eduardo Contreras observa atinadamente el sentido maniqueo del primero y segundo episodios cuando se pregunta si "acaso no había pobres en la ciudad o bien si no había latifundistas o hacendados en el campo, o cómo vivían éstos".[54] No obstante, valora el ar-

---

[50] Veáse anexo 4. "Se inicia la verdadera danza mexicana", en "Teatro de las Artes, teatro del pueblo y para el pueblo, Escuela del Teatro de las Artes, preparémonos para un nuevo teatro mexicano", *Lux*, 22 de mayo de 1940; y también la "Cronología" hecha por Michiko Tanaka y Jovita Millán, en varios autores, *Seki Sano*, México, CNCA-INBA, 1996, pp. 70-71.

[51] Brígida Murillo, *op. cit.*, p. 23.

[52] Veáse anexo 4, *op. cit.*

[53] Eduardo Contreras Soto, "Danzando del campo a la ciudad. Lo dramático en la música de *La Coronela* y *El Chueco*", en *La danza en México*, México, CNCA-INBA-CENIDI-Escenología, 2002, p. 218.

[54] *Ibid.*

gumento resumido como "guía de lectura y la imaginación poética y política" del cuarto episodio, cuando dice:

> […] después de tres episodios de descripción muy directa de símbolos sociales e históricos explícitos, habría sido quedar bien con el sistema que pagaba este trabajo […] y terminar la coreografía con una exaltación laudatoria, rayana en la demagogia, de la gran gesta. Por fortuna optaron [sus creadores: Waldeen, Fernández Ledesma y Seki Sano] por otra solución más imaginativa […] *La Coronela* no acaba en alabanza demagógica de la Revolución y sus bondades, antes se convierte en una danza de la muerte, en una danza macabra en el sentido medieval poético, fomentado por las propias calaveras de Posada: la muerte viene de la revolución, y no respeta ni distingue a los ricos frente a los pobres, así que se lleva a todos a la boca del infierno excepto a *La Coronela*, que no representa a un personaje humano específico y sobrevive con el valor simbólico de la revolución misma.[55]

Como se puede advertir, de manera sucinta Contreras nos da una visión crítica de la coreografía. De nueva cuenta en el argumento resumido, el primer episodio titulado "Damitas de aquellos tiempos" hace referencia a: "Las tertulias íntimas de la 'élite' 1900, en que la frivolidad y la cursilería formaban escenario y ambiente donde se devoraban los golosos platillos de la crítica insana y el comentario envidioso diario sustento de aquella femenina sociedad. Es la clásica hora de los 'chismes'".[56]

En las imágenes del video referentes a este episodio se puede ver que hay un elemento escenográfico que indica un barandal, construido en una dimensión (triplay cortado y pintado). Aparece una mujer vestida de tal manera que recuerda a *La Catrina* de Posada; con sus manos carga una pequeña estructura que indica un transporte, lo abandona hacia el final del barandal que está rematado con dos figuras de cisnes. El lugar ficticio evoca el Bosque de Chapultepec.

La mujer se encuentra con otras dos vestidas como ella, cada una trae un abanico. Las tres se saludan, comentan, se esconden tras su abanico. Después aparece un hombre vestido con overol, bailando, saltando y moviendo los brazos como marioneta, las ve,

---

[55] *Ibid.*, p. 219.
[56] Véase el anexo 4, *op. cit*.

luego se dirige hacia la estructura transporte, la toma, se la lleva saltando y balanceándola. Tras saludarse, las mujeres se separan, hacen espacio para dos hombres también con overol, quienes se acercan con una tela en las manos. Se colocan por el frente de las mujeres, se sientan sobre el piso frente a frente y con la tela y sus brazos extendidos hacia arriba forman una mesa a la que se acercan las mujeres.

En otra secuencia del mismo episodio, están las tres mujeres bailando. Aparece un hombre, vestido como los otros, sosteniendo en la mano un bastón largo, con un sombrero de copa en la punta. El hombre lo acerca a las mujeres, ellas juegan a atraparlo; él desaparece. Ellas hacen algunos desplazamientos, una se dirige hacia la figura (triplay cortado y pintado) de un traje de hombre (pantalón, camisa, saco, corbata) que no tiene cabeza, manos ni pies. A la figura la hace bailar el hombre de overol que la sostiene.

En la secuencia de otro episodio aparecen sólo mujeres. Su vestuario se compone de enaguas claras, leotardo y rebozo oscuro. Otra secuencia muestra a una mujer, La Coronela, viste falda larga oscura, blusa de cuello con holanes, mangas largas con holanes en los puños, cinta a la cintura, canana cruzada por el pecho, fusil en mano y botas. Una revolucionaria.

Es decir, las imágenes del video confirman los testimonios y es clara la postura de sus creadores respecto de la función que debía cumplir el arte, una función social.

De acuerdo con la cronología de Tanaka y Millán, en mayo de 1941 se presentó *Esperando al zurdo* de Clifford Odets en la Sala de Alianza de Tranviarios, y los días 19 y 24 del mismo mes fue representada en Morelia *La rebelión de los colgados*, adaptación de la novela de Bruno Traven hecha por Seki Sano. Y sólo hasta noviembre de ese año se presentó esta obra, en el local tan esperado del edificio del SME, durante el Primer Congreso de la Confederación Latinoamericana de Trabajadores. Por desgracia no se ha podido localizar alguna crónica que reseñe la presentación de *Esperando al zurdo*. En cuanto a *La rebelión de los colgados*, Ignacio Retes comenta que fue elegida porque

> El tema era definitivamente revolucionario, es un ataque al cacicazgo a los gobiernos espurios, o los malos gobiernos. Se presenta al indígena indefenso. Entonces se hizo por razones perfectamente encuadradas en la propuesta de lo que era el Teatro de las Artes, un teatro

revolucionario, un teatro de protesta, un teatro de masas, un teatro del pueblo y estaba hecho por comunistas. Ahí no tenía pierde, correspondía el fenómeno artístico a la propuesta estética.[57]

El programa de mano, de la presentación en Morelia, anota que después de seis meses de estudio e investigación se decidió por la novela de Bruno Traven "precisamente por su carácter, profundamente mexicano y realista".[58] El libreto está constituido por tres actos y 27 escenas. Esta estructura de breves escenas permite mostrar con agilidad la situación de los indios de Chiapas, particularmente de los chamulas, previa al levantamiento revolucionario de 1910; su miseria, su indefensión frente al abuso de los patrones extranjeros, dueños de las fincas cafetaleras y aserraderos. Si bien podría pensarse, por su carácter de denuncia, que es un panfleto, lo cierto es que después del levantamiento de los trabajadores contra los patrones, la última escena está planteada de la siguiente manera:

> Escena con proyecciones. Música y efectos de sonido.
>
> Un tren marcha. En la oscuridad se oye el trepidar de un tren que se acerca, mezclado con un coro que canta una canción revolucionaria. El rumor del tren y el coro cesan. Sobre una pantalla se proyectan las siguientes palabras (placas):
>
> Y POR TODOS LOS RUMBOS DEL PAÍS SE EXTENDIÓ EL FUEGO.
>
> La luz revela paulatinamente, un vagón lleno de soldados cantando y gritando. Sobresalen Martín Trinidad, Juan Méndez, Lucio Ortiz, Celso Santiago y Modesta (personajes de la obra). El rumor y la canción crecen hasta invadir la sala por completo; luego paulatinamente desaparece el vagón y desaparece el ruido del tren y del canto. Se oye el silbido lejano del trueno, se proyectan de nuevo las placas:
>
> ASÍ NACIÓ LA REVOLUCIÓN MEXICANA.
>
> Telón.[59]

[57] Entrevista a Ignacio Retes, hecha por Guillermina Fuentes, 23 de septiembre de 1999.

[58] Programa de mano, "Funciones extraordinarias de teatro y danza, en ocasión del IV Centenario de la ciudad de Morelia, Michoacán". Anexo 4.

[59] "La rebelión de los colgados, adaptación teatral en tres actos de Seki Sano", en *Teatro de la Revolución Mexicana*, México, Aguilar, 1982, pp. 245-279.

Ignacio Retes cuenta con relación a la obra y puesta en escena lo siguiente:

> [...] con estacato, con pequeñas escenas, fragmentos de una escena, fragmentos de otra y otra [...] Como cuadros, pero yo creo que eran docenas de escenitas; tres líneas, cinco líneas y a otra cosa. Muy ágil, una corretiza, corriendo por todos lados, balazos. Se puso una vez en el Sindicato de Electricistas [...] También en exhibiciones privadas que se hacían en salones de ensayos y luego salió a Morelia al teatro Ocampo.[60]

Cuenta también que la difusión fue muy pobre así como los recursos y los decorados,

> [...] no tenía decorado propiamente –dice Retes– porque se hacían 25 cambios, lo que había era lo que llamamos atrezo, elementos de utilería que eran los que daban color. El vestuario caracterizaba: las botas, las camisolas, los sombreros de los soldados y de los guardias blancas, que hay todavía, eso sí lo llevábamos, pero de cualquier manera incluso en México [en el local del SME], no había decorado, era puro atrezo: vestuario, utilería; que las cuerdas, lazos, amarras, palos, sables [...][61]

Estos testimonios casan con lo visto en el video de *La Coronela*. Y dan pie para escuchar la voz del director y maestro Rodolfo Valencia, otro alumno de Seki Sano, quien a su vez le reconoce su enorme sentido de teatralidad que se traducía en su manera de dirigir.

> Es imposible no hacer referencia a las relaciones dramáticas del espacio, como parte de su lenguaje teatral. Él no hablaba en esos términos. Simple y sencillamente tenía un gran manejo del espacio, en donde las relaciones de los actores con el espacio escénico, estaban verdaderamente al servicio del concepto y del contenido de la puesta en escena [...] una de las cosas que desconcertaba al público, era que usaba un tipo de movimiento escénico que a pesar de ser realista no era naturalista. Llevaba al teatro a un plano de creatividad, que no pretendía de ninguna manera imitar, quedarse en una imitación de la realidad, de la cotidianidad; sino que la superaba, la llevaba a un

---

[60] Entrevista a Ignacio Retes, *op. cit.*
[61] *Ibid.*

plano del arte [...] Si alguien manejaba realmente el espacio, si alguien tenía la capacidad, de acuerdo con su visión de la puesta en escena, el contenido de la puesta en escena, era Seki Sano. [De él] aprendí, verdaderamente aprendí, ese concepto del espacio, esa precisión en donde realmente el movimiento tenía esencia...[62]

Durante una entrevista al maestro Retes se le preguntó qué sería lo novedoso de Seki Sano; ¿sería su capacidad de adaptar espacios que no eran propiamente teatrales y crear un espectáculo con apenas unos elementos escénicos? Retes respondió:

> Propiamente sí, yo creo que hay muy pocos antecedentes en México. Que yo recuerde una producción, un trabajo que fuera por ese camino no hubo antes. Lo que valía era la actuación, la composición, el movimiento y el desenvolvimiento vertiginoso y la unión, la continuidad. Que estaba desapareciendo un soldado herido y ya por otro lado estaba entrando un peón al que querían matar o huyendo, etc. La acción resuelta con los actores más que con los elementos y en ese sentido yo creo que sí fue bastante innovador el trabajo de Seki Sano con *La rebelión*... Después ya no, después se fue también a grandes producciones y decorados y demás. Pero originalmente trabajamos *La rebelión...*, como producto de un teatro pobre, verdaderamente de un teatro sin muchos recursos.[63]

El programa presentado en Morelia incluyó una primera parte con *La rebelión de los colgados*, la teatral, y una segunda con *Danza de las fuerzas vivas*, *Seis danzas clásicas* y *La Coronela*. Entre actores, actrices, bailarines y bailarinas eran cerca de 30 participantes. Algunos comediantes aparecen como parte del elenco del repertorio dancístico.[64]

Como alumno de la escuela del Teatro de las Artes, Retes considera que lo más valioso aprendido en ella fue: "El manejo actoral, cómo acercarme al actor, cómo incrustarme en la mente del actor, eso lo aprendí de Seki Sano".[65] Quizá lo dicho por Retes sobre el

[62] Entrevista a Rodolfo Valencia en Brígida Murillo, *op. cit.*, pp. 199-204.
[63] Entrevista a Ignacio Retes, *op. cit.*
[64] Véase el anexo 4.
[65] Entrevista a Ignacio Retes, *op. cit.*

manejo del espacio y los actores por Seki Sano, a nosotros, espectadores del siglo XXI, no nos parezca nada novedoso. No obstante, para el joven Ignacio Retes y demás compañeros las enseñanzas del director japonés eran sumamente originales en esa época.

La directora Lola Bravo cuenta que con su pandilla, siendo alumnos de Seki, en alguna ocasión fueron a ver una obra que dirigía Luis G. Basurto y la actriz principal era María Tereza Montoya. Cuando el director los vio llegar, les dijo: "Ustedes ¿son alumnos del japonés? ¿Y desde cuando los japoneses saben de teatro?" Ante esta actitud despectiva, la reacción de los muchachos fue la de "destrozar su puesta, que no era nada difícil", dice la maestra Bravo. Y a continuación reseña la puesta en escena:

> El escenario estaba circundado por un telón de fondo, negro, con manchas ostensibles de orines de gato (eso explicaba el olor del teatro), y estaba dividido para nuestro regocijo en tres áreas, la de la izquierda, separada de las demás por otro teloncito negro, correspondía a una elegante mansión en México. La de en medio era una choza de pescadores en una isla misteriosa del Atlántico (suponíamos). Y la tercera, dividida también por el imprescindible teloncito negro, era la sala de otra lujosa residencia en Argentina. La acción empezaba en la residencia de la izquierda. La señora Montoya era una impecable dama de sociedad que, por azares del destino –melodramática trama de risa loca– tenía que viajar a la república de Argentina. Pero ¡oh dolor!, su barco era torpedeado por un taparrabos [*sic*] que la llevaba desmayada y medio ahogada hasta un catre de la zona de en medio que crujía estrepitosamente al recibir su preciosa y voluminosa carga. Aquí empezaban las risas. La señora despertaba de su letargo y después de maldecir al destino, juraba que llegaría a Argentina. Aquí acababa el segundo acto […] el tercer acto estaba ya ahí. La valerosa dama cumplía su juramento y llegaba, no sabíamos cómo, a la zona de la derecha. Frío recibimiento de sus malvados parientes y entonces… horror: por la zona de México aparecía un famélico gato que maullaba estrepitosamente. Desconcierto, pero –profesionales al fin– la lección seguía en la zona de la derecha. Por la parte de la izquierda, el joven director asomaba una cabeza que él suponía que el público no iba a ver y llamaba "bichito, bichito". El gato pasaba de un brinco al área de la isla desierta y se instalaba en el catre que rechinaba. Aquí sí, ya reinaba la alegría entre el público. El joven altísimo sacaba ya medio cuerpo y repetía su "bichito, bichito", y el gato caminaba lentamente hacia Argentina, donde los actores, olvidados de sus infames maquinaciones, se dedicaban a cazarlo en medio de maullidos, aullidos, ras-

guños y ¡olés! del público. Nosotros salíamos del teatro en medio de carcajadas. ¡Seki había sido vengado![66]

Más allá de lo anecdótico, lo que muestra esta reseña es una representación común de lo que era el teatro de compañía en la ciudad de México. Seki Sano enseñó a sus alumnos que en el teatro, que en el escenario, se podía crear otro mundo, otra realidad; pero para lograrlo se necesitaba de estudio, disciplina y trabajo.

Logros

En resumen se puede señalar que Seki Sano en el Teatro de las Artes obtuvo un logro muy importante: ser la primera escuela en México que introdujo sistemáticamente las teorías teatrales de los maestros rusos Stanislavski y Meyerhold. Con ello se ponían las bases de una actuación realista al utilizar el sistema de Stanislavski y, por supuesto, al convertir a los actores en elementos fundamentales para el cambio de la representación teatral.

A partir de las enseñanzas meyerholdianas, Seki Sano también brindó a sus alumnos las herramientas para emplear y jugar con el espacio escénico de forma consciente y diferente en relación con el tipo de teatro que se representaba entonces en México. Así, dio pie a la formación de los nuevos directores, tarea que desarrolló años después.

---

[66] Lola Bravo, "Así llegué a la luna", en *Seki Sano*, México, Conaculta-INBA, 1996, p. 54.

Diseño del local del Sindicato
Mexicano de Electricistas, propuesto
por Seki Sano (revista *Lux*).

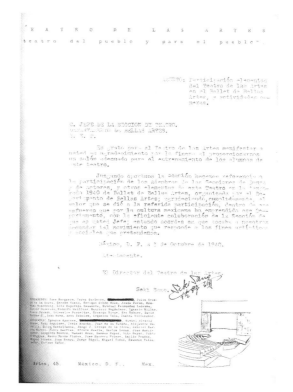

Agradecimiento de Seki Sano al jefe de la Sección de
Teatro de Bellas Artes, Armando de Maria y Campos
(Fondo AMC, Biblioteca de las Artes).

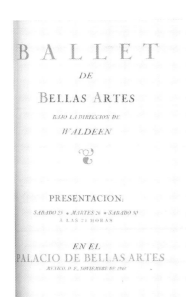

Programas de mano (Fondo AMC, Biblioteca de las Artes).

El Teatro de Medianoche
de Rodolfo Usigli (1940)

El Teatro de Medianoche
de Rodolfo Usigli (1940)

Rodolfo Usigli

Con casi 35 años de edad en 1940, Rodolfo Usigli "no era un adve-
nedizo en el Teatro nacional"[1] como entonces dijo don Armando
de Maria y Campos, el crítico teatral. Usigli nació en la ciudad de México el 17 de noviembre de 1905, en una vecindad de la calle de San
Juan de Letrán.[2] Hijo de padres extranjeros, su madre Carlota Wainer,
de origen polaco, y su padre Alberto Usigli, ciudadano italiano, quien
murió dejando huérfanos a sus cuatro hijos a edad temprana. Al
quedar viuda, doña Carlota trabajó en diversos oficios para sostener a sus hijos en los difíciles años de la Revolución mexicana.

La figura materna fue una enorme y benéfica influencia en el
Usigli niño y adolescente, quien vivió una época de carencias en
uno de los estratos más pobres de la clase media. La madre tuvo el
ingenio para inculcar en sus hijos la necesidad de superarse por
medio del estudio y de las actividades artísticas e intelectuales.[3]

---

[1]   Armando de Maria y Campos, "El ritmo teatral, Un autor mexicano modes-
      to y soberbio", *Hoy*, núm. 82, 17 de septiembre de 1937, p. 49.
[2]   La vecindad estaba ubicada en el predio que años después albergó el Cine
      Teresa, en la calle de San Juan de Letrán, hoy Eje Central Lázaro Cárdenas.
      Apud. José Emilio Pacheco, p. 9.
[3]   *Ibid*. *Vid*. Ramón Layera, p. 15.

No obstante las carencias durante su niñez, el futuro dramaturgo jugaba con títeres representando las pequeñas piezas de Vanegas Arroyo (entonces bastante accesibles, en los estanquillos por unos cuantos centavos).[4]

La falta de recursos económicos suficientes no le permitió obtener una educación formal durante su pubertad. No pudo terminar sus estudios secundarios, por lo cual se vio en la necesidad de trabajar. Sin embargo, esto no fue un obstáculo para aprender y ser autodidacta, mientras se ganaba la vida como taquígrafo en español e inglés. Tiempo después estudió en la Escuela Nocturna de Música y Declamación anexa al Conservatorio (1923), institución destinada a la educación estética para obreros y empleados.

En la revista popular *El Sábado* se inició en el periodismo, donde hacía crónicas en verso, epigramas en prosa, reseñas y entrevistas teatrales; estudió francés y se vanagloriaba de hablarlo y escribirlo mejor que sus privilegiados compañeros que lo habían aprendido de niños.

Hacia 1930 se acercó a las tertulias del grupo Contemporáneos; su amigo Xavier Villaurrutia con afecto e ironía lo llamó "El caballero Usigli", pues guantes, sombrero y bastón eran su escudo y disfraz. Octavio Paz en una viñeta anotó acerca de Usigli: "un señor vestido con elegancia un poco raída, muy inteligente, muy tímido y muy impertinente, a ratos sentimental en otros cínico".[5]

En un México donde las elites económicas y culturales iban asumiendo patrones anglosajones, Usigli descubrió las obras e ideas de George Bernard Shaw. La frase: "El realismo no es ilusionismo escénico", lo marcó a fuego, dice José Emilio Pacheco, y señala: "mediante [ese realismo trató] de enjuiciar a la sociedad, plantear […] los problemas de la vida moderna, atacar la hipocresía y los convencionalismos de la clase media e introducir una verdadera discusión en diálogo".[6]

En uno de sus escritos, Usigli cuenta que antes de cumplir los 20 años (1926) había declarado su intención de escribir teatro, pero fue hasta 1931 cuando terminó de escribir su primera obra, *El apóstol*.[7]

---

[4]   José Emilio Pacheco, *op. cit.*, p. 9.
[5]   *Ibid.*, p. 10.
[6]   *Ibid.*
[7]   Aunque en 1929 se acercó a los problemas del autor dramático con la obra *Quatre Chemins* escrita en francés.

Sin embargo, sus primeras obras significativas fueron sus tres *Comedias impolíticas*: *Noche de estío* (1933-1935), *El presidente y el ideal* (1935) y *Estado de secreto* (1935).

En 1937, Usigli consiguió que una compañía comercial, la de María Tereza Montoya, representara en el Palacio de Bellas Artes su comedia *Medio tono,* escrita ese mismo año. En esta puesta en escena, el público de la clase media pudo mirarse en el espejo, dice José Emilio. Dos años después, en 1939, la Compañía de comedias de las hermanas Blanch le estrenó *La mujer no hace milagros,* en su propio feudo, el teatro Ideal.

El niño y la niebla, *Mientras amemos*, *Aguas estancadas*, *Otra primavera*, *El gesticulador*, *La mujer no hace milagros* son obras que recuerdan la realidad mexicana de 1920 a 1940. Al respecto Pacheco apunta que Usigli en "el teatro da forma artística […] No copia las vacilaciones, repeticiones y torpezas de nuestro modo de hablar: las resume en prosa literaria que tiene la apariencia del habla".[8]

Durante estos años, además de escribir teatro (16 obras antes de los 35 años), fue profesor en varias escuelas y facultades de la Universidad Nacional Autónoma de México; estuvo becado en la Universidad de Yale (1935-1936) –estancia que compartió con Xavier Villaurrutia–; dirigió la oficina de prensa de la Presidencia (1936); fue jefe de la sección de teatro del Departamento de Bellas Artes (1938); escribió un libro de historia, *México en el teatro* (1932), y otro sobre teoría dramática: *Itinerario de autor dramático*, así como un libro de poemas, un diario de trabajo, prólogos y epílogos a sus obras; tradujo a Thomas S. Eliot, publicó muchos artículos y entabló polémicas cuyo tema principal era el teatro mexicano.

Entre las múltiples actividades que realizó durante los años cuarenta, organizó y dirigió su Teatro de Medianoche; escribió *Corona de sombra* (1943) y su novela *Ensayo de un crimen* (1944); fue crítico de teatro de la revista *Hoy*; vio el estreno de sus obras: *La familia cena en casa* (1943) con la compañía de Anita Blanch en el Ideal; *Otra primavera* (1945) en Teatro de México; *El gesticulador* (1947) en el Palacio de Bellas Artes y *Medio tono* (1949). Además, al lado de Fernando Wagner y Enrique Ruelas, fue fundador de la carrera de Literatura dramática de la Universidad Nacional Autónoma de México.

---

[8]   José Emilio Pacheco, *op. cit.*, p. 12.

En la década siguiente conoció de nuevo el éxito. En 1950 fueron estrenadas *Noche de estío* con la compañía Teatro Mexicano Contemporáneo y dirigida por él, y *Los fugitivos* con la Compañía Mexicana de Comedias de Prudencia Grifell. Al año siguiente, José de Jesús Aceves estrenó *El niño y la niebla*, después *Función de despedida* (1952) y, por último, *Un día de estos* (1954). En 1955 Aceves repuso *La mujer no hace milagros* en el Teatro del Caracol. Durante la década de los cincuenta Usigli no sólo cosechó éxitos, también fue centro de la polémica, sobre todo por *Jano es una muchacha*, estrenada en 1952, la obra que provocó un gran escándalo y por la cual Usigli fue acusado de inmoral por la Liga de la Decencia. En cuanto a *Los fugitivos*, según Pacheco: "[…] aunque situada en 1908, fue vista como lo que era: una crítica oblicua […] a los intentos por reelegir a Miguel Alemán […] *Un día de estos* se consideró una toma de partido a favor de […] Ruiz Cortines […]".[9]

A partir de 1956 y hasta 1971 fue parte del servicio diplomático del gobierno mexicano: primero, ministro en Líbano, y después, embajador en Noruega. (Su salida del país tiene varias versiones, una de ellas fomentada por el propio Usigli al decir que su presencia resultaba incómoda, de ahí el exilio diplomático, así como el poco reconocimiento y débil impacto de su obra en el ámbito teatral.)[10] Es preciso destacar que esta situación de precariedad no era exclusiva de él; pero seguramente influyó en sus dificultades económicas, ya que su viuda, Argentina Casas, escribió que un día Usigli "harto de estar tan limitado de dinero, de lo irónico e injusto de recibir diplomas y no ganar lo suficiente para vivir decentemente iba a ver al presidente Adolfo Ruiz Cortines, para pedirle trabajo como agregado cultural en cualquier parte del mundo".[11]

Pese a la distancia, Usigli continuó escribiendo y publicando. De esa época son, entre otras, sus obras antihistóricas *Corona de fuego* (1960) y *Corona de luz* (1963), y las ediciones de los dos primeros volúmenes de su *Teatro completo* (1963 y 1966). Al jubilarse Usigli como embajador, de regreso a México (1971), Pacheco comenta de él: "para acabar de pelearse con todo el mundo y amargar sus últi-

---

[9] *Ibid.*, p. 15.
[10] Véase Pacheco, *op. cit.*, p. 15, y Layera, *op. cit.*, p. 17.
[11] Argentina Casas O., *Mi vida con Rodolfo Usigli. De secretaria a embajadora*, México, Editores Mexicanos Unidos, 2001, pp. 223-224.

mos años, Usigli y [...] Martín Luis Guzmán, fueron los únicos de su gremio que aceptaron públicamente la 'versión de Díaz Ordaz' acerca de Tlatelolco".[12]

Al llegar a la presidencia Luis Echeverría, su antiguo alumno, le pidió que se hiciera cargo del Teatro Popular de México (1972-1975), en donde vio el estreno de su obra *Las madres* (1973) y el *reprise* de *El gesticulador*. En 1972 le fue otorgado el Premio Nacional de Letras. A lo largo de su vida ocasionalmente fue actor y director. Murió en la ciudad de México el 18 de junio de 1979.

Para emprender este trabajo, primero se han registrado las actividades realizadas por Rodolfo Usigli durante 1939 como antecedente inmediato, ya que fueron los acontecimientos de ese año los que lo impulsaron a organizar Teatro de Medianoche. Además, cabe señalar que para él ese año fue bastante fructífero y hasta exitoso, en contraste con la época en que se lamenta el propio Usigli, según ha dejado testimonio en diversos textos.

1939

Efectivamente, para Usigli este año fue bastante bueno, si se pone en una balanza. Desde el año anterior trabajaba en Bellas Artes como jefe de la Sección de Teatro. Celestino Gorostiza, entonces jefe del Departamento de Bellas Artes, lo había convocado por medio de Xavier Villaurrutia a ocupar ese cargo.

Durante 1938 reorganizaron el Teatro de Orientación. En esa temporada participaron como directores Julio Bracho con *Anfitrión 38*, Villaurrutia con *Minnie la Cándida* y Usigli con la traducción que hiciera a *Biografía* de S. N. Behrman.[13] Al siguiente año, 1939, un gran acontecimiento sucedió en su vida, el estreno de *La mujer no hace milagros* con la compañía de las hermanas Blanch, Anita e Isabel.

---

12 Pacheco, *op. cit.*, p. 16.
13 Un recuento periodístico señala: "*Biografía* tuvo una aprobación entusiasta de la crítica y el público de Nueva York por lo brillante de sus diálogos –a la manera de Wilde y de Shaw, sin ser ninguno de ellos– y por el estudio psicológico de los caracteres humanos sabiamente tratados. El pintor Julio Castellanos realizó la escenografía, de manera excelente", en "Teatro en 1939", *Excélsior*, México, 1 de enero de 1940, p. 6.

Usigli cuenta que cuando terminó de escribir la obra se la dio a Francisco "Paco" Fuentes, director de escena del Ideal, quien le había pedido una comedia. Carlos Lavergne y Anita Blanch la leyeron y le pidieron que terminara el tercer acto para montarla, pues sólo les había entregado dos actos y en el título aparecía comedia en tres. "Aclarado el error –dice– la comedia se puso en las condiciones que relato en mi Ensayo contra la comedia usigliana…"[14]

También como jefe de la Sección de Teatro del Departamento de Bellas Artes, al cumplirse el tricentenario de la muerte de Juan Ruiz de Alarcón, propuso presentar para tal conmemoración *Don Domingo de don Blas*, "con un costo mínimo –recuerda– excelente decorado funcional […] de Julio Castellanos y hasta nota elogiosa de don Alfonso de Icaza".[15]

Sin embargo, recuerda que eso "le valió su ruptura con Bellas Artes". La megalomanía que lo caracterizó lo llevó a afirmar lo anterior, porque en realidad se enojó con Gorostiza y terminó con él (por el momento), no con la institución. Además, se suscitaron problemas por la presentación de la obra, debido al largo periodo de ensayos; en su testimonio, menciona cómo Gorostiza, al inaugurar el busto de Alarcón, recomendó al público que no esperara mucho de la presentación "ya que estaba a cargo de personas sin experiencia", declaración que molestó mucho a Usigli, quien ratificó su renuncia pero a condición de que se realizara la presentación.[16]

---

[14] Rodolfo Usigli, "A propósito de *Vacaciones* I y II y otros propósitos o despropósitos", en *Teatro completo de RU*, t. III, México, FCE, 1979, p. 603.

[15] *Ibid.*

[16] Ya concluido este trabajo, tuve la suerte de obtener dos cartas. Una, la renuncia de Usigli al cargo y, otra, la respuesta de Gorostiza. En la de Usigli es evidente el enojo. Se siente incomprendido y poco apoyado. En general tiene un tono de reclamo y tintes ofensivos. La respuesta es mesurada aunque dice cosas fuertes con relación al carácter de Usigli y su menosprecio por lo mexicano, pero con un sarcasmo muy sutil. No obstante, es conciliadora y deja en claro la postura de Gorostiza; acepta la renuncia porque Usigli no cumplió con lo planeado en su sección. A pesar de todo, el informe de actividades de la sección en este periodo da cuenta de que se realizaron muchas más que en el periodo anterior. De la lectura de dichas cartas salta a la vista que fueron redactadas por escritores; y más que grandes diferencias, se advierten dos personas con intereses parecidos, pero temperamentos opuestos.

Estas anécdotas lastimeras son parte de la sal y pimienta que Usigli acostumbró incluir en diferentes escritos, dando la imagen de ser víctima de los funcionarios culturales, contradicción que a veces le cuesta trabajo sostener, en tanto que los mismos funcionarios eran sus amigos o conocidos. Es más, por el incidente anterior, llegó a decir "Los que se decían mis amigos",[17] refiriéndose a Villaurrutia y Gorostiza.

Teatro de Medianoche

Al encontrarse desempleado por algunos meses, cuenta haber concebido y proyectado Teatro de Medianoche. De modo que se acercó a los propietarios del cine Rex,[18] Pablo Prida y el señor Rennow, a quienes convenció para que le permitieran usarlo dos veces por semana, miércoles y sábado, después de finalizadas las funciones cinematográficas, a cambio de una renta simbólica. También se acercó a otras personas y con ellas formó un patronato.

El Comité Patrocinador estuvo integrado por Michel Berveiller, Arcady Boytler, Bertran Ges, Luis Montes de Oca, Carlos Novoa, Tomás G. Perrín, Alejandro Quijano, Eduardo Vasconcelos y las señoras Carolina Amor de Fournier, Amalia G. C. de Castillo Ledón, Angelina Elizondo de García Naranjo, Dolores del Río, Sarah López

---

[17] *Ibid*. Rodolfo Usigli, "A propósito…"

[18] Un anuncio periodístico cuenta que el viernes 3 de julio de 1936 fue inaugurado el local del Teatro Rex. Otro, patrocinado por la firma RCA, promocionaba el equipo sonoro como el más moderno y de mejor calidad por su técnica. En *La Prensa*, 3 de julio de 1936, p. 7. En el Rex solían presentarse películas estadunidenses; en una nota periodística aparecida el 4 de julio de 1936, su anónimo autor señala entre otras cosas: "Fue estrenado este nuevo coliseo de gran cupo y de condiciones modernas, con películas extranjeras, por lo cual se nos hicieron patentes algunas protestas. Desde luego fue censurado el hecho de haber[lo] destinado a espectáculos cinematográficos, en vez de usarlo para espectáculos teatrales, más culturales y de más fácil control, así como más benéfico por el número de trabajadores que encuentren ocupación […] se le destinó a los circuitos de películas norteamericanas en vez de procurar que fuese para las nacionales, no obstante que los propietarios del nuevo cine forman la parte principal de una compañía productora de películas […] Los hermanos Rener (*sic*) son mencionados como los dueños del inmueble y Pablo Prida como conocido autor teatral, a cargo de la dirección".

Figueroa, Lucina Méndez de Barrios Gómez y Luisa Rolón de Martínez Sotomayor.[19] Usigli agradeció "a Pablo Prida, hombre de teatro; y a sus patrocinadores, eminencias económicas y sociales que pagaron $30.00 por abono".[20] Con esos recursos pudo iniciar Teatro de Medianoche.

Propósitos y objetivos

Pero, ¿por qué Usigli se había planteado este proyecto?, ¿cuál era su objetivo?, ¿cuáles eran sus propósitos?, ¿por qué involucrar a tanta gente?, ¿por qué acercarse a esas eminencias económicas y sociales para que le financiaran su Teatro de Medianoche? De acuerdo con el programa general donde consigna el repertorio de la temporada, Usigli anotó que el nombre del teatro se debió a "una afortunada alusión periodística". Las circunstancias de la hora se debían a que era el lapso en que le facilitaban el local después de las funciones de cine; su intención entonces era que el público pudiera encontrarlo siempre en un lugar fijo y a la misma hora.

Es decir, Usigli se planteó tener un espacio teatral propio, aunque fuera una sala cinematográfica adaptada (ya que el cine Rex lo permitía porque contaba con un pequeño foro). También buscaba "ofrecer productos de calidad y fomentar así la formación de un nuevo público de teatro legítimo".[21] La formación de un público netamente teatral y la cuestión de la calidad siempre fueron preocupaciones fundamentales para él –como puede advertirse en este y otros escritos–. Para el dramaturgo era muy importante que el teatro, el Teatro (con mayúscula), tuviera su público y esta iniciativa era parte de su proyecto vital.

Al concretar Teatro de Medianoche, también pretendía "aprovechar la experiencia de los teatros experimentales de México [previos] que fracasaron por la falta de continuidad [debido] a que sus actividades se vieron sujetas en la dependencia del Estado y la Universidad [Teatro de Medianoche] busca, ante todo un estable-

---

[19] Programa general de temporada, Teatro de Medianoche, grupo de repertorio, marzo-mayo de 1940, 9 pp.
[20] Rodolfo Usigli, op. cit., p. 602.
[21] Programa general de temporada, Teatro de Medianoche.

cimiento permanente".[22] Estas declaraciones hacen pensar que se refiere a la experiencia del Teatro de Orientación, Escolares del Teatro y los intentos universitarios con Bracho y Wagner, entre otros.

Por ello declara ampliamente su autonomía: "El Teatro de Medianoche no tiene, pues, trabas oficiales ni educativas […] tampoco tiene los medios que habitualmente pueden obtenerse en la administración pública"; y enfatiza la independencia cuando dice que "en realidad, dispone de otros medios, la calidad de sus obras y el desinteresado entusiasmo de sus actores". E incluye otra de sus inquietudes, la formación de los actores: "si prosperara sería la semilla de una nueva escuela de actuación, más ajustada a la vida moderna de México y a la sensibilidad en latencia de sus públicos". Asimismo, apunta que es "el primer paso hacia una escuela de teatro que logre expresar la realidad y el sueño de México, a través de nuevos autores y actores".

Pero también se da cuenta de que esta tarea no es sólo del director y de los actores cuando señala que "no logrará su propósito sin una colaboración resuelta, consciente y fiel del público, única fuente de sostenimiento que se propone y que espera obtener a cambio de un trabajo tan lleno de escrúpulos como de ambición".[23]

Para contar con cierta calidad "los programas, dice, se ajustarán […] para presentar sólo las mejores obras del teatro universal y del mexicano". Usigli confiaba en su trabajo y en que Teatro de Medianoche iba a satisfacer una necesidad del público espectador mexicano, y tenía la esperanza de conquistar su propio público. Muestra que los actores integrantes de Teatro de Medianoche "son aquellos que se distinguieron particularmente en los teatros experimentales; sus nuevos actores son jóvenes y aspiran a una carrera moderna y digna". Por lo tanto, para él, "Teatro de Medianoche está, en suma, en manos del público".[24]

Este escrito bien puede considerarse la declaración de principios, la cual concluye con su agradecimiento al Comité Patrocinador; a la empresa Mexicana de Espectáculos Rex, S. A., de los señores Renner y Prida y a la estación XEQ que difundirá las representaciones.[25]

---

[22] *Ibid.*
[23] *Ibid.*
[24] *Ibid.*
[25] *Ibid.*

En resumen, es interesante ver en este texto el intento de Usigli por romper con la dependencia de las instituciones culturales e involucrar a cierta parte de la iniciativa privada, vinculada también al espectáculo. Ubica y valora el papel que hasta entonces habían jugado los teatros experimentales que existieron en México al convertirse en una alternativa para la formación de actores; y cómo los surgidos de esos grupos fueron nutriendo, con el tiempo, a las compañías comerciales. Se advierte la inquietud de crear una escuela de actuación, inquietud también presente en otros directores.

En este programa general se advierte que el espacio donde quedó impreso "actores huéspedes", de los seis registrados, tres surgieron del Teatro de Orientación y dos trabajaban en ese momento con compañías comerciales.[26]

El resto del elenco, denominado "grupo de repertorio", estaba compuesto por gente que era poco conocida, o bien, que se iniciaba en el arte teatral, como Josette Simo, Mario Ancona (locutor), Carlos Riquelme, José Elías Moreno, Emma Fink, Víctor Velázquez, Juan José Arreola, José Ignacio Retes, Carmen Pere; en total el grupo lo integraban 11 actrices y 15 actores. Esto, además, muestra la capacidad de convocatoria que ya entonces tenía Rodolfo Usigli. Sin embargo, hay que señalar que no concluyó la temporada como se había planeado, de modo que no todo el elenco tuvo la oportunidad de presentarse ante el público.

En cuanto al repertorio, de acuerdo con el programa general, Usigli había proyectado 12 funciones, compuestas por dos obras cortas cada una, para que al final de la temporada fueran representadas 24 obras en total. Dos días fueron elegidos para las representaciones, de tal manera que la del sábado era el estreno y el siguiente miércoles la segunda función.

Los autores seleccionados fueron nueve extranjeros: Arturo Schnitzler, Noel Coward, Eugene O'Neill, Jean Cocteau, George B. Shaw, T. S. Eliot, George Kelly, Antón Chejov y Jules Romains; seis mexicanos: Xavier Villaurrutia, Víctor M. Diez Barroso, Marco Aurelio Galindo, Carlos Díaz Dufoó Jr., el mismo Rodolfo Usigli y Neftalí Beltrán (quien también se encargaba de la publicidad del Teatro de Medianoche). Las traducciones las hicieron Xavier Villaurrutia, Enri-

---

[26] Véase el anexo 5, Programa general de temporada.

que Jiménez Domínguez, Antonio Castro Leal, Agustín Lazo, Usigli y Marco Aurelio Galindo.[27]

En el programa aparecen unas líneas y una pequeña fotografía de cada uno de ellos. En esos párrafos se puede advertir el interés de los mismos y permite inferir por qué decidió presentar sus obras. Por ejemplo, de Arturo Schnitzler escribió: "Autor vienés de *La cacatúa verde*, fuente del teatro moderno. Abordó el conflicto entre lo real y lo falso antes que Bontempelli y Pirandello".[28] Su interés por este autor se encuentra en su acercamiento al "teatro moderno" y la manera de plantear el conflicto; de Schnitzler programó siete obras en un acto de la serie *Anatol*.

De T. S. Eliot le impresiona el manejo del lenguaje; de Bernard Shaw, a quien trató de emular, le atrae el uso de "la comedia contemporánea". Esas pequeñas semblanzas de los autores extranjeros dan pie a inferir las inquietudes y búsquedas de Usigli en ese periodo. No se puede afirmar que todos hayan sido sus paradigmas, pero sí que él sentía cierta cercanía a ellos, por ser "modernos".[29]

En cuanto a los mexicanos, Villaurrutia era su amigo, a quien respetaba y admiraba profundamente, a pesar de tener diferencias en muchos aspectos con él. De Neftalí Beltrán, da la impresión que lo incluye porque lo liga al mismo proyecto. De Diez Barroso y Díaz Dufoó le interesa el manejo que han hecho "del juego y la agilidad mental".[30]

Esto en cuanto a él como coordinador del grupo; como autor, incluyó sólo una obra suya. En este sentido llaman la atención dos asuntos: uno ¿por qué Teatro de Medianoche no lo concibió como una vitrina donde él expusiera sus obras? Dos, ¿por qué si desde tiempo atrás venía luchando por la afirmación de un teatro mexicano, de una literatura dramática mexicana, no presentó sólo autores mexicanos, incluyéndose? Una respuesta puede ser que el ambiente teatral de la época era poco propicio. Es decir, ningún patrocinador, por más nacionalista, se iba a arriesgar a una empresa de este tipo. Aun en el Palacio de Bellas Artes, entonces impor-

---

27 *Ibid.* y "Anuncios y presencias", en *Letras de México*, vol. 11, núm. 15, 15 de marzo de 1940, p. 1.
28 *Op. cit.*, Programa general de temporada.
29 *Ibid.*
30 *Ibid.*

tante recinto teatral, no se había presentado una temporada sólo de autores mexicanos y, como lo hemos visto en páginas anteriores, en los locales de las compañías de teatro comercial la presencia de autores mexicanos era poco común.[31]

De acuerdo con lo que dicen cronistas y estudiosos del periodo, tanto para el público en general como para la gente del ámbito teatral no era muy atractivo, ni negocio, montar obras de mexicanos. Pasarían algunos años para que desde las instituciones culturales oficiales y la iniciativa privada se realizara tal empresa con cierta continuidad.

Estreno y temporada

Empazaba el mes de marzo de 1940, la temperatura en la ciudad de México se hacía cada vez más cálida; el día primero en el periódico *Excélsior* podía leerse el siguiente anuncio: "Mañana se inaugura en el Teatro Rex la temporada de 'Teatro de Medianoche', idea y realización de Rodolfo Usigli patrocinada por muy distinguidas personas de nuestra buena sociedad, oportunamente hablaremos de esta positiva novedad teatral".[32] Y en *La Prensa* un pequeño recuadro anunciaba: "Rex mañana a las 23:30 hs. José Crespo, Clementina Otero y Rodolfo Landa en el Teatro de Medianoche".[33]

Al día siguiente, sábado 2 de marzo, el joven Rodolfo Usigli, que apenas iba a cumplir 35 años, se levantó muy temprano y con gran satisfacción leyó en el periódico lo siguiente: "Rex. Hoy a las 23.30 hs. El teatro de Medianoche presenta: *La pregunta al destino* de Arturo Schnitzler, con Víctor Velázquez, Carlos Riquelme y Ana María Covarrubias. Ha llegado el momento de Xavier Villaurrutia, con Clementina Otero, José Crespo, Rodolfo Landa, Josette Simo y Emma Fink. Boletos en taquilla $1.50".[34]

Por la noche, los actores y el equipo técnico fueron llegando al cine (que Usigli, en esta temporada, convertía en teatro). Los artis-

---

[31] Se pueden recordar las iniciativas de *Los siete autores dramáticos*, *La comedia Mexicana* y *Teatro de Ahora* quienes durante los años veinte y treinta realizaron varias temporadas.

[32] Elizondo, *Excélsior*, 2a. sec., 1 de marzo de 1940, p. 2.

[33] *La Prensa, diario ilustrado de la mañana*, 1 de marzo de 1940, p. 23.

[34] *Excélsior*, 2a. sec., 2 de marzo de 1940, p. 9.

tas fueron entrando por la calle de Motolinía, en tanto que el público, al llegar la hora, entró por la entrada principal que estaba en el número 33 de la calle de Madero.

Al finalizar las funciones de la película *Flor marchita* con Bette Davis,[35] la gente se fue acercando al teatro. Como anfitrión estaba el entusiasta y distinguido señor Pablo Prida, uno de los dueños[36] del Rex e integrante del Comité Patrocinador. Entre los asistentes se pudo ver al autor de una de las obras, Xavier Villaurrutia, a Amalia de Castillo Ledón, otra de las integrantes del comité patrocinador, al dramaturgo Paulino Masip, al pintor y amigo de Villaurrutia, Agustín Lazo, al crítico teatral don Armando de Maria y Campos (apasionado animador de causas como ésta), y al autor y comentarista Rafael F. Elizondo.

Se contó con la presencia de la mayoría de los invitados, además de un cierto público curioso atraído por un horario inusitado y de personas que pensaron que, por presentarse a esa hora, las representaciones eran subidas de tono, similares a las del teatro Apolo. ¿Sería que la capital mexicana se estaba convirtiendo en cosmopolita, como lo habían sido las europeas antes de la guerra, como lo sugerían los numerosos inmigrantes residentes? La sala cinematográfica fue ocupada por los asistentes, quienes la llenaron casi en su totalidad. Al llegar el último momento del día el espactáculo dio inicio.

La pregunta al destino tiene como personajes a Anatol, su amigo Max y su amada Cora. La obra trata de la inseguridad que siente Anatol con respecto al amor de Cora, en la medida en que él mismo ha amado a otras mujeres y a veces se siente inclinado por otra al conocerla. El artilugio que usa el autor es dotar a Anatol de la capacidad para hipnotizar. Max lo convence para dormir a Cora y preguntarle si lo ama, así su respuesta lo tranquilizará. Cuando llega Cora, acepta ser hipnotizada. Anatol no quiere preguntar frente al amigo, porque teme la repuesta. Max sale, pero Anatol no se atreve a preguntar y despierta a Cora. Ella pregunta si respondió a todo. Anatol le dice que sí. Max le cuenta que Anatol quería saber si era amado por ella. Cora dice que no tenía que haberla dormido, porque eso lo responde despierta.

---

[35]   Cartelera, *Universal Gráfico*, p. 4. La entrada al cine costaba $2.00.
[36]   Entrevista a Ignacio Retes, por Guillermina Fuentes, 1 de julio de 1999.

La luz del lunetario se apagó, el telón se abrió, aparecieron los actores y se desarrolló la obra. Según el testimonio de Ignacio Retes, el vestuario de los actores contrastaba un poco con el mobiliario puesto que aquél remitía a otra época: las mujeres usaban faldas largas y los hombres *fracs*, lo que les daba cierto aire de distinción aristocrático,[37] en tanto que la escenografía estaba compuesta por trastos escenográficos de uso múltiple. De acuerdo con la composición espacial, representaban el interior de una casa donde las ventanas podían verse con su galería, y cortinas y las puertas abrían y cerraban como en cualquier casa.[38]

Al cerrarse el telón, el público aplaudió y salió al vestíbulo. Durante el entreacto, entre los murmullos, se escucharon algunos comentarios favorables y desfavorables. El crítico Elizondo se acercó a don Armando de Maria y Campos y le comentó lo novedoso de las obras. Don Armando le respondió que meses atrás, en el programa que él dirigía y realizaba en la estación de radio XEQ, *Teatro del aire*, las había trasmitido.

Entre cierto público conocedor, la expectativa continuaba, pues la siguiente obra por presentarse era la de Villaurrutia y parecía ser el plato fuerte. Terminó el receso y la gente volvió a sus lugares.

Ha llegado el momento es la historia de una joven pareja que no encuentra estímulos para continuar, por ello han decidido suicidarse. Lo harán esa noche, después de cenar con otra pareja de amigos, a quienes les han dicho que realizarán un viaje. Cuando están preparándose para el suicidio, no deciden si usar el veneno o la pistola, entonces descubren que aún tienen tareas por concretar en la vida.

Los asistentes al teatro, al abrirse nuevamente el telón, pudieron apreciar que los trastos escenográficos estaban colocados de otra manera, es decir, la puerta y ventana estaban colocadas en otro lugar. Pero igualmente referían una "habitación de clase media común y corriente".[39]

Al finalizar la función del estreno, los actores estaban muy contentos, pero mucho más el director, quien empezaba a concretar su

---

[37] *Ibid*.
[38] *Ibid*.
[39] *Ibid*. De hecho en la propaganda para la gira por Celaya y San Miguel de Allende, después del reparto aparece la leyenda: "La escena en la habitación de Antonio y Mercedes".

proyecto. Usigli se encontraba tan feliz que los invitó a tomar una copa en el bar El Rossignol de su amigo Manolo Valle.[40]

Al día siguiente, 3 de marzo, el cronista Icaza de *El Redondel* anotaba al respecto del estreno de la temporada:

> Todo distinto, todo nuevo, todo original. ¿Que los espectáculos nocturnos de México comienzan ahora más o menos temprano, para terminar a la media noche? Pues éste se inicia precisamente cuando los otros acaban. ¿Qué los programas siempre se han hecho en tinta oscura y en papel blanco? Pues aquí se hacen al revés. ¿Que el diccionario de la lengua a "la que representa en el teatro" da el nombre de actriz? Pues aquí se llama a Clementina Otero "actor huésped" […] Todo distinto, todo nuevo, todo original. Hasta el público, en medio de la confusión del momento, confundíase todo, las clases sociales, los temperamentos, los sexos inclusive […] Impecable la escena plausible el esmero con que han sido ensayadas las obras. Muy loable la suspensión de la molesta "concha" […] Anoche las opiniones fueron muy diversas. Mientras algunos celebran en México la implantación del Teatro de Medianoche otros decían: No vale la pena la desvelada.[41]

Para el comentarista las obras eran conocidas por *Teatro al aire*. A pesar de señalar todo lo que a su parecer era novedoso y loable, también anotó: "tiene su valimiento en la sutilidad del diálogo y la psicología de los personajes; pero anoche el diálogo desapareció por la falta de matiz en los actores […] ya ansiábamos todos los presentes que Anatol preguntase a Cora si lo quería, para que aquello terminara cuanto antes".[42]

Con relación a la obra de Villaurrutia, fue más generoso. Dice que después de la larga espera durante el intermedio *Ha llegado el momento* es un asunto más variado y mejor expuesto. De los actores, destaca el desempeño de José Crespo "quien matiza, aunque exagerando la naturalidad; Rodolfo Landa actúa discretamente a

---

[40] En algunos programas de mano de la temporada, aparece en las contraportadas publicidad del local: "Antes del teatro de Medianoche cene usted en *Manolo Restaurant y bar*. Después del teatro de Medianoche baile usted en *El Rossignol* el cabaret siempre de moda".

[41] *Cfr.* Pablo Prida Santacilia, *… Y se levanta el telón, mi vida dentro del teatro*, México, Botas, 1960, pp. 287-289.

[42] *Ibid.*

la par que Clementina Otero y Josette Simo en su deseo de 'pronunciar' prodiga las 'ces' y las 'zetas' con una generosidad extraordinaria".[43]

Es evidente que el crítico asistente al estreno se entusiasmó con la propuesta de Teatro de Medianoche, por la originalidad –para él– del programa de mano, el horario y la desaparición de la concha. Sin embargo se contradice cuando menciona el esmero puesto en el tiempo de ensayos; porque es clara su desilusión y desencanto cuando se refiere a *La pregunta al destino*. Su comentario es más pródigo con *Ha llegado el momento*.

Como conocedor del tema, su texto lleva a preguntar: ¿sería que la obra de Schnitzler no tenía qué decirle? ¿El director y los actores no pudieron transmitir el meollo de la propuesta del autor? ¿Al cronista no le agradó la puesta en escena de la obra que ya conocía porque la había escuchado por radio? O, ¿antes de la función entrevistó al director y/o al señor Prida y le comentaron sobre el trabajo cuidadoso durante el periodo de ensayos, y sin embargo éste no se vio plasmado en la función de estreno?

Por su parte, Elizondo, en una nota del 4 de marzo, comentó sobre *La pregunta al destino* que la misma pertenece a la serie *Los lances de Anatol*, pero:

> Así aisladamente, esta fracción de la serie, nos parece ñoña. No es posible que aquellos dos señores pierdan el tiempo durante todo el proceso de la *petipieza* inquiriendo en la inconsciencia de una mujer hipnotizada, dudas de infidelidad de esa médium, sabiendo, como lo sabe cualquiera que estos sujetos de hipnotismo, puestos en estado de somnolencia, no dicen su verdad cuando se les interroga sino aquello que el hipnotizador manda pensar y decir. Esta inquisición es el argumento [...] y su inverosimilitud hace flaquear la fuerza escénica, cuya única bondad es su breve dimensión. [44]

Como Icaza, Elizondo sugiere que no obstante ser una pieza corta no fue lo suficientemente atractiva, lo aburrió, y lo que más deseaba era que finalizara. En contraste, en la obra de Villaurrutia encuentra: "Mucha más enjundia teatral, psicología, lenguaje y situacio-

---

[43] *Ibid.*
[44] Elizondo, "Notas teatrales", *Excélsior*, 2a. secc., México, 4 de marzo de 1940, p. 2.

nes, […] intervienen artistas ya bien fogueados en las tablas como son Clementina Otero, José Crespo y Rodolfo Landa –señalados como actores huéspedes– [al resto del reparto] Jossete Simo y Emma Fink, les deseamos bienaventuranza".[45]

Álvaro Tonio y José Luis Tapia, de *La Prensa*, comentaron respecto del estreno: "¿Qué será? –preguntaba el público. […] Programas de redacción concreta en forma moderna y extraña, cartulinas negras con impresión blanca. Esto hizo pensar a muchos y sonreír maliciosamente a algunos".[46] Al igual que al crítico Icaza, también les llamó la atención la impresión de los programas de mano.

En su nota de *La Prensa* ponen en palabras la curiosidad de algunos asistentes: "Medianoche […] La hora propicia […] y pensaban en algún espectáculo frívolo". Refieren sucesos similares en otras ciudades: "En París el público pensante acude al llamado que hacen los grupos de orientación y de lucha. Ha habido teatros, como 'La Quimera', de Gastón Baty, que no han temido ni a la pobreza, ni a la inconstancia del público, hasta que su optimismo ha logrado dejar huella y han triunfado al fin, como triunfa la verdad".[47]

En este sentido colocan la iniciativa de Usigli al mismo nivel de la parisina y resaltan su empeño: "Ahora aquí, el señor Rodolfo Usigli esforzado luchador de los pocos que aún creen en la idea del teatro, comienza su intento y a primera vista, parece que fue bajo laudables resultados".[48]

Con relación al público asistente mencionan: "El teatro Rex se vio concurridísimo de público selecto, que dio su primera aprobación a la idea, acudiendo lleno de entusiasmo que exteriorizó en aplausos al efectuarse la representación". Y finalmente, reflexionan sobre las obras y los actores:

> Se pusieron en escena dos comedias cortas: modernas bellas sugerentes: *La pregunta al destino* de Arturo Schnitzler, más sutil; *Ha llegado el momento* de Xavier Villaurrutia, más emotiva, un poco guiñolesca. Fue bueno el desempeño en ambas; en la primera: Ana María Covarrubias, Víctor Velázquez y Carlos Riquelme (aficionados); en la segun-

---

45 *Ibid*.
46 Álvaro Tonio y José Luis Tapia, "¡Arriba el telón!", *La Prensa*, México, 7 de marzo de 1940, p. 18.
47 *Ibid*.
48 *Ibid*.

da, Clementina Otero, Josette Simo, José Crespo y Rodolfo Landa (actores profesionales). Nosotros, generalizando, diremos nuestro parecer: tratándose de obras "esenciadas", selectas, sutiles, creemos que los actores deben ser escogidos escrupulosamente. Por ejemplo: si aquella pareja de amantes han de comunicar al público una sensación de angustia –porque van a suicidarse– precisa que el auditorio se apasione de ellos; sienta por ellos desde su presentación, una gran simpatía. Después, deben ser los actores de penetración cultural y sobre todo naturalidad; debe estudiarse hasta el estado de ánimo que corresponde a cada frase, comprenderla bien, y luego puede lograrse, con actores bien escogidos, para cada caso, nunca aficionados, si se quiere que el espectáculo esté cerca de la perfección.[49]

El texto anterior puede hacer pensar que para ellos el desempeño de los actores aficionados no fue el adecuado. Pero el ejemplo mencionado se refiere a la obra donde participaron los actores profesionales. De manera que uno se puede preguntar: ¿vieron las obras?, ¿conocían a los actores?, o de plano todos los participantes estaban en la categoría de aficionados.

Por otra parte hay que destacar que los comentarios hacen énfasis en el argumento, el texto dramático y la participación de los actores, características fundamentales del discurso de la crítica teatral que entonces se hacía; persistentes desde mucho tiempo antes del Teatro de Medianoche y aun décadas después.[50] Es decir que para los articulistas era muy importante la trama, lo que decían los personajes, cómo eran los diálogos, cómo eran dichos por los actores y cómo actuaban éstos. Además, el uso de los adjetivos era la manera más común para describir o definir la actuación y dirección del espectáculo; pero poco o nada nos mencionan de los otros elementos que constituyen el hecho teatral.

Mientras en el teatro Follies se presentaba *Cantinflas*, en Bellas Artes la ópera *Tosca* y en el Arbeu la compañía Melía-Cibrián, y la prensa anunciaba la muerte de la tiple Rosa Fuertes. Los días 4 y 5 de marzo el periódico *La Prensa* anunciaba: "El éxito del sábado fue rotundo, el Teatro de Medianoche abre sus puertas nuevamente para usted el miércoles 6. 'Todo distinto, todo nuevo, todo original

[49] *Ibid*.
[50] *Vid*. G. Fuentes, "Datos curiosos acerca de cómo se hacían los comentarios teatrales a principios del siglo XX", en *Educación artística*, INBA, 1994, pp. 51-52.

impecable la escena' Icaza de *El Redondel. Ha llegado el momento* […] fue un éxito sin precedente, véala mañana […] en el Teatro de Medianoche".

De este modo, el miércoles se presentó nuevamente el programa doble. Durante los días del 6 al 8 de marzo, el mismo diario publicó anuncios como el siguiente: "prepárese usted a la sorpresa del sábado. El Teatro de Medianoche presenta *Episodio* de Arturo Schnitzler. *A las siete en punto*, del joven poeta mexicano Neftalí Beltrán, un programa estupendo. Toda butaca $1.50".[51]

Además de anunciar las obras mencionó a los actores de *Episodio*: Carlos Riquelme, Víctor Velázquez y Josette Simo; y de *A las siete en punto*: Mario Ancona, Teresa Balmaceda, Juan José Arreola, Celia Carmona, Luis Felipe, Emma Fink y Cristian Rivas.[52] Uno de esos días apareció la fotografía de Emma Fink con el siguiente pie de foto: "gentil dama joven de la compañía, que actúa en un céntrico salón de espectáculos metropolitano en el novedoso género del Teatro de Medianoche".[53]

A decir verdad, el periódico *La Prensa* dio bastante publicidad al Teatro de Medianoche, seguramente pagada. No obstante, fue el único medio que todas las semanas anunció las obras, los horarios, etc. En él se puede ver la continuidad de las obras presentadas, aunque a sus cronistas no les apeteció volver al teatro, pues ya no hubo más comentarios sobre la temporada.

También es posible que se hayan unido al silencio pactado por algunos periodistas. Esto se deduce de las notas aparecidas en el diario *El Nacional*. En la primera, del 10 de marzo, su autor parodia lo escrito por Usigli en el *Programa general*, y lo finaliza con la pregunta: "¿Y sus enemigos íntimos, los cronistas, no meterán las manos?"[54] Semanas después en la misma columna apareció el siguiente apartado: "Usigli y la crítica". El anónimo autor recuerda una práctica de los europeos neutrales durante la guerra, quienes decidieron usar un botón que tenía la leyenda: *No me hable de guerra*. Es su introducción para continuar con lo siguiente:

---

51 *La Prensa*, 7 de marzo de 1940, p. 20.
52 *Ibid.*, 8 y 9 de marzo de 1949, pp. 20 y 16.
53 *Ibid.*, p. 23.
54 J. M. González de M., "Columna del Periquillo", *El Nacional*, 10 de marzo de 1940, p. 3.

En México, en los días de esta guerra teatral emprendida por Usigli, los críticos de los periódicos diarios han podido repetir la fórmula conviniendo entre sí no hablar de Usigli y de su Teatro de Medianoche. Usan esta divisa: "¡No me hable usted de Usigli!", que ha llenado de angustia y desesperación al director del Teatro de Medianoche.[55]

Quizá esto explica la poca cantidad de crítica localizada en los periódicos. Porque como se ha dicho, la publicidad sobre la temporada está en la prensa. Pero con relación a la crítica, sólo hay algunas excepciones, que son los artículos citados en este trabajo.

A partir del 14 de marzo, *La Prensa* anunció el siguiente programa: "*Temis Municipal*, farsa de Carlos Díaz Dufoó Jr., no apta para abogados", la cual se representó el sábado 16. Mientras la revista *Romance* acotó semanas después: "La tercera actuación del 'Teatro de Medianoche', tuvo lugar el sábado 16 de marzo con el siguiente programa: *La mañana de bodas de Anatol*, comedia en un acto de Arturo Schnitzler y *Temis Municipal* […]"[56]

La mañana de bodas de Anatol, como el título lo dice, trata de lo sucedido esa mañana. Anatol está en su casa, llega su amigo Max, lo apresura a vestirse para llegar a la iglesia. Desde el dormitorio se escucha una voz femenina. Max lo confronta por atreverse a traer una mujer la noche previa a su boda. Anatol replica confuso. No está seguro de querer casarse, pues dejará de ser libre. Aparece Ilona, la de la voz que se escuchó. Ambos le dicen que van a una boda, la de un amigo desconocido por ella, por consiguiente debe irse. Ella se niega, no piensa dejar a Anatol. Max se va, pero volverá después. Anatol trata de convencer a Ilona de que se vaya y por la noche pasará por ella al teatro. Ilona se encela, quiere ir hasta la puerta de la iglesia para ver quién es su pareja. Él se niega. La presión de Ilona es tal, que Anatol termina confesando: es él quien se casa. Regresa Max, apremia a Anatol ya que apenas tiene tiempo para llegar a la iglesia. Francisco, el sirviente, ya tiene listo el traje para Anatol. Éste se viste y se va. Max se queda con Ilona y la convence de que Anatol volverá. Ella se conforta, salen de la habitación.

El anónimo autor de la nota, de la revista *Romance*, comentó sobre la comedia:

[55] "Columnas del Periquillo, *El Nacional*, 7 de abril de 1940, p. 3
[56] "El teatro", *Romance*, 1 de abril de 1940, p. 15.

[…] se caracteriza por la misma vanalidad, carencia de hondura humana y debilidad de los caracteres que encontramos en las obritas anteriormente representadas del mismo autor. En *La mañana de bodas de Anatol* las situaciones se producen con forzada precipitación dentro de una aparente sencillez, y el desenfado al encararse con el problema, es tan limitado, que el problema queda empequeñecido hasta quedar insustancial e intrascendente.[57]

Por el contrario, la obra de Carlos Díaz Dufoó le entusiasmó mucho; el siguiente comentario lo demuestra:

[…] hemos de señalar que la farsa […] mantuvo viva nuestra atención y nuestro interés. A lo largo de ella asistimos a su vigorosa diatriba contra la "justicia" legal y oficial de la sociedad en que vivimos; a pesar de que la obra se mantiene siempre en un tono auténtico de farsa, sus caracteres no pierden nunca su profundidad humana. *Temis Municipal* demuestra qué posibilidades insospechadas encerraba su autor muerto tan prematuramente. En esta farsa no apta para abogados y escrita por un abogado, percibimos el amargo escepticismo del autor, su desnuda y cercenada visión de los problemas de la sociedad actual. Toda ella es reveladora de la inquietud, de la angustia, de la crítica acerada y negativa que presidió su vida y que probablemente, cerrándole todos los caminos, debió conducirle al suicidio.[58]

Una cuestión que llama la atención de la crítica son las apreciaciones de los cronistas. Sus estimaciones son bastante más favorables sobre las obras de autores mexicanos, que sobre las de Arturo Schnitzler, hasta ese momento el único autor extranjero.

Para ese periodo del año, la primavera estaba por llegar, no obstante la prensa comentaba la onda fría que inesperadamente azotó a la ciudad y la que aún se esperaba en los próximos días. En *La Prensa*, a partir del día 22, apareció anunciado el siguiente programa: *Encienda la luz* de Marco Aurelio Galindo y *Vacaciones* de Rodolfo Usigli, para presentarse el sábado 23 de marzo, y *Los diálogos de Suzette* de Luis G. Basurto, para el día 30.[59]

Por consiguiente, el cuarto estreno de la temporada estuvo integrado por dos obras de autores mexicanos. Sin embargo, sobre la

---

[57] *Ibid.*
[58] *Ibid.*
[59] *La Prensa*, 22 de marzo de 1940, p. 16; y 23 de marzo de 1940, p. 16.

obra de Marco Aurelio Galindo no se ha podido localizar algún comentario; el programa de mano sólo menciona que en escena se pudieron admirar dos pinturas de Silva Vandeira.

En cuanto a *Vacaciones, comedieta en un acto*, se muestra la historia de un joven dramaturgo cuyo deseo es que su primera obra sea protagonizada por la gran Sonia, actriz renombrada, y una joven actriz que quiere actuar al lado de ella. Ambos han llegado al cuarto del hotel donde se hospeda. El representante de la gran Sonia obstaculiza sus deseos. Después de un rato, les confiesa que ella duerme y se queja de sus desplantes y cambios de humor. Trata de convencerlos de que se alejen del teatro; los jóvenes protestan. Entonces él les pide que muestren sus habilidades. Comienzan a montar una escena de la obra del joven autor. Mientras están concentrados en esa tarea, la gran Sonia despierta y le sorprende lo que mira. Nadie la atiende. Ella explota y despide al representante, sale. Todos se preguntan quién era esa mujer terrible; el representante les dice: la gran Sonia. Indignado corre tras ella. Los jóvenes advierten que han perdido la gran oportunidad que habían buscado.

La obra de Usigli mereció comentario del cronista de la revista *Romance*:

> Esta obra en un acto, es indiscutiblemente buena por la intención y por algunos aciertos de diálogo, de tinte wildeano, que tiene al principio. El final nos gusta menos, pues esta gracia y agudeza de gran calidad que revela la personalidad del autor, se pierde para dejar paso a algunos trozos de cierto chabacano matiz astrakanesco. A pesar de todo, la sensación general es buena, pues quedan sobresaliendo en el ánimo de los espectadores los abundantes aciertos a que nos hemos referido.[60]

Por otra parte, en la revista *Letras de México*, Efraín Huerta, autor de "El pez que fuma", escribió una parodia de un ensayo de *Vacaciones*:

> En el acuario hay alegría, por fin habrá teatro. Febril actividad por todas partes: el pez sierra corta los tablones para el tinglado; el pez-decorador prepara las telas y colores; las sirenillas declaman y ensayan sus partes; los hermosos hipocampos –siempre de perfil– engolan sus voces y alisan sus rizadas cabelleras.

[60] "El Teatro de Media Noche", *Romance*, México, 1 de abril de 1940, p. 15.

Un intruso y famélico pececillo, de crecidas y negras barbas se empeña en hablar con el director. Imposible. El señor director está ensayando las fosforescentes luces; el señor director tiene junta con los vestidores; el señor director recibe en estos momentos a la gran Sonia…

Desesperado el hebrático pececillo tira de su raída aleta una sucia y vieja tarjeta de visita, y ordena olímpicamente al viejo ujier: ¡Pásala!

El señor director, interrumpido, suspende por un momento su conversación con la diva, y lee la tarjeta del solicitante, que dice: Boris Sapiro Gutiérrez, Artista en general.

Del susto, se le escapa de sus manos un collar de perlas y corales que tenía listo para el rubicundo, cálido y tierno pecho de la gran Sonia.[61]

A su vez, *El Nacional* exhibe el mal carácter de Usigli; el título irónico del apartado de la crónica es "Prohibido enfermarse en primavera":

El ensayo estaba citado para las siete en punto. El director es un hombre rígido, que no perdona una falta, que quiere estar en todo, y que se desespera y pierde el control por la menor causa. Tiene en sus manos la técnica y la menciona a cada paso convencido de que ella por sí sola sirve para mucho, para decidir cómo se moverán los actores y en qué forma se ajustará un tornillo. La técnica es la palabra mágica, el sésamo ábrete. Y sucedió que aquel día una actriz no llegaba y el ensayo no podía continuar. Cuando al fin llegó, el director fuera de sí gritó y regañó:

–¡Señora! ¡Nos ha hecho usted perder el tiempo! ¡Es intolerable su conducta! ¡Queda usted expulsada desde este momento!

Y la actriz aficionada, que iba y venía en todo aquello llevada nada más que por su grande afición al teatro, explicó:

–Es que me sentía indispuesta; he estado enferma y a ello se debe mi retraso. Discúlpeme…

Perdida absolutamente la serenidad, el director respondió implacable:

–¡Enferma! ¡Y a mí qué me importa ¿No sabe usted que en Teatro de Medianoche los actores tienen prohibido enfermarse?

Este periquillo ignora si la prohibición se extiende a los temblores de tierra y a las nevadas…[62]

---

[61] "El pez que fuma", *Letras de México*, vol. II, núm. 16, 15 de abril de 1940, p. 10.
[62] "Columnas del Periquillo", *El Nacional*, 7 de abril de 1940, p. 3.

La parodia no estaba lejana del ambiente que se vivía durante los ensayos reales. El maestro Ignacio Retes (asistente de dirección de Usigli) nos recuerda parte del elenco de esta obra: Emma Fink hacía el papel de la gran Sonia; Josette Simo, la joven actriz (por aquel entonces Simo era pareja de Usigli, era "joven –dice Retes–, bonita, muy pequeñita, bajita, delgada, de tez muy clara, ojos azules, muy finita de rostro, de pelo enchinado, castaño claro, buena figura, pequeña reducida"); José Elías Moreno interpretaba a Leoncio, el representante y secretario; Retes hacía el papel de botones. "Había un momento –recuerda Retes– en que José Elías para acabar de expresarse, para que se le entendiera lo que quería decir, me cargaba [seguía hablando] y luego me bajaba y seguía alegando".[63]

La temporada siguió; a partir del 26 de marzo, *La Prensa* inició los anuncios del siguiente programa: "Rex. ¿Quién es Suzette? Usted lo sabrá el sábado 30 en el Teatro de Medianoche, cuando vea *Los diálogos de Suzette* de Luis G. Basurto, toda butaca $2.50. Los abonos serán válidos sin aumento de precio".[64] Para el quinto programa doble, estuvieron en escena las obras *Vacaciones* y *Los diálogos de Suzette*, nuevamente y por segunda ocasión, obras de autores mexicanos.

Finalmente el 13 abril, el Teatro Rex fue escenario de la última función de Teatro de Medianoche. Ante muy pocos espectadores, fueron escenificadas las obras *Si encuentras guarda* de George Kelly, traducida por Marco Aurelio Galindo, y *Vencidos* de George Bernard Shaw con traducción de Francisco Castro Leal. Con lo cual, dice Ignacio Retes: "cuando el público dejó de ir, se acaba [el Teatro de Medianoche] y surge la gira, todavía con la idea de sacar algo".[65]

Ante la ausencia del público y la situación económica cada vez más difícil, Usigli planeó hacer una gira por Celaya y San Miguel de Allende, Guanajuato, con apoyo de su amigo Armando García, para presentarse en los teatros Cortázar y Ángela Peralta. Los programas de mano y tirillas publicitarias se hicieron con las aportaciones de empresas y casas comerciales de cada una de las ciudades. Es importante decir que anunciaban las tres obras mexicanas: *A las siete en punto, Ha llegado el momento* y *Vacaciones*.

---

[63] Entrevista a Ignacio Retes, por Guillermina Fuentes, 1 de julio de 1999.
[64] *La Prensa*, 26 de marzo de 1940, p. 16.
[65] Entrevista a Ignacio Retes, por Guillermina Fuentes, 1 de julio de 1999.

La publicidad ponderaba las cualidades de los autores y promovía a Teatro de Medianoche como "teatro no comercial y como el único teatro en México que se ha preocupado por presentar las mejores obras de autores mexicanos y extranjeros, y llevar la Cultura Teatral de nuestro país";[66] sin embargo esto no fue suficiente para atraer a los públicos locales. Así, después de una presentación en el teatro Cortázar de Celaya, ante muy pocos espectadores, decidieron concluir la gira.

Sin embargo, en los recuerdos del maestro Retes también hubo cosas chuscas. Cuenta que la escena donde José Elías lo cargaba, en la última presentación, era Usigli quien hacía el papel de José Elías: "estaba furioso –dice Retes– nada más había tres espectadores, entonces me cargó y en lugar de bajarme me aventó". Ya no eran los estelares que estrenaron las obras. Y también hubo cosas paradójicas: "cuando nos estábamos muriendo de hambre en un hotel de Celaya, estábamos en el vestíbulo los siete que andábamos en la bronca. Sin cenar. Y Usigli en el piano –típica escena romántica– y Josette parada a un lado del piano viéndolo tocar, y él cantando. Y nosotros hambrientos. Pero ellos enfrascados en su idilio".[67]

Evaluación contemporánea

Después de la ausencia del público en el Rex y de la gira, se dio por terminada la corta vida de Teatro de Medianoche. En sus amargas y paradójicas remembranzas Rodolfo Usigli escribió años después:

> Mis actores jamás cobraron un centavo, aunque recibían servicio de vestuario, maquillaje y peluquería y con cierta frecuencia eran invitados por mí a tomar café, y después de cada estreno una copa en el *Rossignol* de Manolo del Valle, que me hacía precios de amigo pobre.
> Por primera vez en México, no hubo apuntador. Basándome en planos preparados por Dorothy Bell, construí un decorado convertible, todo en volumen, que más tarde adquiriría… el gobierno de Guanajuato. Por primera vez, y con los créditos debidos, se ilustraron

---

[66] *Vid.* carteles y tirillas publicitarias de las funciones 11 y 15 de mayo de 1940, en Celaya y San Miguel de Allende respectivamente. Archivo personal de José Ignacio Retes.

[67] Entrevista a Ignacio Retes, por Guillermina Fuentes, 1 de julio de 1999.

las falsas paredes del escenario con telas originales de grandes pintores mexicanos. Hubo puertas golpeables, etcétera. Todas estas innovaciones, en fin, fueron pisoteadas por amigos y crítica.[68]

Usigli resalta como digno de mencionar la actitud de sus actores y lo relacionado a las innovaciones que él impuso: el decorado convertible y puertas golpeables, la desaparición de la concha del apuntador, asignación de los créditos debidos, la presentación de obra, plástica y gráfica, de autores reconocidos.

Sobre estos puntos se harán algunos señalamientos más adelante. Antes se presenta una encuesta realizada por la revista *Letras de México*, la misma que refiere Usigli en *A propósito de Vacaciones I y II y otros propósitos y despropósitos*. La encuesta vendría a ser como la evaluación a Teatro de Medianoche por parte de sus contemporáneos.

La revista, como su nombre lo indica, se ocupaba de lo relacionado a escritos literarios, filosóficos, históricos, de poesía y ensayos. Con respecto al teatro, hizo varias encuestas a gente del ambiente teatral sobre su labor en la ciudad de México. Por ende, en el número del 15 junio de 1940, el editor Octavio G. Barreda, después de hacer un recuento de lo que fue Teatro de Medianoche dice:

> Como el fracaso de este ensayo [Teatro de Medianoche] causó toda clase de comentarios y encontradas discusiones, LETRAS DE MÉXICO creyó más que oportuno y conveniente abrir una encuesta con el fin de purificar un tanto el ambiente y ver si era posible llegar a conclusiones acerca de las causas que lo motivaron. Un registro de éstas, aunque aparecidas tardíamente como acontece hoy, seguramente servirán a los que en lo futuro se lancen a nuevas aventuras similares.[69]

La revista preguntó: ¿qué piensa del repertorio presentado? ¿Qué de la dirección y la actuación? ¿Qué le ha parecido la actitud del público? ¿Y la actitud de la crítica? A la encuesta respondieron un dramaturgo mexicano, Xavier Villaurrutia; uno extranjero, Paulino

---

[68] Rodolfo Usigli, "A propósito de *Vacaciones* I y II y otros propósitos o despropósitos", en *Teatro completo de RU*, t. III, México, FCE, 1979, pp. 602-603.

[69] "Encuestas. El Teatro de Medianoche", *Letras de México,* vol. II, núm. 18, 15 de junio de 1940, pp. 9-10.

Masip, dos directores, Celestino Gorostiza y el propio Usigli; un espectador culto, León Felipe, y un pintor y escenógrafo, Agustín Lazo. También fue invitado el crítico Elizondo, pero no respondió.

En la revista aparecen primero las declaraciones de Usigli, después las de Gorostiza y sucesivamente las de Villaurrutia, León Felipe, Paulino Masip y Lazo. Por mi parte he colocado las respuestas de quienes contestaron en el orden que el editor propuso, es decir por su oficio: Villaurrutia, Masip, Gorostiza, León Felipe, Lazo y al final Usigli, porque a lo largo de este trabajo ya hemos dado a conocer diversos comentarios suyos.

La respuesta de Villaurrutia fue: "Usigli no pudo cumplir con todas y cada una de las funciones que pretendió llenar", las de autor, director, traductor, empresario, escenificador, administrador y publicista. Por lo que toca al repertorio, considera que "Usigli no debió insistir en las otras obras de la serie *Los lances de Anatol*, después de la frialdad con que fue recibida por el público *La pregunta al destino*".

No obstante, estima que *Temis Municipal* fue "una aventura digna de intentarse"; y las piezas de los debutantes mexicanos, *Encienda la luz* y *Los diálogos de Suzette*, no debieron ser aceptadas ya "que nada tienen que ver con el teatro y sus autores revelaron completo desconocimiento de la técnica y la composición dramática".

Por el contrario Villaurrutia aprecia *Vacaciones*, porque para él Usigli era un autor formado, que daba pruebas de su talento como dramaturgo: "resultó como era de esperarse, una obra bien trazada y dialogada […] el público […] dio muestras de su comprensión, de su buen gusto e instinto para aceptar lo bueno y rechazar lo malo e informe, por ello, la aplaudió con su aplauso [*sic*]".[70]

Con relación a las preguntas sobre la actuación, dirección y la actitud del público, Villaurrutia apuntó que tanto la actuación como la dirección sufrieron "las desventajas de la dispersión", lo que propició la desbandada del público –que al principio asistió de buena voluntad, pero ante el descenso de la temporada se dispersó–. No hace ninguna mención a la crítica.

Salta a la vista que Villaurrutia acompañó a Teatro de Medianoche en su corta temporada, o por lo menos estuvo al tanto. Quizá tenga cierta razón con los señalamientos respecto a que le quedó

---

[70] *Ibid.*

grande el traje a Usigli, por asumir tantos roles. También es posible que Usigli quiso asumirlos sin medir sus fuerzas, o bien, que sus colaboradores no cumplieron adecuadamente, pues en los créditos de los programas de mano aparecen el decorador y realizador técnico, el ayudante de dirección, el traspunte y el publicista.

Por otra parte, la responsabilidad de seleccionar las obras fue de Usigli, y en su respuesta, Villaurrutia evidencia la obstinación de aquél por seguir presentando las obras de Schnitzler. No obstante, valora enormemente a Usigli como autor dramático.

Paulino Masip, quien tenía aproximadamente un año de residir en México, declaró que en el repertorio hubo un error de principio al presentar "obritas menores, migajas de cada autor". Pero contradictoriamente, afirmó que "ese error no altera la gracia inteligente y melancólica de la comedia de Xavier Villaurrutia [y] la ironía filosófica y apasionada de la *Temis Municipal* de Díaz Dufoó, ni las obras de Shaw y O'Neill". No opinó sobre la obra de Usigli porque no asistió a la función de *Vacaciones*. Consideró que ese error (presentar obras breves) podría disculparse o justificarse si la temporada se dirigiera a un público "cotidiano de teatro", pero no fue el caso:

> La mayor parte de los espectadores que llenaron la sala del Teatro de Medianoche eran personas desconectadas –me guío por referencias– del teatro. Ahora bien, ese público necesitaba, justamente, no conatos de comedias, sino obras enteras y verdaderas. Con aquellos temo mucho que saliera defraudado; con éstas, que podían haber sido los mismos autores, la experiencia se hubiera hecho en un clima favorable.[71]

También dijo que este tipo de experimentos se han hecho previamente a la existencia del cine: "colmar de manjares raros y curiosos una apetencia teatral (como lo pretendió Teatro de Medianoche). Pero, no van más ni en México ni en cualquier otro país. De lo que se trata es de crear la apetencia por el teatro en las jóvenes generaciones".[72]

Su crítica es muy ruda, pero pone de relieve un elemento –aunque tangencial– para ser considerado por quienes entonces pretendían realizar empresas similares: el tema del desarrollo del cine,

[71] *Ibid.*
[72] *Ibid.*

que ya estaba modificando el gusto de la gente. Para finalizar su participación, se reservó el derecho a comentar sobre la actitud de la crítica, arguyendo su posición de refugiado.

Las siguientes respuestas son las de Celestino Gorostiza, pero no hay que olvidar que la relación entre él y Usigli en el último año había sido un poco áspera. El dramaturgo señala:

> ¿Qué fin, qué propósitos se advierten en la selección del repertorio de Teatro de Medianoche? Ni el análisis más sutil, ni el sofisma más hábilmente tramado para desentrañar esotéricos objetos, podrían explicarlo. ¿Se trataba de dar a conocer los frutos mejor logrados del teatro moderno universal? No hay una sola obra representativa de ese teatro en el repertorio, como no hay una sola representativa del teatro clásico. ¿Se quería dar a conocer los más nuevos autores mexicanos? ¿Qué hacían allí entonces Villaurrutia y Usigli, que con mejores obras han probado antes su capacidad de autores? O si la intención era demostrar la capacidad de los autores mexicanos, ¿por qué no se esperó a que los nuevos adquirieran los conocimientos elementales indispensables para hacer que una obra se sostenga sobre la escena o por qué no se recurrió a los que ya tenían esos conocimientos? ¿Se suponía tan grande el atraso del público mexicano como para que los ingenuos pasatiempos de Schnitzler resultaran una sorpresa o una enseñanza? ¿O sería más bien que se hacía un esfuerzo para acertar con el gusto del público y convertir a esta empresa en una empresa de éxito comercial? ¿Y cómo, si tras del primer fracaso de los episodios de Anatol, se insistió en ellos durante tres semanas? Sería inútil continuar formulando preguntas. Ninguna de ellas puede ser contestada con lógica ni con sentido. El repertorio de Teatro de Medianoche carece de sentido, carece totalmente de dirección [...][73]

Su escrito hace notar que a pesar de sus diferencias con Usigli asistió a todos, o casi todos, los estrenos. Al igual que Villaurrutia, marca el error de insistir con las obras de Schnitzler. Es, sin embargo, una crítica feroz donde no rescata nada, pues al referirse a la actuación y dirección señala:

> [...] el movimiento de los actores dirigidos por Usigli sobre la escena, a causa de la mala digestión y de la aplicación parcial, ilógica y a destiempo de las reglas, que cuando no responden a un objeto preciso,

[73] *Ibid.*

cuando no están gobernadas por la emoción, por el ritmo y el clima de la obra, y por la personalidad, el temperamento el gusto y el talento del director, sólo logran convertir la representación en un muestrario de ejercicios escolares. Usigli ha querido entender la técnica teatral como una disciplina militar; es decir como un sistema rígido y uniforme que sujeta a los actores a una obediencia ciega […] En tales circunstancias, resulta imposible juzgar a los actores de este ensayo […][74]

Y más adelante, al responder la pregunta sobre el público, le pasa la factura a Usigli por la mención que hizo en su *declaración de principios* con relación a los grupos experimentales previos.

El público acudió al reclamo. Se hablaba en el manifiesto inicial del fracaso de teatros que antes el mismo público había aplaudido […] y se anunciaba que el Teatro de Medianoche rectificaría los yerros anteriores y se asentaría triunfalmente como algo definitivo y perfecto […] Como el público no tiene memoria inquisitoria asistió, pero, Teatro de Medianoche […] se encargó de recordárselo. Entonces se retiró discretamente y mucho trabajo costará hacerle volver a cualquier intento por serio y bien intencionado que sea. Ésta es la aportación del Teatro de Medianoche al progreso del teatro en México.[75]

Finalmente, Celestino Gorostiza, al responder la pregunta sobre la actitud de la crítica, también pinta una faceta del carácter de Usigli al decir:

[…] la crítica reaccionó en la forma en que Usigli lo quería. Conociendo Usigli que su temporada no sería merecedora de la atención de la prensa, empezó por provocar a la crítica, para obtener de ella, cuando menos, un papirotazo. Aunque en verdad, por esta vez, la crítica se contentó con divertirse un poco a costa del rabioso director.[76]

Es pertinente decir que los asuntos señalados por Gorostiza son válidos para hacer reflexionar a cualquiera que intentara realizar una empresa como la que se propuso Usigli. A lo largo de sus comentarios se pone en evidencia el conocimiento que tiene de Usigli,

[74] *Ibid.*
[75] *Ibid.*
[76] *Ibid.*

de sus estrategias para con la crítica; aunque las críticas periodísticas a la labor de Usigli no fueron tan demoledoras como lo presenta Gorostiza. En cambio sí hubo comentarios irónicos, agudos a costa de Usigli.

Por su parte León Felipe, como espectador culto, responde a las preguntas de *Letras de México* de la siguiente manera: primero alude al inoportuno e incómodo horario. Considera a Usigli mal director, pero un gran comediógrafo, por ello le recomienda que no pierda el tiempo en dirigir obras de otros y lo aproveche en seguir escribiendo las suyas.

> Así contribuirá mejor a que el teatro de México terminé de dar sus primeros pasos y aprenda a andar con sabiduría y personalidad. Se le puede negar a Usigli capacidad de director, pero es sin disputa, un hombre de teatro que conoce muy bien los secretos que necesita para expresarse plástica y dinámicamente en el escenario…[77]

Y finalmente le reclama que apenas las funciones que dio el grupo fueron el *vermouth*; para él, el público estaba dispuesto a seguir al director hasta el final y éste se cansó y lo ha dejado vestido y con "los arreos de alpinista y el itinerario en la mano".

Como único escenógrafo, Agustín Lazo responde con elementos *técnicos* claros; hace una crítica muy aguda, pero precisa. Con cierta ironía comienza diciendo que Usigli emplea con frecuencia la palabra "técnica" y él la utilizará para apoyar sus comentarios y marcar los errores que tuvo el director. Como primer error "técnico" menciona el repertorio; reivindica las obras mexicanas. En cuanto a la dirección, asegura que no fue ni técnica ni artística porque

> La presentación visual efectiva, conquista de los teatros experimentales, se limitó a sucios, mal clavados y mal iluminados paredones donde cuadros y colgaduras caían al azar de la mala voluntad de la tramoya y cuyo difícil manejo hacían los entreactos insoportables para el público: por lo tanto el espejismo de la técnica norteamericana traicionó una vez más al director.[78]

[77] *Ibid.*
[78] *Ibid.*

Estas declaraciones son muy importantes porque el escenógrafo resalta la característica principal en la que se apoyaban los nuevos directores para deslindarse del teatro tradicional y comercial: lo visual. Por otra parte, tira al suelo los elementos de los que se jactaba Usigli. También Lazo, de manera irónica y contundente, se refiere al trabajo del escenógrafo de Teatro de Medianoche: "La sustitución de un fantasma de estudiante de universidad yanqui a la presencia de un escenógrafo auténtico fue el segundo error de la técnica".[79]

En lo que concierne a la interpretación de los actores, señala que algunos jóvenes tienen cualidades, pero a todos les falta aplomo y soltura, y quizá, dice, con disciplina y buena dicción lleguen a ser actores. También apunta que se mostraron

> [...] inmotivadamente [...] carecieron de técnica y cada uno vistió su gusto o disgusto personal, subrayando la falta de técnica en la presentación. Sin embargo, hace notar lo siguiente: La interpretación de *Ha llegado el momento* mostró, por contraste, que actores como Clementina Otero y Rodolfo Landa tienen ya una técnica adquirida, y que los noveles Josette Simo y Emma Fink pudieron subordinarse a la técnica que la comedia les impuso, llevándolos en su ritmo.[80]

En cuanto a la crítica, juzga agudamente lo que entonces era: "fue torva, personalista y ausentista, es decir, falta de técnica, para estar de acuerdo con la índole del espectáculo". Con el público fue más condescendiente, valoró su asistencia y buen comportamiento:

> Lleno de curiosidad y optimismo, el público soportó las tandas del innombrable "Anatolio" y los intentos escénicos de los autores principiantes; rió cuando pudo, aplaudió cuanto hubo que aplaudir, y, demasiado bien educado –única falta en su técnica– no silbó ni bostezó en aquellas confecciones que, por su falta de técnica y alientos dramáticos, no pudo llamar comedias.[81]

No es de extrañar que un escenógrafo como Agustín Lazo sea el único que dentro de sus agudos comentarios refiera de manera tan crítica los elementos visuales de la puesta en escena. Lo lamen-

---

[79] *Ibid.*
[80] *Ibid.*
[81] *Ibid.*

table es que esos trastos escénicos de los que Usigli se vanagloriaba no fueran tan prácticos y manejables.

Para finalizar con la encuesta de *Letras de México*, pasemos a los comentarios y balance de Usigli, unos meses después de desaparecido Teatro de Medianoche. Su reflexión inicia diciendo que "mira con simpatía la encuesta y procurará dar en pocas líneas una autocrítica leal y desnuda".[82]

Continúa aclarando que Teatro de Medianoche no quiso ser un "movimiento definitivo [...] sino el principio de un trabajo más amplio y continuo". Y luego toca el punto del repertorio. Reconoce éste como el primer escollo, porque el género no es fácil. Aclara que la elección de obras en un acto se debió al horario que "hacía imposible la presentación de obras de extensión normal".[83]

A pesar de la dificultad, valora una de sus cualidades, ser comedias, "género, dice, que hasta ahora se ha hecho poco y mal en México"; la lista de piezas tenía la línea de ir de "lo más ligero y accesible, a lo más sutil y moderno, pasando por lo [...] clásico del género". Justifica la presencia de Schnitzler diciendo: "cumplían, por su brevedad, por la sencillez de su trama, por el reducido número de sus personajes, por la finura un tanto convencional de su diálogo [...]"[84]

Para él, es difícil explicar por qué no gustaron al público; apunta algunas consideraciones: "La falta de costumbre del público en este tipo de obras, la negrura mental de los críticos, la falta de experiencia de los actores en el diálogo brillante, pueden justificar quizás, el fracaso sin precedente en el mundo, de este autor".[85]

Luego habla de las características y bondades de los autores y obras que no lograron presentarse, explicando la progresión a la que antes hizo referencia: "El repertorio, por su variedad, favorecía el ejercicio de los actores y se dirigía al público en general, poco familiarizado con las obras en un acto, no a los sectores literarios que habían traspuesto esta modalidad en la lectura".[86]

Sobre las obras mexicanas dice que por su variedad y escasez fue difícil darles una progresión: "En suma, el repertorio mexicano

---

82 *Ibid.*
83 *Ibid.*
84 *Ibid.*
85 *Ibid.*
86 *Ibid.*

tuvo que consistir en obras indiscutibles –alguna incomprendida por la crítica, pero gustada por el público (*Temis Municipal*)– y en tentativas que, independientemente de sus deficiencias propias, eran… menos banales que las de otros autores".[87]

Para finalizar este punto, acusa al público de haber sido prematuramente impaciente y a la crítica de "indocta y mal intencionada" contra Schnitzler, por lo que señala: "Fue preciso abandonar obras bien ensayadas e intensificar los ensayos de otras con perjuicio del trabajo de los actores poco experimentados […]" [88]

El siguiente tema que aborda es el de los actores; aclara que salvo los actores huéspedes, los demás eran nuevos, y muchos se presentaban por primera vez ante el público. Además, todos se iniciaron bajo la dirección de Usigli; algunos como Carlos Riquelme desde siete años atrás, la mayoría desde 1939.

Explica que haber conjuntado ese grupo en Teatro de Medianoche le permitió contar con un espacio dónde formar actores: "El teatro de Medianoche no les pagaba un sueldo, aspiraba, en cambio, a someterlos a una fuerte disciplina de trabajo y a mantenerlos en contacto con el público, ya que el actor no se hace en los ensayos, sino en las representaciones".[89]

Y subraya el hecho de que algunos actores, enseñados por él, "llegaron a la otra orilla, el teatro comercial", es decir, fueron contratados por la compañía de Fernando Soler y una joven actriz recibió varias propuestas para trabajar en cine. Esto le valió para restregar lo que no pudieron hacer, en tan corto tiempo, otros grupos experimentales; es obvio que este mensaje lo manda a los ex participantes del Teatro de Orientación: "Si se considera que muchos de ellos llegaron a este punto, en menos de un año de trabajar al lado de Usigli, se verá que el Teatro de Medianoche dio frutos para sus actores, bastante más pronto, que cualquiera de los movimientos experimentales de hace diez años".[90]

En lo referente a la dirección, especifica que ésta no es "más que orden equilibrio, claridad, progresión y buen sentido", para luego justificarse:

[87] *Ibid.*
[88] *Ibid.*
[89] *Ibid.*
[90] *Ibid.*

La dirección fue insuficiente en algunos casos por dos razones: Una era que había que dirigir con frecuencia, además de los movimientos y el diálogo, la disciplina y la conducta moral de los actores. Otra, que la dirección no podía ser la función exclusiva de U., suplente –por deficiencias económicas– del empresario, del administrador, del publicista, del técnico, del cobrador y aun de los cargadores que transportaron los decorados. Esto no es una excusa: es la falta más grave de U., y es imperdonable ya que un director de escena debe concentrar todas sus energías en la dirección.[91]

Y también se defiende diciendo que no se le pueden señalar defectos de "orden, ni confusión de estilos, ni incomprensión de las obras" y apela a los trabajos por él presentados y elogiados por la crítica. Destaca que en sus trabajos previos "ha eliminado la concha, fomentando la memoria de sus actores y despertando su curiosidad hacia una cultura dramática"; declara su creencia en que el teatro "es movimiento, no inmovilidad y que la plástica escénica debe transformarse continuamente".[92]

Reflexiona: "La dirección de escena no debe ser tampoco una enseñanza académica, pero en México tiene que serlo". Se ostenta como quien "la ejerce con mayor rigor, como pueden testimoniarlo sus propios actores". Pero no asume toda la responsabilidad: "lo que un director visualiza y ordena, los intérpretes lo realizan, fatalmente, dentro de sus limitaciones personales". Finalmente, asegura que como en el caso del repertorio "no hubo engaño en la inmadurez de los actores y lo que cada director ofrece debe variar, ser propio y no prestado".[93]

En cuanto a la actitud del público, dice que "en lo general fue excelente y testimonió curiosidad y simpatía; en lo individual muchas personas siguieron el nacional oficio de criticonear después de haber aplaudido […] y felicitar a actores y director". Considera que si las funciones se hubieran dado a horas más propicias, la asistencia habría sido mayor y la temporada se habría mantenido. Resalta el sincero interés del público por las obras mexicanas.

[91] *Ibid.*
[92] *Ibid.*
[93] *Ibid.*

Con relación a la actitud de los críticos, apunta: "poco podría decirse [...] porque en México sólo hay críticos pero no crítica".[94] Como último punto, Usigli presenta un apéndice donde señala la cuestión económica, pondera la existencia de Teatro de Medianoche como el esfuerzo decidido del director y de los actores, y enaltece su independencia oficial, marcando este hecho como la diferencia esencial de otros teatros experimentales:

> Se distingue en que dependió del público no del Estado, aunque en sus postrimerías recibiera ayuda de dos funcionarios comprensivos que nunca trataron de intervenir en el repertorio, ni en los procedimientos técnicos, ni en nada. Pero, en todo caso, el 95 por ciento salió del público mismo [...] se distingue de los teatros comerciales y experimentales de México en que poseía una técnica fundada y una presentación técnicamente adecuada y eficaz. De los experimentales del Estado se distingue por haber realizado (por primera vez en la historia del teatro mexicano), una salida a provincia con obras nacionales, pero los ingresos fueron [...] menores que los gastos.[95]

Con estas declaraciones, le da la razón a Agustín Lazo, con la reiterada mención al término "técnica". Paradójicamente, la declaración de poseer "una técnica fundada y una presentación técnicamente adecuada y eficaz" no fue suficiente para sobrevivir. Es verdad que, a diferencia de los anteriores grupos experimentales, éste salió a provincia, su intento fue novedoso; pero la gira también fue un fracaso.

Siguiendo con el escrito, Usigli parece descubrir el hilo negro del funcionamiento de una empresa cuando dice: "El teatro sólo produce dinero a condición de tenerlo". Explica que los fondos recibidos por abonos y taquilla llegaron por igual a manos de los trabajadores (de tramoya) "y a los periódicos, que en nada ayudaron para mejorar una publicidad necesariamente modesta. El déficit es grande, y sólo hubiera podido reducirlo la persistencia [...] de este esfuerzo, al que, a última hora, sus propios patrocinadores (salvo dos nobles excepciones), negaron toda ayuda".[96]

---

[94] *Ibid.*

[95] *Ibid.*

[96] *Ibid.*

Como se ha visto, sus primeras intenciones declaradas al inicio del escrito no se cumplen. Desarrolla ampliamente cada punto que toca. La encuesta comprende dos páginas de la revista, divididas en cuatro columnas; las declaraciones de Usigli abarcan una entera. Las exposiciones de los demás, el resto.

Se puede decir que los comentarios de Usigli constituyen una amplia justificación. Sus declaraciones hacen suponer que aún no había digerido la experiencia de Teatro de Medianoche y hacer una autocrítica era sumamente difícil. El resentimiento aflora en esas líneas, no hay equilibrio en sus apreciaciones. Aunque a decir verdad, en la mayor parte de sus escritos, la pasión, sus fobias y filias relucen; porque no hay gran diferencia en esta monumental justificación, a unos meses de desaparecido el Teatro de Medianoche con el texto de 1961: *A propósito de Vacaciones I y II*. El resentimiento, la queja, la incomprensión, resaltan en ambos.

Para apuntalar lo anterior, al final de su participación en la mencionada encuesta escribe el siguiente párrafo:

> No podría dejar de señalarse […] que un intento semi comercial de esta naturaleza habría encontrado ambiente y favor de un país con millares de pequeños teatros, como los Estados Unidos […] mientras que hasta la fecha sólo ha encontrado censuras, antipatías personalistas y reservas en un país tan total y vergonzantemente desnudo de teatro como México. [97]

Estas líneas confirman ese sentimiento de incomprensión. Pero también cierta falta de sentido de la realidad. Y aunque no de manera obvia, reitera su afirmación sobre la falta de una tradición teatral en México.

La encuesta también hace evidente, por un lado, la falta de rigor en la crítica y, por otro, la falta de humildad para recibir y aceptar comentarios y juicios sobre el trabajo artístico propio, es decir, la ausencia de autocrítica.

Años después, uno de los acompañantes y patrocinadores de Usigli, Pablo Prida, en sus memorias escribió con relación a su experiencia en el Teatro de Medianoche: "Todavía nuestro público no estaba acostumbrado a un llamado al teatro a esa hora, y los que

[97] *Ibid.*

concurrieron creyendo encontrarse con un espectáculo 'atrevido' (dada la hora en que comenzaba), se hallaron con unas obras ñoñas, sin malicia teatral, que los desilusionaban".[98]

Comentario condescendiente y poco comprometido con el trabajo, la labor, la obra realizada años antes, dado que él brindó facilidades, recursos y apoyo. Una actitud similar a la de Usigli, carente de autocrítica.

Logros

En resumen, Usigli se había planteado que los espectadores de Teatro de Medianoche lo encontraran en el mismo sitio, ofrecer productos de calidad, fomentar un nuevo público netamente teatral, aprovechar estar fuera de la órbita oficial y ser la semilla de una escuela de actuación.

La temporada fue tan corta que, salvo de los dos primeros temas, de los demás poco o nada se puede decir. Durante la corta temporada todas las escenificaciones se realizaron en el local del cine Rex. En cuanto a la calidad de los productos presentados habría que precisar varios puntos.

Tanto en 1940 como en 1961, Usigli determinó lo valioso de Teatro de Medianoche, reivindicó que había sido un ensayo de teatro semiprofesional, cuyas innovaciones fueron la desaparición de la concha del apuntador y la utilización de *decorado* convertible y en volumen.

Cuando se refiere a teatro semiprofesional, es porque conjuntó actores profesionales y aficionados. En cuanto a las innovaciones, Usigli indica: "Por primera vez en México, no hubo apuntador", refiriéndose a la concha del apuntador, pero esa apreciación no es exacta, puesto que desde el Teatro de Ulises en 1928 había desaparecido, por lo menos en los grupos experimentales.

También apunta: "construí un decorado convertible, todo en volumen […] Hubo puertas golpeables". Al respecto vale hacer una consideración: el director sigue utilizando el término decorado que más bien remite a los telones y no a los trastos escenográficos, que fueron construidos para las puestas en escena, como lo testimonia Ig-

---

[98] Pablo Prida Santacilia, *…Y se levanta el telón*, p. 287

nacio Retes. Éste nos cuenta que usaron mamparas o maderas unidas con bisagras que eran las paredes. En la pared se "aplicaba una ventana y esa ventana era un hueco y a ese hueco se le aplicaba la galería o las cortinas simplemente".[99] En otro hueco se adosaba la puerta, una puerta que abría y cerraba. Por eso dice Usigli "que todo era en volumen" (a pesar del testimonio de Agustín Lazo quien alude a su poca eficacia).

Finalmente hay que resaltar un punto que Usigli no pudo ver en 1940 ni en 1961: el asunto de la crítica con relación a las obras mexicanas. Sin proponérselo, exhibió más nacionales que extranjeras; las que fueron bastante aceptadas y valoradas por los pocos críticos que hablaron de Teatro de Medianoche.

[99] Entrevista a Ignacio Retes, por Guillermina Fuentes, 1 de julio de 1999.

Sala cinematográfica Rex (A. Salazar *et al.*, *Espacios distantes aún niños*, 1997).

Programa general de temporada (Archivo Ignacio Retes, CITRU).

Programa general de temporada (Archivo Ignacio Retes, CITRU).

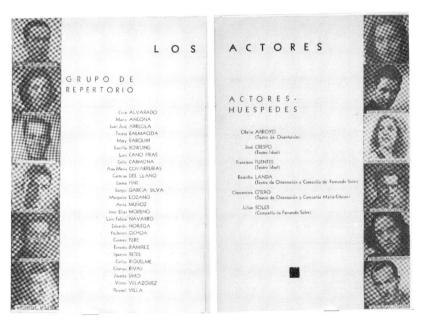

Programa general de temporada (Archivo Ignacio Retes, CITRU).

Programa general de temporada (Archivo Ignacio Retes, CITRU).

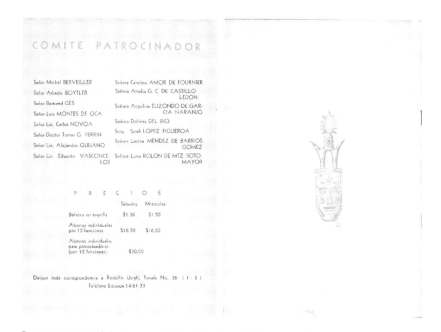

Programa general de temporada (Archivo Ignacio Retes, CITRU).

Ana María Covarrubias y Víctor Velásquez en *La pregunta al destino* de Arturo Schnitzler (L. Rodríguez y P. Ruiz, *Antología visual*, CITRU).

Josette Simo (Programa de mano).

Clementina Otero, Josette Simo, José Crespo y Rodolfo Landa en *Ha llegado el momento* de Xavier Villaurrutia (L. Rodríguez y P. Ruiz, *Antología visual*, CITRU).

Programas de mano (Colección programas de mano, Bibliotecas de las Artes).

La Linterna Mágica
de Ignacio Retes
(1946-1948)

La Linterna Mágica de Ignacio Retes
(1946-1948)

Ignacio Retes

Actor y director, dramaturgo y crítico, guionista y maestro, José Ignacio Retes nació en la ciudad de México en 1918. Sus padres fueron don José María Retes, originario de Mazatlán, y Teresa Guevara de Guerrero; ambos eran personas letradas, pues habían recibido educación escolarizada "en un país donde la educación primaria era un privilegio", escribió el hijo, muchos años después en un libro biográfico. No obstante, el propio José Ignacio no considera haber nacido en una familia intelectual cuando afirma:

> Yo no nací con bibliotecas, yo no nací de familia de padres muy brillantes, cultos. Mi padre escribía, fue periodista en un tiempo […] Por ese lado si había una cierta actitud hacia […] la cultura que heredé de mi padre. Mi madre […] a pesar de ser muy provinciana, se educó, estuvo año y medio estudiando en Estados Unidos, así que eran muy abiertos de mente, muy liberales, pero hasta allí.[1]

Su paso por la Facultad de Filosofía y Letras cuando estudiaba letras le permitió entrar en contacto con el ámbito artístico e intelectual de entonces: "empecé a educarme, a ser lo que soy, con José

---

[1]   Entrevista a José Ignacio Retes, por Guillermina Fuentes, 1 de julio de 1999.

Luis [Martínez], con Alí [Chumacero], con Juan Rulfo, Ricardo Martínez, el pintor […], con Jaime García Terrés, Juan José Arreola […con su gran amigo] Joaquín [Diez Canedo]".[2]

Para Retes convivir y crecer al lado de este grupo de compañeros compartiendo los salones y pasillos de Mascarones, fue nutrirlo de conocimientos y experiencias. "Eso ya hace –dice Retes– del teatro un elemento más de esta amplísima gama de cómo se educaba un joven en aquel entonces".[3]

Fueron meses, años agitados, de gran aprendizaje para el joven José Ignacio. Al mismo tiempo que estudiaba en Mascarones, un amigo suyo, locutor de radio, Mario Ancona, le habló del director Rodolfo Usigli y le contó que estaba ensayando una obra. Retes, interesado, le pidió que lo llevara con él y de esta manera se quedó a participar en la obra que dirigía entonces Usigli, *Don Domingo de don Blas* de Juan Ruiz de Alarcón, la cual fue representada en el Palacio de Bellas Artes para conmemorar el tricentenario de la muerte del autor.[4]

Al año siguiente, 1940, formó parte del elenco y fue asistente de dirección del propio Usigli en Teatro de Medianoche. Meses después se encontraba con Seki Sano, también como alumno y como su asistente, ayudándolo a traducir a Stanislavski y participando en el montaje de *La rebelión de los colgados*, que entonces dirigía Seki Sano.[5]

Éstas fueron sus primeras experiencias dentro del ámbito teatral de la ciudad de México; aunque años atrás, durante una estancia de la familia Retes Guevara en San Luis Potosí, el joven José Ig-

---

[2] *Ibid.*

[3] *Ibid.*

[4] Véase el capítulo *El Teatro de Medianoche*.

[5] Debo aclarar que de acuerdo con las entrevistas que grabé al maestro Retes, no recordaba con certeza los tiempos. Hube de aclarar la fecha de llegada de Seki Sano y fundación del Teatro de las Artes, así como las fechas de la temporada del Teatro de Medianoche. Para él los acontecimientos en el tiempo eran confusos. Lo que no se puede negar es su participación con ambos directores, tanto por los recuerdos del maestro como por los documentos que lo registran: programas de mano, crónicas y anuncios periodísticos. Es seguro, como anota Josefina Brun, quien lo entrevistó unos 15 años atrás, que Retes se inscribió al taller de Seki Sano, dejó la Facultad y continuó colaborando con Usigli hasta el fin de Teatro de Medianoche. *Apud.* Josefina Brun, "Ignacio Retes, 40 años en escena", en *Escénica*, 1984.

nacio organizó, junto con un grupo de condiscípulos universitarios, el grupo de teatro estudiantil universitario (1937).

Los años que van de 1943 a principios 1946, Ignacio Retes se dedicó a escribir, se casó con Lucila Alarcón y durante el último año decidió formar su propio grupo La Linterna Mágica, donde debutó como director y organizador de un grupo con el que presentó varias temporadas entre los años de 1946 y 1948.

En 1950 dirigió profesionalmente su primera obra, *El cuadrante de la Soledad* de José Revueltas. Años después volvió a trabajar como asistente de Seki Sano. A partir de los años cincuenta tuvo una actividad intensa como director, actor, traductor, guionista de cine, crítico y maestro. Entre otros cargos fue director de la Compañía Teatral del Sindicato de Trabajadores del Seguro Social y director titular de los teatros del IMSS, así como codirector y actor del teatro Arena de Fernando Soler, traductor, actor y codirector en la Compañía de Teatro de Enrique Rambal.

En 1954 obtuvo el premio Juan Ruiz de Alarcón por el montaje de *Terminal* (*Bus stop*); en 1977 la Sogem le otorgó el primer premio por el guión cinematográfico *Unos cuantos días*. En 1968 dirigió *Pueblo rechazado* de Vicente Leñero, desde entonces en numerosas ocasiones hizo mancuerna dramaturgo y director. Durante los años ochenta y noventa trabajó para la UNAM como director y actor en innumerables puestas en escena.

La Linterna Mágica

El periodo transcurrido entre la separación de Retes y Seki Sano (1943) y la organización del grupo La Linterna Mágica fue de meditación, de reflexión y de ir planeando cómo iba a ser su carrera dentro del teatro. Durante este tiempo Ignacio Retes escribió tres obras, consideró que las dos primeras no eran los suficientemente aceptables como para que otros las leyeran y las destruyó. La otra, *El día de mañana* sí la consideró pertinente para ser publicada de tal manera que su primera obra dramática apareció en *Letras de México* (1945).

También escribió crítica teatral para la revista *México al día* (1944) y se casó con Lucila Alarcón, entonces directora de una revista de cine, a quien había conocido durante su estancia en la escuela de Seki Sano en el Sindicato Mexicano de Electricistas (SME). La actividad de Lucila le permitió entrar en contacto con los artistas importantes de entonces, pintores, músicos, escritores como Diego Rivera, Orozco, Siqueiros, Carlos Jiménez Mabarak y José Revueltas entre otros.[6]

Los motivos que llevaron a Retes a organizar su grupo teatral los cuenta de la siguiente forma:

> […] yo quería hacer teatro, quería escribir teatro, quería dirigir teatro; en eso me había educado, con Usigli, con Seki Sano mis maestros propiamente […] Heredé de ellos su pasión por el teatro. La pasión de Usigli era más hacia la dramaturgia, hacia el texto y la pasión de Seki Sano fue hacia el fenómeno teatral, el escenario, el foro, la plataforma, la actuación. Después de haber estudiado un buen tiempo, de haber experimentado en manos de Rodolfo Usigli, en manos de Seki Sano tuve que decidir mi futuro […] ¿para qué me habían servido tres cuatro, cinco años de aprendizaje si no iba a hacer nada con ellos? Entonces decidí, en forma muy razonable, formar un grupo. Yo pensé que por ahí andaba la cosa y por eso hice *La Linterna Mágica.*[7]

Desde los años treinta, el SME había apoyado a diferentes directores para formar grupos teatrales con algunos de sus afiliados o personas interesadas en practicar el arte dramático. Para 1946, cuando Ignacio Retes se acercó al Sindicato solicitando su apoyo, ya lo habían recibido Xavier Villaurrutia, Seki Sano y José de Jesús Aceves.

El entonces secretario general del SME era el senador Juan José Rivera Rojas, quien ofreció y concedió al grupo el local teatral y la impresión de los programas de mano. Por su parte el grupo obtenía pequeños patrocinios.[8] En los programas de mano puede leerse el agradecimiento de La Linterna Mágica a instituciones y personas como la Academia Cinematográfica de México, los generales Juan F. Azcárate y Gabriel R. Guevara, y los señores Raúl Gutiérrez, Manuel Sordo y Carlos Steiner.

---

[6] Entrevista a José Ignacio Retes, por Guillermina Fuentes, 23 de septiembre de 1999. *Ibid.*, Josefina Brun.

[7] *Ibid.*, Guillermina Fuentes, 23 de septiembre de 1999; y Jovita Millán, "Testimonios: Ignacio Retes", inédito.

[8] *Ibid.*, Guillermina Fuentes, 23 de septiembre de 1999.

Primera temporada

El 12 de septiembre de 1946, a las nueve de la noche, se abrieron las puertas del teatro del SME, ubicado en la calle de Artes número 45, dando la bienvenida a la primera función de la temporada del grupo teatral La Linterna Mágica. Quienes estuvieron presentes pudieron apreciar en el programa de mano lo que podría denominarse la declaración de principios del grupo.

En la contraportada, Retes refiere que el nombre La Linterna Mágica lo adoptó el grupo de la obra de José Tomás de Cuéllar, que refleja el espíritu que impulsó al escritor del siglo XIX en su búsqueda por "encontrar a México, descubrirlo, aprender a amarlo". Declara y confiesa haber adquirido sus conocimientos de

> […] la joven tradición de los teatros experimentales de México. Se inicia, pues, bajo la tutela de dos tradiciones, aspira, no sólo a constituir un grupo de teatro digno de ellas, sino a superarlas. Para lograrlo cuenta con el entusiasmo de sus actores, la proyectada continuidad de su trabajo y con la esperanza –la necesidad– de encontrar un autor dramático propio.[9]

El documento también incluye el compromiso del grupo con la tarea del sindicato por mantener una campaña constante en pro de la superación artística y cultural de los trabajadores. Esto es claro cuando Retes dice:

> El objetivo era hacer teatro y por medio del teatro responderle a la sociedad donde yo vivía por lo que hace a sus problemas, por lo que hace a su cultura, a sensibilizar a mi gente. Dar a entender que el teatro era un oficio que nos permitía expresarnos en todos los órdenes, en todos los aspectos. Era un reflejo de mi posición política, de ahí que la primera obra tuviera que ver [con] un problema típicamente mexicano que todavía estamos sufriendo, que es la emigración de nuestra gente a Estados Unidos donde la tratan como perro.[10]

[9]   Acervo Leticia Rodríguez, programas de mano y materiales gráficos. Grupo La Linterna Mágica, Programa de mano, obra: *Mariana Pineda,* estreno 26 de septiembre de 1946.

[10] Jovita Millán, *op. cit.*

Evidentemente el objetivo era hacer teatro, pero con características específicas. En este sentido, Retes aclara: "La propuesta era de un teatro de contenido realista en su manifestación escénica, una propuesta de otro tipo de actuación. Aprendido un poco con Usigli y mucho con Seki Sano [...]".[11]

Efectivamente, la obra que inició esta primera temporada fue *Los que vuelven* de Juan Bustillo Oro (12 de septiembre); después se presentaron *Mariana Pineda* de Federico García Lorca (26 de septiembre) y *Los zorros* de Lillian Hellman (10 de octubre).[12]

El tema de las tres obras podría conjuntarse en la denuncia de la injusticia, la explotación de los trabajadores y la lucha por una vida digna. *Los que vuelven* muestra la explotación de los braceros mexicanos en una granja de Estados Unidos y lo arbitrario de su repatriación a México para dejar su lugar al obrero estadunidense, en el marco de la depresión económica. *Mariana Pineda* es la historia mítica de una mujer decimonónica que ayuda y lucha al lado de los revolucionarios por la libertad. *Los zorros* exhibe a la burguesía estadunidense de principios de siglo y los mecanismos de hurto de los que se vale con tal de acumular riqueza, de conseguir privilegios, pasando por encima de todo, de familiares, de amigos. Retes considera que en el fondo, para él, las tres obras son obras revolucionarias por lo que dicen y muestran; asimismo, por medio de ellas expone su posición política e ideológica.[13] Durante el periodo del estreno de *Mariana Pineda* apareció una nota en el semanario *Revista de Revistas* destacando que La Linterna Mágica había ganado la subvención de Bellas Artes para 1947, y ve en el joven José Ignacio una promesa de la dirección escénica.[14]

[11] Entrevista a José Ignacio Retes, por Guillermina Fuentes, 23 de septiembre de 1999.

[12] El crítico teatral Armando de Maria y Campos refiere que a pesar de los ocho meses de ensayo, sólo se presentaron al público por dos ocasiones cada una de las obras de la temporada.

[13] Entrevista a José Ignacio Retes, por Guillermina Fuentes, 23 de septiembre de 1999.

[14] Vila, "Remolino", *Revista de Revistas*, México, 6 de octubre de 1946, p. 3.

Elenco, actuación y dirección

El grupo estaba integrado por Lucila Alarcón, Ana Demetria, Carmen Guzmán, Olga Jurado, Rebeca Magrisso, Gabriela Peré, Aurora Rodríguez, Carlos Clarck, Rafael Estrada, Guillermo Fernández, Francisco Garay, Ramón Gay, José R. Molina, Sergio Montero, Damián Pisá, Rodolfo Rocha, Jaime Valdés, José Luis Vial y Raúl Zarrá. El mismo Ignacio Retes, además de dirigir, participaba como actor. Otros acompañantes de la propuesta fueron el músico Carlos Jiménez Mabarak; en la creación de los espacios escénicos Jesús Bracho, Carlos y Rafael Villegas; para el vestuario contó con el apoyo de Doris Álvarez Heyden, y en la iluminación con Gustavo Águila Navarro.

Don Armando de Maria y Campos, en su nota del 24 de septiembre, observa con relación a *Los que vuelven*, que el primer acto fue el mejor y pondera el trabajo del grupo de actores por ser: "valiosos elementos jóvenes con temperamento, afición y disciplina". Sobre algunos de ellos hace comentarios: de Gabriela Peré: "estuvo muy feliz en su papel de Remedios, la pobre anciana que da todo a la tierra ajena"; de Raúl Zarrá dice: "excelente interpretación del personaje"; de Rafael Estrada y Damián Pisá: "hay posiblemente dos futuros buenos actores". Carmen Guzmán "no desmerece de los demás".[15]

Semanas después el 14 de octubre, el crítico refiere sobre *Los zorros* de Lillian Hellman:

> [...] es una magnífica comedia dramática, en la que las ambiciones de los protagonistas mueven a éstos como títeres irresponsables. [...] El grupo de Retes la presentó en un juego de luces y de sombras, es decir, de aciertos y de indecisiones. Memorizada la obra, daba, sin embargo, la impresión de representación a la que faltaran ensayos. Mejor el equipo masculino que el femenino, Ramón Gay, en su breve pero importante papel, estuvo más seguro que Estrada, Retes, Valdés y Vial. Retes dio en ocasiones la sensación de estar viviendo su papel. [...] Carmen Guzmán demuestra visibles adelantos en esta obra. [...] Compusieron con cariño y estudio sus respectivos papeles las señoritas Ana Demetria y Olga Jurado.[16]

---

[15] Armando de Maria y Campos, "Reposición de *Los que vuelven* de Juan Bustillo Oro", *Novedades*, México, septiembre de 1946, y *Veintiún años de crónica teatral en México, primera parte*, 1999.

[16] *Ibid.*

Por su parte Rosa Castro, comentarista de cine y teatro de la revista *Hoy*, pondera el trabajo de Retes cuando dice: "desde la primer obra se notaba la mano de una dirección que de seguro con el tiempo llegará a ser de las mejores de México [...]"[17] y no se equivocó. En cuanto a la participación de Lucila Balzaretti (Alarcón) señala: "lleva la responsabilidad de la obra, saca su papel adelante con bravura, insospechado temperamento artístico y un sentido del escenario poco común aun entre actrices profesionales. La nueva actriz posee una voz cálida envolvente y figura atractiva [...]".[18] Es importante llamar la atención respecto de este comentario porque en la actriz Lucila Alarcón se puede advertir que las enseñanzas de Seki Sano –continuadas por Retes– estaban fructificando; cuando la crítica alude al "sentido del escenario poco común aun entre actrices profesionales", conviene tener presente que uno de los logros de Seki Sano fue justamente el que sus alumnos cobraran conciencia de cómo usar y moverse en el escenario.

Espacio escénico

El local teatral del SME era relativamente nuevo. Un poco antes de que se terminaran de construir las nuevas instalaciones del SME en la calle de Artes, Seki Sano –quien había empezado a trabajar con el sindicato– propuso a sus dirigentes modificar el espacio destinado a los espectáculos, para usarlo también como espacio teatral. Aceptado lo anterior, los arquitectos que estaban a cargo, Enrique Yáñez y Ricardo Rivas, hicieron del foro algo novedoso, porque el proscenio no terminaba en forma recta o semicircular, sino que éste –en el centro y los costados– tenía unas salientes; el propósito de Seki Sano era acercar al público a los actores. Para Retes la forma que tenía el escenario ya condicionaba lo que se iba a representar:

> De cualquier manera sí hicimos escenarios de corte realista: si se necesitaban escaleras, había escaleras; si puerta, había puerta, si una pared, había pared, todo lo hacíamos, abríamos aquí y aparecían los ventanales y jalábamos los muebles y los metíamos en el oscuro a

---

[17] Rosa Castro, "Cinemáticas", *Hoy*, 5 de octubre de 1946, pp. 85-86.
[18] *Ibid.*

sus lugares. La propuesta escenográfica conservaba el espíritu, el estilo que proponía la dramaturgia.[19]

Esto parece reforzar los comentarios de don Armando, quien menciona que *Los que vuelven* fue "sobria y hábilmente decorada por Jesús Bracho".[20] Otro cronista da cuenta de la organización y forma de trabajo de los integrantes:

> La escenografía se debe a Retes, realizada por los propios actores, que cuando no están en escena hacen las veces de tramoyistas, electricistas y pintores. Con manta de cielo y unas tiras de madera, se montaron los decorados de todas las obras y el problema del espacio, ya que el teatro de los electricistas es muy reducido, se resolvió mediante decoraciones móviles.[21]

En cuanto al uso de la iluminación, Retes comenta que contaban con apoyo por parte del sindicato, a pesar de no ser muy adecuado el equipo de iluminación que tenía el local. "El sindicato nos daba dos o tres sesiones para poner luces, iluminaba con electricistas de ellos, pero nosotros decíamos aquí esto, acá lo otro, que esto no se puede, bueno. Con limitaciones pero sí se iluminaba. La propuesta sí tenía un sentido, sí representaba lo que yo he querido decir en el teatro."[22]

Con relación al vestuario un comentario aparecido en *Jueves de Excélsior* dice al respecto: "La Linterna Mágica, cuenta con la cooperación de Doris, la esposa de Manuel Álvarez Bravo quien diseñó todos los trajes que se han usado en las distintas obras, sin cobrar, los confeccionó ella, con elementos pobres. El público debió haberse dado cuenta del hermoso efecto logrado por las creaciones".[23]

[19] Entrevista a José Ignacio Retes, por Guillermina Fuentes, 23 de septiembre de 1999.

[20] A. de Maria y Campos, *op. cit.* Habría que decir que en un programa de mano aparece el nombre de Jesús Bracho, no como el escenógrafo, sino como quien la sugirió; sus realizadores, los hermanos Villegas.

[21] OCV, "Un grupo ejemplar *La Linterna Mágica*", *Jueves de Excélsior*, núm. 1270, 7 de noviembre de 1946, p. 20.

[22] Entrevista a José Ignacio Retes, por Guillermina Fuentes, 23 de septiembre de 1999.

[23] OCV, *op. cit.*

Los anteriores comentarios vienen a confirmar el apoyo recibido de parte de diversa personas y sobre todo, la labor del SME para con sus agremiados. También muestran de manera tangencial la forma de trabajo en equipo de los integrantes, así como el uso de materiales para las escenografías móviles.

Recepción, público

En lo que se refiere a la asistencia del público, el maestro Retes comenta que era por medio de invitaciones. Se organizaban de la siguiente manera: "A nosotros nos daban un determinado número de invitaciones (de filas para los invitados), los pintores, los escritores, nuestros amigos –un mundo muy raquítico entonces–, no había dinero de por medio".[24] El resto de las entradas eran para los trabajadores, y era el propio sindicato el que las repartía a los agremiados. Don Armando de Maria y Campos da una imagen del público asistente a la representación de *Los que vuelven*:

> Asistí a su última presentación; el bello y cómodo salón de espectáculos estaba ocupado en su totalidad por un público sencillo y cordial, compuesto en su mayoría por familiares de miembros del sindicato, quienes oyeron con franco interés la obra, entrando en situación con los actores, y aplaudiéndolos cordial y jubilosamente...[25]

También para Ignacio Retes era importante formar público para el teatro; la inquietud de Usigli la había trasmitido al alumno. Retes comentó para la revista *Jueves de Excélsior*: "sólo en esta forma, acostumbrando al público a ver teatro mexicano, podrá salvarse la dramática de nuestro país, tan injustamente denigrada por propios y extraños".[26]

Al finalizar la primera temporada ya estaban en preparación otras obras más. Meses después tendría lugar la segunda temporada.

[24] Entrevista a José Ignacio Retes, por Guillermina Fuentes, 23 de septiembre de 1999.
[25] A. de Maria y Campos, *op. cit.*
[26] OCV, *op. cit.*

Segunda temporada

Ésta se llevó a cabo durante los meses de marzo a agosto de 1947 y fueron representadas las siguientes obras: *El tejedor de Segovia* de Juan Ruiz de Alarcón (20 de febrero), *La silueta de humo* de Julio Jiménez Rueda (17 de abril), *En la zona* de Eugene O'Neill (15 de mayo), *Mozart y Salieri* de Alejandro Puchkin (15 de mayo), *El hombre del sombrero de hongo* de A. A. Milne (15 de mayo), *La máquina de sumar* de Elmer Rice (17 de junio) y *Santa Juana* de Bernard Shaw (1 de agosto).

Otra obra programada, pero no escenificada, fue *La última puerta* de Usigli. Cabe señalar que a lo largo de esta temporada las obras fueron escenificadas por cuatro ocasiones. Como en la temporada anterior, las obras tocan directa o tangencialmente algún tema de corte social.

El maestro Retes cuenta que "por puro goce, por pura alegría, por puro gusto" decidió poner *El tejedor de Segovia* donde aparecía un elenco muy grande; el vestuario y el decorado los diseñó Juan Soriano. "Precioso trabajo, precioso –dice– y muy de acuerdo con un grupo de experimento, de gente con entusiasmo".[27]

Sobre *La silueta de humo*, obra de Julio Jiménez Rueda, dice Retes: "don Julio […] mi maestro en la Facultad de Literatura [*sic*] […] le pedí permiso y él encantado […] me dio la autorización. Yo le metí mano […] al texto, lo hice más picante, más agudo, […] le quite la moralina que tenía […] Era una crítica a la hipocresía, que también está relacionada con una posición ideológica".[28]

Elenco

En esta temporada se integraron nuevos elementos como Rodolfo Rocha, Roberto Zámano, Liliam Ledesma, Ivone Bulle Goiri, Amparo Rivelles y Guillermo Arriaga, entre otros actores y actrices; su amigo José Revueltas dirigió una de las obras: *Mozart y Salieri*. El pintor Juan Soriano, como ya se mencionó, diseñó y pintó el vestuario de

---

[27] Entrevista a José Ignacio Retes, por Guillermina Fuentes, 23 de septiembre de 1999.
[28] *Ibid.*

El tejedor de Segovia, Doris Heyden continuó en su papel de vestuarista para las demás obras.

Espacio escénico

Para hacer la escenografía de *El tejedor de Segovia*, consiguió que Celestino Gorostiza (entonces director del Instituto Cinematográfico de México, donde Retes también daba clases) les prestara el patio del lugar para hacer el trabajo de carpintería,

> [...] que hacíamos nosotros. Y ahí pintó Juan Soriano el decorado, con la ayuda de todos nosotros; eran unos páneles, a veces eran simplemente así y a veces eran cuatro unidos. Y tenían orificios [...] y los pegábamos [ya en escena] los sacábamos y por el otro lado estaba entrando el siguiente panel [...] en una continuidad [...] todos estábamos al servicio de Juan [Soriano] Decía este paño píntalo de azul, a mí o a fulano, con esto y él preparaba, te daba y al rato, ¿ya está?, ya está, déjalo, que seque y vete a pintar... Y luego él llegaba y componía y quitaba y metía. Eran páneles de dos metro de alto y como uno sesenta de ancho cada uno; y a pintar, a pintar. Y la ropa que diseñó Juan con pura manta y una costurera, y entre las muchachas: Carmen Guzmán, mi mujer, etcétera, cortaban y unían de acuerdo a lo que pedía Juan y era pura manta [...] sobre el cuerpo llegaba Juan y pintarrajeaba los vestuarios. Había aditamentos que no eran manta, como hombreras o cintos, pero todo pintado por Juan, como treinte o cuarenta vestidos. Eran veinte personajes por lo menos.[29]

También cuenta que para una escena, que era una batalla entre moros y cristianos, usaron caballitos de cartón sin patas, con un hueco donde los actores entraban y se los colgaban con un tirante; éstos también diseñados por Soriano. La coreografía fue sencilla. Para Retes, éste fue "un espectáculo bellísimo, bellísimo [por su] plástica, movimiento, acción; verdaderamente muy atractivo, muy bien armado [...] Era un espectáculo hecho con 10 centavos".[30]

La percepción y los recuerdos de Retes con relación a ese espectáculo no difieren de lo que entonces escribió don Armando de Maria y Campos. Para el crítico fue de gran valor la interpretación

[29] *Ibid.*
[30] *Ibid.*

de la pieza de Alarcón. A pesar de considerar que por momentos "hubo fallas naturales en grupos como éste […] –dice don Armando– Es justo señalar los aciertos. El más brillante de todos me pareció el de la persecución y derrota de los moros, movidas con un aire de pantomima o balletino tan gracioso, que acreditan a Retes como director de francas posibilidades […]".[31]

Otra de las obras que Retes recuerda con bastante claridad en lo visual es *La máquina de sumar*; para él "fue verdaderamente un experimento", tanto por el espacio creado por Guillermo Meza, como por el uso de la tecnología. Retes cuenta que para el primer cuadro, donde sucede que "una mujer se levanta de la cama, despierta a su marido que tiene que irse a trabajar y que está perdiendo el tiempo, y cómo se entabla una discusión entre ellos", lo que el público escuchaba era una cinta acelerada de varios fragmentos del texto, se veía a la mujer que movía los labios y el sonido seguía. Retes dice que hacer eso ahora es "pan comido" pero entonces había que ir a un laboratorio para grabar y acelerar el párrafo del texto. "El público no sabía más que esa voz era imposible, y al final se aceleraba tanto, que ya no se entendía palabra alguna. La gente se quedó medio confundida".[32]

En cuanto al espacio, la escenografía, cuenta que hicieron una máquina de sumar que llenaba todo el escenario con unos tambos, que eran unas teclas:

> […] en dos niveles nada más; y por afuera se manejaba una viga que era lo único que se veía [… y el actor] saltando de tecla en tecla, para arriba, para abajo, para allá, regresaba [mientras decía sus parlamentos] […] trabajo, muy crítico, muy crítico, de una sociedad que ya estaba enferma, no es que ahora esté enferma, ya estaba enferma […] Se trata en última instancia de que el hombre enloquece en su trabajo y lo que lo afecta es un maquinismo, es una experiencia que lo hace más muñeco, lo hace más parte de la máquina; y al final [el personaje] está enloquecido con su máquina de sumar.[33]

[31]   A. de Maria y Campos, *op. cit.*
[32]   Entrevista a José Ignacio Retes, por Guillermina Fuentes, 23 de septiembre de 1999.
[33]   *Ibid.*

Recepción, público

Durante esta temporada, salieron pocas notas que dieran cuenta de las puestas en escena de La Linterna Mágica. Por ejemplo, don Armando de Maria y Campos dedicó una nota a *El tejedor de Segovia* y otra a *La silueta de humo*, pero destinó más espacio al origen de las obras (a sus respectivos autores y a los previos estrenos) y sólo pequeñas alusiones al elenco y al público, por ejemplo: "Al público del Sindicato Mexicano de los Electricistas le ha gustado la obra y también la labor de los intérpretes, que fueron muy aplaudidos".[34]

Un comentarista muy crítico habló sobre el fracaso artístico y las buenas intenciones del SME al auspiciar

> [...] al grupo amateur "La Linterna Mágica", que empezó decorosamente [...] con acierto que hacía esperar buenos frutos. Pero que ha malogrado por completo su cosecha atreviéndose (esforzándose como ellos dicen), con otras casi inaccesibles a su capacidad de aficionados llevando a escena piezas como la última, superior a cualquiera de sus esfuerzos: la *Santa Juana* de Bernard Shaw [...] por haber hecho una caricatura, una parodia y un sainete de una *Santa Juana*, que yo, equivoqué, creyéndola un drama, una tesis [...] en fin que la *Santa Juana* especialmente por lo que toca a su intérprete Lucila Alarcón, tuvo mucho de Juana y muy poco de santa.[35]

Es interesante el comentario anterior porque muestra otra perspectiva. Su autor era un asistente a las obras que presentaban grupos de este tipo y quizá por ello exigía mayor compromiso de los integrantes de La Linterna Mágica.

Tercera temporada

Ésta tuvo sólo la presentación de una obra, *Israel*, de José Revueltas. Retes y Revueltas se conocían y venían trabajando juntos desde hacía tiempo, por ello Retes pensó que había encontrado el autor que buscaba cuando se fundó La Linterna Mágica y le solicitó que

---

[34] A. de Maria y Campos, *op. cit.*

[35] Vic, "Luces de colores", *Jueves de Excélsior*, núm. 1316, 5 de agosto de 1948, p. 29.

escribiera una obra para el grupo. *Israel* nació en un solo acto, pero el tema daba para más. Retes lo presionó y Revueltas la convirtió en una obra de tres actos. *Israel* trata sobre la vida de los negros en el sur de Estados Unidos; y, por lo tanto, sobre la pobreza, la miseria y la humillación que viven.

Elenco

Don Armando de Maria y Campos reivindica el trabajo que tuvieron Raúl Estrada, Eduardo Licona, Eugenia Bedoy, Lucila Alarcón y el propio Retes.

Espacio escénico

Retes recuerda que para la representación de *Israel*, presentaron tres espacios escénicos diferentes, uno para cada acto. En el primero aparecía el interior de una casa, una cabaña; para el segundo una cárcel, "nada más eran puras rejas y atrás la pared", y al final se veía una cañería de agua: "[…] el conducto estaba a todo lo largo de la escena, cortado a la mitad y allí nos movíamos, a ese conducto llegábamos a escondernos los negros huyendo de la policía […] se supone que nos van a echar agua, nos van a ahogar y al final: ahí viene el agua, ahí viene el agua […]"[36]

En mayo de 1948, don Armando firmó una nota sobre estos espacios creados, donde considera que el menos afortunado fue el del tercer acto: "las tres [escenografías] son, sin embargo, gallarda prueba de que se puede hacer teatro sin contar con nada, o casi nada, cuando sobran talento y corazón".[37]

En la documentación revisada, la obra de Usigli *La última puerta* está registrada en la segunda temporada aunque no se representó. En los recuerdos de Retes, ésta aparece como el detonador del rompimiento de él con el SME, pues los encargados de la programación no consideraron pertinente su representación, porque la obra habla de las dificultades que tiene un individuo por querer traspasar la última puerta para ver a la persona más importante: el funciona-

---

[36] Entrevista a José Ignacio Retes, por Guillermina Fuentes, 23 de septiembre de 1999.
[37] A. de Maria y Campos, *op. cit.*

rio, el ministro o el presidente. Y hasta ahí quedó la experiencia de este grupo. Años después Retes estaría nuevamente con Revueltas, dirigiendo lo que el mismo Retes llama su primer obra profesional, *El cuadrante de la soledad*.

A pesar de su salida del SME, Retes aún se sentía agradecido por el apoyo que el sindicato le brindó. Para Retes, lo que se hizo en La Linterna Mágica fue poner de manifiesto su posición artística e ideológica: "mi posición estaba enfrente de mi trabajo, no se engañaba a nadie en el sentido de hacer un teatro revolucionario a escondidas, no, no, no, era de frente, era lógico que se trataba de revolucionar. Eso fue la Linterna Mágica".[38]

Saldos

En la declaración de principios, Retes menciona continuar "la joven tradición de los teatros experimentales" y ser un digno sucesor. Los comentarios de los cronistas contemporáneos dan cuenta de ello. Sobresalen los comentarios favorables o sorprendentes respecto de lo espectacular. Es decir, en este aspecto Retes supo poner en escena, con eficacia, lo que Lazo llamó "la presentación visual efectiva conquista de los teatros experimentales". En consecuencia se puede decir que en este punto coincide con Wagner y Seki Sano: los tres atienden delicadamente la puesta en escena.

Otro objetivo principal de Retes era el encuentro con un autor dramático propio. Es por ello que en las tres temporadas eligió una obra de autor nacional. Al final logra descubrir a su autor, José Revueltas, pero sólo llevan a escena una producción, *Israel*. No obstante, con Revueltas trabajó más tarde y con mayor frecuencia tanto en cine como en teatro.

[38] Entrevista a José Ignacio Retes, por Guillermina Fuentes, 23 de septiembre de 1999.

Bocetos de telones de Juan Soriano para *El tejedor de Segovia* de Juan Ruiz de Alarcón (Archivo Ignacio Retes, CITRU).

Boceto para *La máquina de escribir* de Elmer Rice (*Escénica,* 1984).

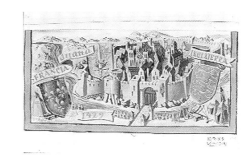

Bocetos de telón y vestuario de Juan Soriano para *Santa Juana* de George Bernard Shaw (Archivo Ignacio Retes, CITRU).

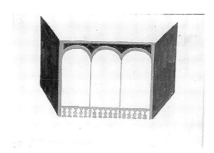

Bocetos de telón y vestuario de Juan Soriano para *Santa Juana* de George Bernard Shaw (Archivo Ignacio Retes, CITRU).

Boceto de Carlos Mérida para *La última puerta* de Rodolfo Usigli (Archivo Ignacio Retes, CITRU).

EL SINDICATO MEXICANO DE ELECTRICISTAS, cumpliendo con el programa cultural que, a indicación de su Srio. Gral, Senador JUAN JOSE RIVERA ROJAS, viene desarrollando en forma amplia, no omite esfuerzo alguno que pueda significar elevación artística o espiritual para sus agremiados.

Al iniciar su tercera temporada teatral bajo el patrocinio del Sindicato Mexicano de Electricistas, LA LINTERNA MAGICA cuenta ya con lo que consideraba necesario desde que se presentó al público por vez primera: un autor dramático propio.

JOSE REVUELTAS, el hombre mejor dotado de quienes escriben novela en México, llega al teatro por un camino nunca recorrido hasta ahora. Juzgando su peso con las palabras, podría decirse que representa el primer ejemplo del dramaturgo a la inversa: del cinematógrafo regresa al teatro. De aquel arte todavía mudo —enmudecido sería mejor decir— y más todavía desde el advenimiento del sonido, vuelve a la palabra viva.

Si semejante actitud constituye un caso insólito en cualquier país del mundo, más conmovedora y edificante resulta en México, donde no vida y su angustiosa la situación de la verdadera poesía dramática.

LA LINTERNA MAGICA considera a Revueltas dramaturgo propio porque él ha participado de sus inquietudes y sus deseos, ha dirigido a sus actores y ha escrito para ella no sólo ISRAEL, sino otras obras que LA LINTERNA MAGICA presentará en lo futuro.

IGNACIO RETES

SINDICATO MEXICANO DE ELECTRICISTAS

POR LA CULTURA DE LOS TRABAJADORES

1948

TEMPORADA TEATRAL

★

El SINDICATO MEXICANO DE ELECTRICISTAS invita a usted a la representación de

"ISRAEL"

drama en tres actos de José Revueltas,

que pondrá en escena el Grupo Teatral *"La Linterna Mágica"* que dirige **Ignacio Retes**, el domingo 16 del actual, a las 19 horas, en el Teatro de nuestro Sindicato, Antonio Caso No. 45.

México, D. F. marzo de 1948.

"ISRAEL"

drama en tres actos
de
JOSE REVUELTAS

DIRECCION: IGNACIO RETES

ESCENOGRAFIA: VESTUARIO:
Ignacio Retes y R. Zarra.   Doris Alvarez Heyden

REPARTO:

(por orden de aparición)

REBECA	Eugenia BEJOY
MAMA SMITH	Leela ALARCON
CELESTE	Carmen BRACHO
ESAU	Ignacio REYES
TIO ELEAZAR	Eduardo LICONA.
JOHNNATAN LINCOLN FLETCHER	Rafael ESTRADA
JIMMY GONZALEZ	Roberto BAILLET
UN "RANGER"	Carlos BOCANEGRA

ACTO I
Colonia de los Smith, en Anaguala Valley, Texas

ACTO II
La Cárcel del Condado

ACTO III
Interior de un Acueducto

DIRECTOR ARTISTICO: Doris Alvarez Heyden.

ASESOR MUSICAL: Carlos Jiménez Habarack.

"Canto de una Muchacha Negra"

Música de Silvestre Revueltas.
Letra de Langston Hughes.

REALIZACION DE ESCENOGRAFIA:	R. R. ZARRA y A. VAZQUEZ.
CONFECCION DE VESTUARIO:	Consuelo M. DE CRUZ.
REALIZACION DE UTILERIA:	Antonio VAZQUEZ.
PELUCAS:	H. PRADO.
ADMINISTRADOR DE ESCENA:	Eduardo LICONA.
AYUDANTES DEL DIRECTOR:	L. ALARCON y J. RAMIREZ.
ILUMINACION:	Renato AGUILA NAVARRO y J. VALDOVINOS.
UTILERIA:	Jaime RAMIREZ.
JEFE DE TRAMOYA:	Antonio VAZQUEZ.

LA LINTERNA MAGICA agradece la cooperación prestada por las siguientes instituciones y personas: Academia Cinematográfica de México, Gral. Juan F. Azcárate, Gral. Gabriel Guevara, Sr. Raúl Gutiérrez, Sr. Manuel Sordo e Ing. Carlos Lützner.

Programa de mano (Colección programas de mano, Biblioteca de las Artes).

Escenografía y escena de *La verdad sospechosa* de Juan Ruiz de Alarcón en la inauguración del Palacio de Bellas Artes, 1934 (Fondos especiales, Biblioteca de las Artes).

Comentarios finales y conclusiones

Comentarios finales
y conclusiones

La información obtenida ha permitido, en algunos casos, decir más acerca de lo que enmarca y rodea la existencia de alguno de los grupos, que sobre la parte interna de los mismos. Las reseñas periodísticas a veces crean una imagen clara de una puesta en escena, pero no dicen mucho de la cotidianidad del grupo.

Se ha podido exponer ampliamente la mala relación de Usigli con la prensa. Se han presentado extensamente las pretensiones de Seki Sano y sus programas de estudio para establecer una escuela teatral. Y se ha mostrado buena parte de la forma de trabajo de La Linterna Mágica.

Una cuestión por aclarar es la siguiente: a lo largo del trabajo se les ha nombrado *grupos*, pero sólo en el sentido de agrupación, como conjunto de personas, ya que ese término no tiene el significado que adquirió en los años sesenta y setenta del siglo XX, cuando el teatro de grupo estaba ligado al teatro político, de agitación, de propaganda, a la dirección colectiva y a la autogestión.

Como se ha visto, cada uno de los directores-promotores realizó su proyecto. Se puede decir que Wagner y Retes fueron los más exitosos, en cierto sentido. El primero, con Teatro Panamericano, sobrevivió seis temporadas efectuadas de 1939 a 1943. El segundo, con La Linterna Mágica, alcanzó tres temporadas de 1946 a 1948. El menos exitoso, Usigli, no finalizó la temporada planeada. Seki Sano, más que llevar a cabo puestas en escena en ese periodo, recién llegado a México, logró poner las bases de una escuela teatral. Idea que estaba presente y permeaba el trabajo de los cuatro directores.

En cuanto al patrocinio, Teatro Panamericano contó al principio con el apoyo del Departamento del Distrito Federal y de una institución teatral de Estados Unidos, y más tarde, con recursos de varias empresas y residentes de la colonia estadunidense. Teatro de las Artes y La Linterna Mágica estuvieron sostenidos por el Sindicato Mexicano de Electricistas. En tanto que Teatro de Medianoche fue favorecido por un patronato y acogido por una sala cinematográfica, por lo que realizar dicha empresa debe estimarse como un valioso intento del ímpetu de Usigli.

Fernando Wagner pretendía conjuntar, por medio del espectáculo teatral, al público de dos hablas diferentes. Ciertamente durante toda la existencia de Teatro Panamericano asistió público anglófono y mexicano, y después de dos temporadas, para Wagner fue evidente que el público a quien debía dirigirse eran residentes de habla inglesa y turistas. No obstante, cierto público mexicano siguió asistiendo. Éste contaba con características propias: estaba constituido por personas que tenían conocimiento del idioma inglés y con cierto nivel económico, puesto que sin problema podían pagar de uno a cuatro pesos, costo de los boletos de entrada a Bellas Artes, precios altos con relación a los demás teatros y a las salas cinematrográficas; boletos costosos aun para espectáculos presentados en el propio Palacio.

En cuanto a la calidad de la producción de Teatro Panamericano, cabe destacar la elección de las obras, que para algunos comentaristas fueron bastante novedosas debido a la ágil técnica de presentar los diálogos con frases cortas. De las descripciones que se encuentran en las reseñas periodísticas sobre los montajes de Fernando Wagner, se puede percibir que empleó de manera particular y novedosa elementos del espacio escénico y de la escenografía. Por ejemplo, colocar un escenario en varios niveles y dar profundidad al escenario por medio del manejo de la iluminación, creando contrastes y produciendo efectos de luz. Cabe aquí el comentario de Ludwik Margules cuando dice que el aporte de Wagner fue "la composición escénica",[1] lo cual casa con la crítica del momento que señaló la excelente y moderna técnica de dirección.

[1] Brígida Murillo, *op. cit.*, p.182.

Por otra parte, llama la atención que ninguna crónica refiera desacuerdos entre los actores y el director, ya que consiguió que algunos actores estadunidenses continuaran trabajando con él durante varias temporadas. Esto lleva a pensar que el ambiente de trabajo creado por Wagner facilitó esa convivencia. Además, se colige que sabía coordinar un conjunto de personas. Por lo demás, la crítica enaltece su carácter y fortaleza para continuar con el proyecto.

Con relación al Teatro de las Artes, se puede señalar que Seki Sano logró dos cosas muy importantes: por una parte, ser la primera escuela en México que introdujo sistemáticamente las teorías teatrales de los maestros rusos Stanislavski y Meyerhold, con lo cual se ponían las bases de una actuación realista inspirada en el sistema stanislavskiano y, en consecuencia, formar actores con ese método. Además, brindó a sus alumnos las herramientas para emplear y jugar con el espacio escénico de forma consciente, convirtiendo al actor en un elemento fundamental para la transformación en la manera de mostrar la representación teatral. Es decir, por un lado los alumnos de Seki Sano aprendieron una nueva forma de actuar, de manera vivencial; por otro, aprendieron a usar el espacio, su espacio escénico, de forma consciente, lo que dio pie a la formación de directores, labor que Seki Sano desarrolló a lo largo de su vida en los diferentes centros educativos que fundó, o a los que fue invitado para impartir sus cursos.

También hay que destacar que Seki Sano fue coherente con su propuesta artísitca y con su postura ideológica, al pretender un teatro comprometido con el público (es decir, los trabajadores); que no buscaba el lucro ni la fácil diversión, ni el simple entretenimiento. Como bien lo planteó en su manifiesto, contribuyó a la creación de una escuela de arte teatral como base de un teatro digno, primero en la ciudad de México, más tarde en otros lugares del país, ya que sus alumnos fueron los difusores de sus enseñanzas. Entre ellos podemos mencionar a Lola Bravo y Rodolfo Valencia.

En cuanto al Teatro de Medianoche, Usigli, en sus escritos de 1940 y 1961, determinó lo valioso que éste había sido como un ensayo de teatro semiprofesional, cuyas innovaciones fueron la desaparición de la concha del apuntador y la utilización de decorados convertibles y en volumen.

Lo llama teatro semiprofesional porque conjuntó actores profesionales y aficionados. Para los jóvenes principiantes, Teatro de

Medianoche debió de ser un lugar de aprendizaje, pero este aspecto no se puede valorar contundentemente por su corta existencia y la falta de información.

En cuanto a las innovaciones, Usigli indica: "Por primera vez en México, no hubo apuntador", refiriéndose a la concha del apuntador. Pero ésta es una afirmación poco precisa. Es verdad que en los teatros de compañía comercial aún era corriente el uso de la misma, pero desde el Teatro de Ulises, en 1928, la concha había desaparecido y al menos los grupos experimentales posteriores se habían deshecho de ella. Más aun, desde los años treinta en puestas en escena presentadas en el Palacio de Bellas Artes, también había sido lanzada fuera del escenario.

El aspecto de los decorados fue señalado por Usigli y al respecto anotó: "construí un decorado convertible, todo en volumen […] Hubo puertas golpeables…" Aquí cabría hacer alguna consideración: el director aún continua utilizando el término decorado, el cual más bien remite a los telones y no a los trastos escenográficos, que fueron construidos para las puestas en escena, como lo testimonia Ignacio Retes, cuando nos cuenta que usaron mamparas o maderas unidas con bisagras a manera de paredes. En la pared, dice: "se aplicaba una ventana y esa ventana era un hueco y en él se aplicaba la galería o las cortinas simplemente".[2] En otro hueco se adosaba la puerta que abría y cerraba. Por eso Usigli destaca que todo era en volumen.

En consecuencia, durante el estreno de la temporada los espectadores vieron un escenario formado por trastos escenográficos de uso múltiple. De acuerdo con la composición espacial, representaban el interior de una casa donde las ventanas podían verse, con su galería y cortinas, y las puertas abrían y cerraban como en cualquier casa.

Pero cabe aclarar que ya se habían vistos montajes con volumen; por ejemplo en *La verdad sospechosa* (1934), cuando se inauguró el Palacio de Bellas Artes, donde Carlos González realizó una escenografía en tercera dimensión.

Con relación a la frase usigliana "Todas esas innovaciones […] fueron pisoteadas por amigos y crítica", habría que ubicarla y matizarla. En páginas anteriores se han leído los comentarios de varios

---

[2] Entrevista a Ignacio Retes, por Guillermina Fuentes, 1 de julio de 1999.

cronistas asistentes a las funciones. Sus comentarios poco o nada mencionan esas innovaciones; el único en hacerlo es el periodista de *El Redondel,* Icaza, quien alude a la desaparición de la concha del apuntador. Él, como los demás, hace más señalamientos a la dramaturgia y la actuación, características principales de la crítica de entonces.

No obstante, habría que resaltar el hecho de que las obras de autor mexicano fueron bastante aplaudidas por esa crítica que, de alguna manera, Usigli desdeñaba y con la cual estaba en controversia constantemente.

Al preguntarle a Retes ¿cuál fue la herencia más relevante de Teatro de Medianoche?, respondió:

> Intentar una empresa de esa naturaleza en el México de entonces o en cualquier otro México. Es una hazaña, es un acto de voluntad, de tenacidad, de reciedumbre, de consistencia de un individuo, que por las buenas, por las malas, con chismes, con pleitos, con alianzas, logró algo muy difícil en nuestro país y no deja de tener su valor. Hay un lado positivo, que es simplemente el hecho de que haya existido.[3]

Desde cierto punto de vista, Retes tiene razón, ya que el ambiente teatral se ha caracterizado por el predominio de la rivalidad, subestimación y desconocimiento de los otros. Sin embargo, más allá de la mera existencia del Teatro de Medianoche, en verdad, ¿qué fue lo novedoso? Como se ha visto, las novedades que Usigli había ponderado no lo fueron totalmente. Quizá el uso de trastos escénicos convertibles sería lo relevante, a pesar del testimonio de Agustín Lazo quien apunta su poca eficacia.

Otro elemento que Usigli presenta como novedoso es el uso de cuadros o pinturas de renombrados creadores en escena. Quizá si éstos hubieran sido elemento clave en el desarrollo de las obras, sería importante destacarlo. Por lo demás, varios pintores importantes, más que prestar sus cuadros para que estuvieran en el escenario, habían sido escenógrafos en el Ulises y en el teatro de Orientación; por ejemplo Julio Castellanos, Montenegro o Lazo. Por desgracia, ningún testigo las refiere. Agustín Lazo es el único que hace señalamientos sobre lo visual, y sus comentarios más bien devalúan la presencia de esos cuadros.

[3] *Ibid.*

Se puede decir que Teatro de Medianoche fue un intento falli-
do con relación a las expectativas de Usigli. Sin embargo, lo positivo de la empresa fue la presencia mayoritaria de autores mexicanos, en oposición a sus intenciones, puesto que había planeado un
repertorio con un número mayor de dramaturgos extranjeros. Paradójicamente, también resultó que la crítica trató bastante mejor
a las obras mexicanas que a las extranjeras, punto que Usigli no
pudo ver en 1940 ni aun en 1961.

En cuanto a lo que rodea a los protagonistas del Teatro de Medianoche –lo metateatral–, llama la atención que una revista como
Letras de México, principalmente literaria, haya dado cobertura al asunto del fracaso de la agrupación de Usigli. Para la época y para el medio intelectual no es una situación extraña. Celestino Gorostiza cuenta
que el Café París fue la sede más importante de escritores, músicos y
artistas entre los años treinta y cuarenta.

> Allí se reunían, dice, en una mesa presidida por Octavio Barreda [...]
> todos los colaboradores de *Letras de México* y de *El hijo pródigo*. En
> realidad allí se planeaban y hacían esas revistas. Entre broma y chiste,
> entre el humo del café y de los cigarros allí llegaban sucesiva y alter-
> nativamente con sus originales, Ermilo Abreu Gómez, Rodolfo Usigli
> [...] José Luis Martínez, Octavio Paz, Joaquín Diez Canedo, Jorge
> González Durán, Alí Chumacero [...] y muchísimos más [...] A veces
> la peña se dividía en tres, cuatro o seis mesas, atiborradas de parro-
> quianos que circulaban constantemente de una a otra. Había tam-
> bién las mesas de los españoles: León Felipe, [...] Max Aub [...] Había
> otras mesas de los escritores políticos: José Mancisidor, los hermanos
> Zapata Vela [...], y algunos otros sin contar a los jóvenes o viejos que
> aspiraban a alternar con alguna de las peñas o que tenían la preten-
> sión de que algunos de sus trabajos fueran leídos y publicados.[4]

En este marco de relaciones laborales, sociales, intelectuales e inter-
personales es lógico que el director de la revista juzgara oportuno
y conveniente realizar una encuesta para ventilar y ver si era posible llegar a conclusiones respecto de las causas del fracaso del Teatro de Medoianoche.

En cuanto a La Linterna Mágica, su organizador, Ignacio Retes,
declaró de forma oral haber hecho teatro como un oficio que le

---

4   Celestino Gorostiza, *El trato con escritores*, México, INBA, 1964, pp. 111-112.

permitiera expresarse y, de manera escrita, aspiraba superar la tradición de los teatros experimentales. Los cronistas contemporáneos dan cuenta de ello por medio de comentarios favorables o sorprendentes respecto de lo espectacular. Es decir, Retes supo poner en escena con eficacia lo que Lazo llamó "la presentación visual, efectiva conquista de los teatros experimentales".

Pero su principal objetivo era "encontrar un autor dramático propio". Por ello, en sus tres temporadas eligió una obra de autor nacional, lo cual ajustaba con el ideal de "encontrar a México, descubrirlo, amarlo"; lema tomado de José Tomás de Cuéllar, a quien emula al nombrar al grupo La Linterna Mágica. Y encuentra en la persona de José Revueltas a su dramaturgo, de quien monta *Israel* en la última temporada, y con quien años después debutara como profesional con la obra *El cuadrante de la soledad*.

También Retes ha dicho que fundó La Linterna Mágica porque quería poner en práctica las enseñanzas de sus maestros Usigli y Seki Sano; además, quería retribuir a la sociedad a la que pertenecía a través de la expresión teatral. Su adhesión al SME le permitía colaborar en la superación cultural y artística de los trabajadores. Por ello las obras que presentó contenían un mensaje político. Con las puestas en escena de Retes uno puede advertir las enseñanzas de Seki Sano, sobre todo lo que se refiere a la veracidad y manejo del espacio, de los actores y la elección de las obras, que eran de interés social, de acuerdo con sus testimonios y los de la crítica que recibieron las obras.

Cuando los cuatro directores hicieron declaraciones con relación al porqué de su interés en llevar a cabo estas empresas, hablaron de un nuevo teatro. Entonces, sus intenciones eran mostrar otra manera de lo que se veía en el escenario, otra espectacularidad, otra teatralidad. Esto es muy claro en Seki Sano, quien cuando llega a México cuenta con una trayectoria como director teatral. Por ello lo primero que hizo fue fundar una escuela para formar y contar con el material humano que le permitiera llevar a escena esa teatralidad.

Fuentes de consulta

Fuentes de consulta

Archivos

Fondo especial Armando de Maria y Campos, en la Biblioteca de las
  Artes del Centro Nacional de las Artes.
Carpeta 1940, sección de Teatro del Ballet de Bellas Artes.
Carpeta 1941.

Bibliografía

Alcaraz, José Antonio, "Un siglo de teatro 1900-1950: de la colonia a
  la modernidad", en *Escenario de dos mundos, inventario tea-*
  tral de Iberoamérica, t. 3, Madrid, Centro de Documentación
  Teatral, 1988.
Alonso, Enrique, *Conocencias*, México, Escenología, 1999.
Aslan, Odette, *El actor en el siglo xx, evolución de la técnica, problema*
  ético, pról. Xavier Fábregas, Barcelona, Gustavo Gili (Col. Comunicación visual), 1979, 359 pp.
Ávila, José Luis, "Sociedad y cultura", en *Nueva burguesía (1938-1957)*,
  de México un pueblo en la historia, 2a. ed., México, Alianza Edi-
  torial Mexicana (Col. El libro de bolsillo), 1990.
Baty, Gaston, y Rene Chavance, *El arte teatral*, 2a. ed., México, FCE (Col.
  Tezontle), 1992.

Blanco, José Joaquín, "Medio siglo de literatura en México", en *Política cultural del Estado mexicano*, México, CEE-GEFE, 1983.

Braun, Edward, *El director y la escena, del naturalismo a Grotowski*, Buenos Aires, Galerna, 1986.

Bravo, Lola, "Así llegué a la luna…", en *Seki Sano*, México, CNCA-INBA, 1996.

Carbonell, Dolores, y Luis Javier Mier Vega, *3 crónicas del teatro en México*, México, INBA-Katún, 1988.

Casas Olloqui, Argentina, *Mi vida con Rodolfo Usigli. De secretaria a embajadora*, México, Editores Mexicanos Unidos, 2001.

Ceballos, Edgar, *Las técnicas de actuación en México*, México, Grupo Editorial Gaceta, 1993.

Contreras Soto, Eduardo, "Danzando del campo a la ciudad. Lo dramático en la música de *La Coronela* y *El Chueco*", en *La danza en México visiones de cinco siglos. Ensayos históricos y analíticos*, vol. 1, México, CNCA-INBA-CENIDI-Escenología, 2002.

Corcuera, Sonia, *Voces y silencios en la historia, siglos XIX y XX*, México, FCE, 1997.

Crespo, Horacio, *et al.*, *El historiador frente a la historia, corrientes historiográficas actuales* (Serie divulgación, núm. 1), México, UNAM-IIH, 1992.

Florescano, Enrique, *La historia y el historiador* México, FCE (Fondo 2000 Cultura para todos), 1997.

Fuentes Ibarra, Guillermina, "Los grupos teatrales de los años cuarenta, ¿Experimentales, vanguardistas, renovadores o …?", ponencia presentada en el segundo Congreso de Investigación Teatral de la AMIT, 1997, inédito.

———, y Sonia León Sarabia, "Contexto histórico y espectacular 1930-1952", México, inédito, 1993.

González Peña, Carlos, *El alma y la máscara*, México, Stylo, 1948.

Hobsbawm, Eric, *Historia del siglo XX, 1914-1991*, Barcelona, Grijalbo (Col. Crítica, serie mayor), 1995.

———, *Sobre la historia*, Barcelona, Grijalbo Mondadori (Col. Crítica), 1998.

Ita, Fernando de, "De Seki Sano a Luis de Tavira: itinerario de la puesta en escena", en *Escenario de dos mundos, inventario teatral de Iberoamérica*, t. 3, Madrid, Centro de Documentación Teatral, 1988.

Jiménez, Sergio, y Edgar Ceballos, *Teoría y praxis del teatro en México (especulaciones… en busca de escuela)*, México, Grupo Editorial Gaceta, 1982.

José Agustín, *Tragicomedia mexicana 1, La vida en México de 1940 a 1970*, México, Planeta, 1990.

Le Goff, Jacques, *Pensar la historia. Modernidad, presente, progreso*, trad. Marta Vasallo, Barcelona, Paidós (Col. Paidós básica), 1991.

López Rangel, Rafael, *Enrique Yáñez en la cultura arquitectónica mexicana*, México, Limusa-UAM, 1989.

Magaña Esquivel, Antonio, *Sueño y realidad del teatro*, México, INBA, 1949.

———, "La Linterna Mágica", en *Sueño y realidad del teatro*, México, INBA, 1949.

———, *Medio siglo de teatro en México (1900-1961),* México, INBA-Departamento de Literatura, 1964.

———, *Los teatros de la ciudad de México*, México, DDF, 1974.

———, *Imagen y realidad del teatro en México (1533-1960)*, (comp., ed. y notas Edgar Ceballos), México, CNCA-INBA-Escenología, 2000.

Maria y Campos, Armando de, *Memoria de teatro, crónicas (1943-1945)*, México, Populares, 1940.

———, *Crónicas de teatro de hoy*, México, Botas, 1941.

———, *Veintiún años de crónica teatral en México*, 4 t. (comp. Beatriz San Martín, edición, introd., notas e índice onom. Martha Julia Toriz P.), México, INBA-IPN, 1999.

Mendoza López, Margarita, *Primeros renovadores del teatro en México 1928-1941*, México, IMSS, 1985.

Meyer, Lorenzo, y Héctor Aguilar Camín, *A la sombra de la Revolución mexicana*, México, Cal y Arena, 1989.

Micheli, Mario de, *Las vanguardias artísticas del siglo XX*, 3a. ed. (trad. Ángel Sánchez), Gijón, Madrid, Alianza Forma, 1983.

Millán Carranza, Jovita, *A través de las crónicas de Rafael Solana,* CD, México, CNCA-INBA (Col. Biblioteca digital CITRU), 2005.

Muncy, Michele, *El teatro de Salvador Novo, estudio crítico*, México, INBA, 1976.

Murillo Trejo, Brígida, "La labor teatral de Seki Sano en México: 1939-1966, como maestro y director escénico", tesis de licenciatura en literatura dramática y teatro, México, UNAM-FFL, 1996.

Novo, Salvador, *Dos años y medio del* INBA. *Fundación del Departamento de Teatro*, México, INBA, 1950.

—————, *La vida en México en el periodo presidencial de Lázaro Cárdenas* (comp. y notas José Emilio Pacheco), México, INAH-CNCA, 1994.

—————, *La vida en México en el periodo presidencial de Manuel Ávila Camacho* (comp. y notas José Emilio Pacheco), México, INAH-CNCA, 1994.

—————, *La vida en México en el periodo presidencial de Miguel Alemán Valdés* (comp. y notas José Emilio Pacheco), México, INAH-CNCA, 1994.

—————, *¿Qué pasa con el teatro en México?*, México, Novaro, 1966.

Palazón, María Rosa, *Filosofía de la historia,* Barcelona, Universidad Autónoma de Barcelona-UNAM, 1990.

Peña, Sergio de la, y Francisco Javier Guerrero, "4. Los frutos de la revolución (1921-1938)", en *México, un pueblo en la historia* (Enrique Semo, coord.), 2a. ed., México, Alianza Editorial Mexicana (Col. El libro de bolsillo), 1990.

Prida, Pablo, *… Y se levanta el telón. Mi vida dentro del teatro*, México, Botas, 1960.

Quirarte, Vicente, *Elogio de la calle. Biografía literaria de la ciudad de México, 1850-1992*, México, Cal y Arena, 2001.

Sano, Seki, adaptación de "La rebelión de los colgados", en *Teatro de la Revolución mexicana*, México, Aguilar, 1982.

Sheridan, Guillermo, *Los contemporáneos ayer*, 1a. reimp., México, FCE, 1993.

Talens, Jenaro, *et al.*, *Elementos para una semiótica del texto artístico*, Madrid, Cátedra, 1978.

Tzevi, Medin, *El sexenio alemanista, ideología y praxis política de Miguel Alemán*, México, ERA (Col. Problema de México), 1990.

Usigli, Rodolfo, *Itinerario de autor dramático*, México, FCE, 1940.

—————, *Anatomía del teatro*, México, s/e, 1967.

Valdés, José Santos, "Apuntes para una historia de un teatro de los electricistas", documento mecanoescrito.

Varios autores, *El trato con escritores*, México , INBA, 1964.

—————, *Seki Sano*, México, CNCA-INBA, 1996.

Wagner, Aimée, "Fernando Wagner (1906-1973)", documento mecanoescrito, archivo personal.

————, "El Teatro Panamericano", ponencia presentada en el segundo Congreso de Investigación Teatral de la AMIT, 1997, mecanoescrito.

————, "*Expresident* de Emmet Lavery y *Enterrad a los muertos de Irving Shaw*: dos obras que le fueron vetadas al Teatro Panamericano", ponencia presentada en el XI Congreso de Investigación Teatral de la AMIT, 1997, mecanoescrito.

Wagner, Fernando, *Técnica teatral*, prol. Guillermo Díaz-Plaja, México, Labor Mexicana, 1952.

————, *Teoría y técnica teatral*, 4a. ed., México, Editores Mexicanos Unidos, 1997.

Wein, Susana, "Seki Sano el director teatral, un primer acercamiento", en *Seki Sano*, México, CNCA-INBA, 1996.

Hemerografía

Álvaro Tonio, y José Luis Tapia, "¡Arriba el telón!", *La Prensa*, México D. F., 7 de marzo de 1940, p. 18 [Teatro de Medianoche].

AMH, "Columnas del Periquillo", en *El Nacional*, 24 de marzo de 1940, p. 3 [Teatro de Medianoche].

Anuncio, *Excélsior*, 2a. secc., 1 de marzo de 1940, p. 2.

————, *Excélsior*, 2a. secc., 4 de marzo de 1940, p. 2.

————, *La Prensa, diario ilustrado de la mañana*, 3 de julio de 1936, p. 7 [Teatro de Medianoche].

————, *La Prensa,* 1 de marzo de 1940, p. 23 [Teatro de Medianoche].

————, *La Prensa*, 7 de marzo de 1940, p. 20 [Teatro de Medianoche].

————, *La Prensa*, 8 de marzo de 1940, p. 20 [Teatro de Medianoche].

————, *La Prensa*, 9 de marzo de 1940, p. 16 [Teatro de Medianoche].

————, *La Prensa*, 9 de marzo de 1940, p. 23 [Teatro de Medianoche].

————, *La Prensa*, 22 de marzo de 1940 p. 16 [Teatro de Medianoche].

————, *La Prensa*, 23 de marzo de 1940, p. 16 [Teatro de Medianoche].

—————, *La Prensa,* 26 de marzo de 1940, p. 16 [Teatro de Medianoche].

"Anuncios y presencias", *Letras de México*, vol. 11, núm. 15, 15 de marzo de 1940, p. 1 [Teatro de Medianoche].

Basurto Luis G., "El teatro experimental en México", *Hoy*, 1 de junio de 1940, p. 66.

—————, "Panorama escénico del año 1940", *Excélsior*, 1 de enero de 1941, sección III, p. 14.

Brun, Josefina, "Ignacio Retes 40 años en escena (1a. parte 1937-1950)", *Escénica, revista de teatro de la* UNAM, época 1, núms. 6-7, abril de 1984, pp. 20-30.

—————, "El teatro universitario de la UNAM", *Escenario de dos mundos, inventario teatral de Iberoamérica*, t. 3, Madrid, Centro de Documentación Teatral, 1988, pp. 159-171.

Calvo Hernando, Manuel, "Cuarenta años de teatro en México", *Cuadernos Hispanoamericanos*, núm. 29, 1956, pp. 400-402.

Cantón, Wilberto, "Balance teatral 1954", *Panorama del teatro en México*, año 1, núm. 6, enero de 1955, pp. 50-54.

—————, "Bellas Artes y el teatro, un repaso de cinco decenios", *Plural*, 2a. época, vols. XVII-XIX, núm. 201, México, junio de 1980.

Carballido, Emilio, "Teatro en 1951", *Arte*, México, núm. 1, 1952, pp. 9-12.

—————, "Bellas Artes y el teatro, un repaso de cinco decenios", *Plural*, 2a. época, vols. XVII-XIX, núm. 201, junio de 1988, pp. 20-25.

Carbonell, Dolores, y Luis Javier Mier, "Seki Sano, crónica de un director japonés asentado en México", *Escénica*, nueva época, núm. doble, noviembre-diciembre de 1991-enero-febrero de 1992, pp. 86-89.

Castro, Rosa, "Medio siglo de teatro en México", *Hoy*, núm. 696, 24 de junio de 1950, pp. 26-29.

—————, "Mientras el teatro agoniza", *Hoy*, núm. 748, 23 de junio de 1951, pp. 22-25 y 66.

"Charity play good success", *Excélsior*, 2a. secc., 23 de julio de 1943, p. 4 [Teatro Panamericano].

"Columnas del periquillo", *El Nacional*, 17 de marzo de 1940, p. 3.

—————, *El Nacional*, 7 de abril de 1940, p. 3 [Teatro de Medianoche].

—————, *El Nacional*, 14 de abril de 1940, p. 3 [Teatro de Medianoche].

—————, *El Nacional*, 21 de abril de 1940, p. 3 [Teatro de las Artes].

—————, *El Nacional*, 28 de abril de 1940, p. 3 [Teatro de Medianoche].

—————, *El Nacional*, 16 de junio de 1940, p. 3 [Teatro de las Artes].

—————, *El Nacional*, 7 de julio de 1940, p. 3 [Teatro de Medianoche].

—————, *El Nacional*, 14 de julio de 1940, p. 3 [Teatro Panamericano].

"Cuarenta años del Palacio de Bellas Artes", *Revista de Bellas Artes*, 2a. serie, núm. 17, México, sept.-oct. de 1979, pp. 12-17.

Cucuel, Madeleine, "Seki Sano y el teatro de México, los primeros años 1939-1948", *Tramoya, cuaderno de teatro*, Universidad Veracruzana, nueva época, núm. 39, abril- junio de 1994, pp. 42-59.

Dauster, Frank, "La generación de 1924: el dilema del realismo", *Latin American Theatre Review*, 18/2, primavera de 1985, pp.13-22.

Diez Canedo, Enrique, "Una santa y una muñeca", *Jueves de Excélsior*, 11 de junio de 1942, p. 5.

—————, "Por los teatros. Teatro de México. Teatro en inglés", *Excélsior*, 2a. secc., 2 de agosto de 1943, p. 2.

El Ilustrado, México, 9 de mayo de 1935, p. 20 [Teatro Panamericano].

Elizondo [Teatro de Medianoche], *Excélsior*, 2a. secc., 1 de marzo de 1940, p. 2.

—————, "Notas teatrales", *Excélsior*, 2a. secc., 4 de marzo de 1940, p. 2 [Teatro de Medianoche].

"El pez que fuma. Farándula", *Letras de México*, vol. 11, núm. 16, 15 de abril de 1940, p.10.

"El pez que fuma. Pantomima acuática", *Letras de México*, vol. 11, núm. 17, 15 de mayo de 1940, p. 6.

"El teatro del Aire", *Hoy*, 29 de abril de 1939, p. 47.

"El Teatro de Media Noche", *Romance*, México, 1 de abril de 1940, p. 15.

"Encuestas. El Teatro de Media Noche", *Letras de México*, núm. 18, vol. II, 15 de junio de 1940, pp. 9-10.

Estrada, José, "El no teatro mexicano", *Mundo Nuevo*, Francia, núm. 3 de septiembre de 1966, pp. 60-61.

Excélsior, 2a. secc., 2 de marzo de 1940, p. 9 [Teatro de Medianoche].

Fuentes Ibarra, Guillermina, "Dos grupos teatrales y la ciudad de México en 1940", *Documenta Citru*, México, CITRU-INBA, noviembre de 1996, pp. 106-112.

—————, "Datos curiosos acerca de cómo se hacían los comentarios teatrales a principios del siglo XX", *Educación Artística*, INBA, 1994, pp. 51-52.

González de Mendoza, J. M., "Columnas del Periquillo", *El Nacional*, 10 de marzo de 1940, p. 3 [Teatro de Medianoche y Teatro Panamericano].

Gorostiza, Celestino, "Panorama del teatro en México", *Cuadernos Americanos*, año XVI, núm. 6, México, noviembre-diciembre de 1957, pp. 250-261.

—————, "Apuntes para una historia del teatro experimental", *México en el Arte*, núms. 10-11, 1950, pp. 23-30.

Herce, Félix, "Caleidoscopio teatral", *Jueves de Excélsior*, 15 de enero de 1948, p. 26.

Indiana, "Teatrales. Tendremos teatro experimental", *El Universal Gráfico*, 12 de septiembre de 1940, p. 16.

Jaramillo, Salvador, "Fernando Wagner", en *Los maestros de actuación en México*, suplemento de *La Cabra, revista de teatro*, III época, núms. 25-26, octubre-noviembre de 1980, pp. II-VI.

Kirk, Betty, "Theatre down Mexico way", *The New York Times*, 27 de julio de 1941, p. 1.

"Los trabajos de Ulises", *Revista Ulises*, núm. 6, México, febrero de 1928, p. 38. Edición facsimilar, México, FCE, 1980.

"Lumière dice…", *Jueves de Excélsior*, 6 de junio de 1940, p. 8 [Teatro Panamericano].

—————, *Jueves de Excélsior*, 14 de noviembre de 1940, p. 32 [Teatro Panamericano].

—————, *Jueves de Excélsior*, 21 de noviembre de 1940, p. 8 [Teatro Panamericano].

—————, *Jueves de Excélsior*, 28 de noviembre de 1940, p. 24 [Teatro Panamericano].

—————, *Jueves de Excélsior*, 13 de febrero de 1941, p. 16 [Teatro Panamericano].

—————, *Jueves de Excélsior*, 8 de octubre de 1942, p. 37 [Teatro de las Artes].

López C., Julio C., "Guiones de teatro. Grupos experimentales precursores: Teatro de Ulises", *Signos, el arte y la Investigación*, México, INBA, 1989.

Magaña Esquivel, Antonio, "Usigli en el teatro", *Letras de México*, año VII, núm. 2, 15 de febrero de 1943, p. 4.

————, "El Teatro. Seki Sano y el teatro de la Reforma", *Suplemento de El Nacional*, 1949, s/p.

Marco Aurelio, "Teatros", *El Ilustrado*, México, 13 de junio de 1940, p. 34 [Teatro Panamericano].

Margules, Ludwik, "De la crisis, agonía y oficio de la farándula. Apuntes para una historia del devenir teatral de México", *Repertorio, revista de teatro de la Universidad de Querétaro*, 27 de septiembre de 1993, pp. 4-9.

Maria y Campos, Armando de, "El ritmo del teatro. Bontempelli, por el Teatro Orientación", *Hoy*, núm. 71, 2 de julio de 1938, p. 52.

————, "El ritmo del teatro. El teatro Panamericano de Fernando Wagner", *Hoy*, núm. 126, 22 de julio de 1939, p. 90.

————, "El ritmo del teatro. Desfile de espectáculos", *Hoy*, núm. 132, 2 de septiembre de 1939, p. 85.

————, "El ritmo del teatro. Sobre la obra *No hay mal que por bien no venga* o *Don Domingo de Don Blas*", *Hoy*, núm. 136, 30 de septiembre de 1939, p. 60.

————, "México y su teatro en 1951", *Platea, revista de la actividad teatral y artística*, núms. 11-12, Buenos Aires, agosto de 1952, pp. 28-30, 69, 71.

Medina, Fernando, "La crisis y el teatro experimental en México", *Teatro*, núm. 3, Madrid, enero de 1953, p. 32.

Mendoza López, Margarita, "El teatro en la ciudad de México durante cincuenta años", *Plural*, núm. 201, junio de 1988, pp. 20-25.

Mendoza, Miguel Ángel, "Presencia del teatro en México", *Mañana*, núm. 371, México, 7 de octubre de 1950, pp. 126-127.

Montes, Francisco, "Los problemas del teatro: los teatros experimentales", *México al Día*, 1 de febrero de 1951, pp. 19-21.

Montes, Luis, "José Ignacio Retes y su Linterna Mágica", *México al Día*, núm. 436, 1 de febrero de 1947, pp. 46-47.

Mori, Arturo, "Greguerías teatrales", *Jueves de Excélsior*, 26 de mayo de 1945, p. 26.

Moya, Víctor, "Circo, maroma y teatro", *Todo*, México, 12 de diciembre de 1940, p. 60.

————, "Pasado y futuro del teatro, ¿se requiere un programa?", *Arte*, México, núm. 1, 1952, pp. 18, 23.

OCV, "Un grupo ejemplar *La linterna mágica*", *Jueves de Excélsior*, núm. 1270, 7 de noviembre de 1946, p. 20.

Poyo, Ruth, "The theatre", *Excélsior*, 17 de agosto de 1941, p. 14 [Teatro Panamericano].

"Presenting stars of Mexico's English theatre. English players offer Shaw's *Arms and man*", s/pub., 6 de mayo de 1939, s/p.

Prieto, Julio, "Los montajes teatrales en México durante los últimos 50 años", *México en el Arte*, núms. 10-11, 1950, pp. 67-80.

"Reflectores y Lentejuelas", *Jueves de Excélsior*, 14 de marzo de 1940, p. 12 [Teatro de Medianoche].

————, *Jueves de Excélsior*, 26 de diciembre de 1940, p. 40 [Teatro Panamericano].

Retes, Ignacio, "La farándula. Otro teatro", *México al Día*, núm.399, 1 de septiembre de 1945, p. 18.

Rivera, Octavio, "Imágenes del teatro mexicano contemporáneo 1950-1993 (Una exposición de fotografías y programas de mano", en *El teatro mexicano visto desde Europa*, Perpignan, CITRU-Crilaup, 1994, pp. 293-302.

Roberto *El Diablo*, "Cuatro décadas de teatro", *Revista de Revistas*, 22 de enero de 1950, s/p.

Rodríguez, Manuel José, "Teatro Panamericano, breve charla con Fernando Wagner", *Excélsior*, 27 de abril de 1939, p. 4.

RFM, "Teatrales. Una comedia 'típicamente americana' estrenada en Bellas Artes", *El Universal Gráfico*, 4 de agosto de 1939, p. 15.

————, "Teatrales. El drama más impresionante del teatro americano. Final de temporada", *El Universal Gráfico*, 26 de agosto de 1939, p. 13.

————, "Teatrales. Las mujeres sí hacen milagros o la Jettatura rota.- *Mexican Mural*", *El Universal Gráfico*, 15 de enero de 1940, p. 12 [Teatro Panamericano].

————, "Teatrales. Presentación en inglés de *¿Escombros de sueño?* de Gorostiza", *El Universal Gráfico*, 11 de marzo de 1940, p. 12 [Teatro Panamericano].

————, "Teatrales. Comedia y artistas de México en el Teatro Panamericano", *El Universal Gráfico*, 12 de agosto de 1940, p. 13.

————, "Teatrales. Eugene O'Neil en el Teatro Panamericano", *El Universal*, 2 de diciembre de 1940, p. 8.

Sada, Concepción, "El teatro en México", *Rueca*, año V, núm. 18, 1948, pp. 50-54.

Sano, Seki, "El Teatro de las Artes", *Lux, revista de los trabajadores*, núm. 5, 15 de mayo de 1940, pp. 35-38.

Solana, Rafael, "El gran público se refugia en los pequeños teatros", *El teatro en México*, México, INBA, 1958, pp. 43-44.

"Surgirá un positivo teatro de los trabajadores en el nuevo edificio social de nuestra organización. El Teatro de las Artes. Destacados artistas e intelectuales se han agrupado para colaborar con el Sindicato Mexicano de Electricistas para la realización de este importante objetivo cultural y social", *Lux, revista de los trabajadores*, enero de 1940, pp. 59-61.

"Teatrales. Estreno de *Enterrar a los muertos* en Bellas Artes", *El Universal Gráfico*, 7 de julio de 1939, p. 6.

"Teatrales. Comedia y artistas de México en el Teatro Panamericano", *El Universal Gráfico*, 12 de agosto de 1939, p. 13.

"Teatrales. Una comedia para casadas que también es para maridos", *El Universal Gráfico*, 16 de diciembre de 1940, p. 16 [Teatro Panamericano].

Teatro, boletín de información e historia, núm. 1, julio de 1954, a núms. 11-12, octubre de 1956.

"Teatro de cámara en Bellas Artes", *Jueves de Excélsior*, 5 de diciembre de 1940, p. 24 [Teatro Panamericano].

"Teatro de las Artes, habla", *Teatro de las Artes, teatro del pueblo y para el pueblo*, boletín de información núm. 1, México, mayo de 1940, 4 pp.

Teatro de las Artes, teatro del pueblo y para el pueblo, escuela del Teatro de las Artes, preparémonos para un nuevo teatro mexicano, México, 22 de mayo de 1940.

Teatro de las Artes, teatro del pueblo y para el pueblo, boletín de información núm. 2, México, septiembre de 1940.

Teatro de las Artes, teatro del pueblo y para el pueblo, boletín de información núm. 3, México, febrero de 1941.

Teatro de las Artes, teatro del pueblo y para el pueblo, boletín de información núm. 4, México, junio de 1941.

"Teatro en 1939", *Excélsior*, 1 de enero de 1940, p. 6 [Teatro de Medianoche].

"Teatros", *El Ilustrado*, México, 19 de diciembre de 1940, p. 10.

Toriz, Martha Julia, "La crisis del teatro en México en la segunda mitad de los años cuarenta. Crisis de público", *Documentacitru*, núm. 2, mayo de 1996, pp. 131-135.

"Town topics", *Excélsior*, 2 de agosto de 1941, p. 5 [Teatro Panamericano].

"Town topics", *Excélsior*, 8 de agosto de 1941, p. 5. [Teatro Panamericano].

"Town topics", *Excélsior*, 2a. secc., 12 de agosto de 1941, p. 5 [Teatro Panamericano].

"Town topics", *Excélsior*, 2a. secc., 13 de agosto de 1941, p. 5 [Teatro Panamericano].

"Town topics", *Excélsior*, 2a. secc., 16 de agosto de 1941, p. 5 [Teatro Panamericano].

"Town topics", *Excélsior*, 2a. secc., 21 de agosto de 1941, p. 7 [Teatro Panamericano].

"Town topics", *Excélsior*, 2a. secc., 24 de agosto de 1941, p. 6 [Teatro Panamericano].

"Town topics", *Excélsior*, 2. secc., 6 de julio de 1943, p. 4 [Teatro Panamericano].

"Town topics", *Excélsior*, 2a. secc., 21 de julio de 1943, p. 4 [Teatro Panamericano].

"Town topics", *Excélsior*, 2a. secc., 24 de julio de 1943, p. 5 [Teatro Panamericano].

"Town topics", *Excélsior*, 2a. secc., 28 de julio de 1943, p. 7 [Teatro Panamericano].

"Town topics", *Excélsior*, 2a. secc., 5 de agosto de 1943, p. 7 [Teatro Panamericano].

"Town topics", *Excélsior*, 31 de julio de 1943, p. 12 [Teatro Panamericano].

"Town topics", *Excélsior*, 2a. secc., 14 de agosto de 1943, p. 7 [Teatro Panamericano].

"Última función de Teatro Panamericano. Asistirán mañana al Bellas Artes, las 600 colegialas", *Excélsior*, 24 de marzo de 1940, p. 2.

Usigli, Rodolfo, "Las tres dimensiones del teatro", *México en la Cultura*, suplemento cultural de *Novedades*, 30 de julio de 1950, p. 3.

Vic, "Luces de colores", *Jueves de Excélsior*, núm. 1316, 5 de agosto de 1948, p. 29.

Villaurrutia, Xavier, "Lo increíble de Benavente…", *Jueves de Excélsior*, 23 de julio de 1942, p. 31.

Villaurrutia, Xavier, "El teatro recuerdos y figuras" *Revista de Bellas Artes*, núm. 7, enero-febrero de 1966, p. 14.

Yáñez, Dolores, "…Y llegó Seki Sano", *Maestros de actuación en México*, suplemento 1 de *La Cabra*, México, núms. 23-24, agosto-septiembre de 1980, pp. II-V.

Obras generales

Enciclopedia de México, CD, 2001.
Enciclopedia Microsoft Encarta, CD, 2000.
Pavis, Patrice, *Diccionario del teatro* (prefacio de Anne Ubersfield), Barcelona, Paidós, 1998.

Entrevistas

A José Ignacio Retes, los días 1 de julio, 7 y 23 de septiembre de 1999, realizadas por Guillermina Fuentes Ibarra.
A Josefina Lavalle, el día 24 de febrero de 2000, realizada por Guillermina Fuentes Ibarra.

Anexos

Anexos

1. Cronología

Temporadas de Teatro Panamericano

Primera temporada: abril-agosto de 1939

Obra: *Strange bedfellows* (*Extraños compañeros*) (estreno mundial)
Autor: John Mc Gee

Obra: *Arms and the man* (*Héroes*)
Autor: George Bernard Shaw

Obra: *Bury the dead* (*Enterrar a los muertos*)
Autor: Irwin Shaw

Obra: *Good by again* (*Adiós otra vez*)
Autor: Allan Scott y George Haight

Obra: *Rain* (*Lluvia*)
Autor: Colton y Randolph

Lugar: Teatro del Pueblo y Palacio de Bellas Artes

Segunda temporada: enero-marzo de 1940

Obra: *Mexican Mural*
Autor: Ramón Naya

Obra: *Boys meets girl (Muchacho conoce muchacha)*
Autor: Sam y Bella Spewack

Obra: *Night must fall (Al caer la noche)*
Autor: Emlyn Williams

Obra: *Ashes of dreams (Escombros del sueño)*
Autor: Celestino Gorostiza

Lugar: Palacio de Bellas Artes

Tercera temporada: julio-agosto de 1940

Obra: *Yes my darling daughter (Sí, mi amada hija)*
Autor: Mark Reed

Obra: *Dangerous corner (Esquina peligrosa)*
Autor: J. B. Priestley

Obra: *Mañana is another day (Mañana será otro día)*
Autor: Apstein y Morris

Obra: *The second man (El segundo hombre)*
Autor: N. S. Behrman

Lugar: Palacio de Bellas Artes

Cuarta temporada: noviembre-diciembre de 1940

Obra: *Anna Christie*
Autor: Eugene O'Neill

Obra: *Del brazo y por la calle*
Autor: A. Moock

Obra: *Pettitcoat feaver* (*Fiebre de faldas*)
Autor: Mark Reed

Lugar: Salón Verde del Palacio de Bellas Artes

Quinta temporada: julio-agosto de 1941

Obra: *You can't take with you* (*No puedes llevarlo contigo*)
Autor: Kaufman y Hart

Obra: *Ladies in retirement* (*Damas retiradas*)
Autor: Edward Percy y Reginal Denham

Lugar: Palacio de Bellas Artes

Sexta temporada: julio-agosto de 1943 (a beneficio de la Cruz Roja estadunidense)

Obra: *Three men on a horse* (*Tres hombres en un caballo*)
Autor: John Cecil Holm y George Abbott

Obra: *Blind alley* (*Callejón sin salida*)
Autor: James Warwick

Obra: *Life with father* (*La vida con papá*)
Autor: Clarence Day

Lugar: Palacio de Bellas Artes

Temporada de Teatro de las Artes

1940. Noviembre 22, 24, 26 y 29

Obras: *La Coronela, Procesional, Las fuerzas nuevas* y *Seis danzas clásicas*
Coreografía: Waldeen
Dirección escénica: Seki Sano
Lugar: Palacio de Bellas Artes

194. Mayo

Obra: *Waiting for lefty* (*Esperando al zurdo*)
Autor: Clifford Odets
Lugar: Sala de Alianza de Tranviarios

1941. Mayo 19 y 24

Obra: *La rebelión de los colgados*
Autor: Bruno Traven, adaptación al teatro por Seki Sano

Obras: *La Coronela, Procesional, Las fuerzas nuevas* y *Seis danzas clásicas*
Coreografía: Waldeen
Dirección escénica: Seki Sano
Lugar: Teatro Ocampo de Morelia

1941. Noviembre

Obra: *Esperando al zurdo*
Autor: Clifford Odets

Obra: *La rebelión de los colgados*
Autor: Bruno Traven, adaptación al teatro por Seki Sano
Lugar: Teatro del edificio del SME, durante el Primer Congreso de la Confederación Latinoamericana de Trabajadores

Temporada de Teatro de Medianoche

1940. Marzo 2

Obra: *La pregunta al destino* (comedia en un acto)
Autor: Arturo Schnitzler

Obra: *Ha llegado el momento* (comedia en un acto)
Autor: Xavier Villaurrutia

Marzo 9

Obra: *Episodio* comedia en un acto
Autor: Arturo Schnitzler, traducción de Rodolfo Usigli

Obra: *A las siete en punto* (comedia en un acto)
Autor: Neftalí Beltrán

Marzo 16

Obra: *La mañana de bodas de Anatol* (comedia en un acto)
Autor: Arturo Schnitzler

Obra: *Temis Municipal* (comedia en un acto)
Autor: Carlos Díaz Dufoó, Jr.

Marzo 23

Obra: *Encienda la luz* (comedia en un acto)
Autor: Marco Aurelio Galindo

Obra: *Vacaciones* (comedia en un acto)
Autor: Rodolfo Usigli

Marzo 30

Obra: *Vacaciones* (comedia en un acto)
Autor: Rodolfo Usigli

Obra: *Los diálogos de Suzette* (comedia en un acto)
Autor: Luis G. Basurto

Abril 13

Obra: *Si encuentras, guarda* pieza en un acto
Autor: George Kelly, trad. Marco Aurelio Galindo

Obra: *Vencidos* (comedia en un acto)
Autor: George Bernard Shaw

Lugar: Cine Rex

Temporadas de La Linterna Mágica

Temporada 1946

Septiembre 12

Obra: *Los que vuelven*
Autor: Juan Bustillo Oro

Septiembre 26

Obra: *Mariana Pineda*
Autor: Federico García Lorca

Octubre 10

Obra: *Los zorros*
Autor: Lillian Hellman

Temporada 1947

Febrero 20

Obra: *El tejedor de Segovia*
Autor: Juan Ruiz de Alarcón

Abril 17

Obra: *La silueta de humo*
Autor: Julio Jiménez Rueda

Mayo 15

Obra: *En la zona*
Autor: Eugene O'Neill

Obra: *Mozart y Salieri*
Autor: Alejandro Pushkin

Obra: *El hombre del sombrero de hongo*
Autor: A. A. Milne

Junio 1

Obra: *Santa Juana*
Autor: George Bernard Shaw

Junio 15

Obra: *La máquina de sumar*
Autor: Elmer Rice

Programada pero no representada
Obra: *La última puerta*
Autor: Rodolfo Usigli

Temporada 1948

Mayo 13, julio 29 y agosto 1, 5, 8, 12, 15

Obra: *Israel*
Autor: José Revueltas

Lugar: Local del SME

2. Programas de mano de las temporadas de Teatro Panamericano, Teatro de Medianoche y La Linterna Mágica

PROGRAMA DE MANO, CITRU (secc. Bellas Artes)
GRUPO: Pan American Theatre
ESTRENO: 3 de agosto de 1939
OBRA: *Good bye again*
AUTOR: Allan Scott, George Haight
DIRECTOR: Fernando Wagner
ELENCO: Annelies Morgan, Edward Binns, Jack Morahan, George Emerson, Vicky Ellis, Waldeen Falkenstein, Ellis Williams, Tomme Jackson, Clifford Carr, Atton Summers G., Edward Erard, Billy Frier.
TEATRO: Palacio de Bellas Artes

PROGRAMA DE MANO, CITRU (secc. Bellas Artes)
GRUPO: de Repertorio
ESTRENO: 19 de septiembre de 1939
OBRA: *Don Domingo de Don Blas* o *No hay mal que por bien no venga*, comedia en tres actos
AUTOR: Juan Ruiz de Alarcón
DIRECTOR: Rodolfo Usigli
AYUDANTE: Lucille Bowling
ELENCO: Víctor Velázquez, Carlos Riquelme, Mario Ancona, José Elías Moreno, Ernesto Ramírez, Ignacio Retes, María Enriqueta Pérez Arce, Ana María Covarruvias, Celia López Carmona, Eduardo Contreras, Federico Ochoa, Miguel Valle.

PRODUCTOR: Departamento de Bellas Artes
ESCENÓGRAFO: Julio Castellanos (decorados)
VESTUARIO: Victoria Griffith
ILUMINACIÓN: Ricardo Zedillo
TEATRO: Palacio de Bellas Artes

PROGRAMA DE MANO, CITRU, núm. 114 (secc. cronológico)
GRUPO: de repertorio, Teatro de Medianoche
ESTRENO: 9 de marzo de 1940
OBRA: *A las siete en punto*, comedia en un acto
AUTOR: Neftalí Beltrán
DIRECTOR: Rodolfo Usigli
AYUDANTE: Lucille Bowling
ELENCO: Mario Ancona, Teresa Balmaceda, Juan José Arreola, Celia Carmona, Luis Felipe, Emma Fink, Cristian Rivas.
ESCENÓGRAFO: Dorithy Bell, Henry Altner
VESTUARIO: Chardy Vázquez
TEATRO: Rex
ENTRADA: $1.50

PROGRAMA DE MANO, CITRU, núm 114 (secc. cronológico)
GRUPO: grupo de repertorio, Teatro de Medianoche
ESTRENO: 9 de marzo de 1940
OBRA: *Episodio*, comedia en un acto
AUTOR: Arturo Schnitzler, trad. Rodolfo Usigli
DIRECTOR: Rodolfo Usigli
ELENCO: Víctor Velázquez, Carlos Riquelme, Josette Simo
ESCENÓGRAFO: Dorothy Bell
VESTUARIO: Chardy Vázquez
TEATRO: Rex
ENTRADA: $1.50
En escena una pintura de Diego Rivera.

PROGRAMA DE MANO, CITRU, núm. 115 (secc. cronológico)
GRUPO: grupo de repertorio, Teatro de Medianoche
ESTRENO: 23 de marzo de 1940
OBRA: *Vacaciones*
AUTOR: Rodolfo Usigli
DIRECTOR: Rodolfo Usigli
AYUDANTE: Ignacio Retes
ELENCO: José Elías Moreno, Urruchua, Josette Simo, Ignacio Retes, Federico Ochoa, Emma Fink
ESCENÓGRAFO: Dorothy Bell (decorados)

TEATRO: Rex
ENTRADA: $1.50
En escena fotografías de Lola Álvarez Bravo

PROGRAMA DE MANO, CITRU, núm. 115 (secc. cronológico)
GRUPO: de repertorio, Teatro de Medianoche
ESTRENO: 23 de marzo de 1940
OBRA: *Encienda la luz*, comedia en un acto
AUTOR: Marco Aurelio Galindo
DIRECTOR: Rodolfo Usigli
AYUDANTE: Ignacio Retes
ELENCO: Víctor Urruchúa, Luis Felipe, Ernesto Ramírez, José Elías Moreno, Eduardo Noriega
ESCENÓGRAFO: Dorothy Bell (decoraciones y realización)
TEATRO: Rex
ENTRADA: $1.50
En escena dos pinturas de Silva Vandeira. Publicidad: Neftalí Beltrán, Difusión: XEQ

PROGRAMA DE MANO, CITRU, núm. 116 (secc. cronológico)
GRUPO: Teatro de Medianoche
ESTRENO: 30 de marzo de 1940
OBRA: *Los diálogos de Suzette*, comedia en un acto
AUTOR: Luis G. Basurto
DIRECTOR: Rodolfo Usigli
AYUDANTE: Ignacio Retes
ELENCO: Emma Fink, Mary Barquín, Teresa Balmaceda, Juan José Arreola, Carmen Pere, Ernesto Ramírez, Josette Simo, Rafael Beltrán, Mario Ancona, Mario Treviño.
ESCENÓGRAFO: Dorothy Bell (decorados y realización)
VESTUARIO: Charly Vázquez
TEATRO: Rex
ENTRADA: $2.50
En escena dos pinturas de Francisco Mus. Publicidad: Neftalí Beltrán.

PROGRAMA DE MANO, CITRU, núm. 117 (secc. cronológico)
GRUPO: de repertorio, Teatro de Medianoche
ESTRENO: 13 de abril de 1940
OBRA: *Si encuentras, guarda*, pieza en un acto
AUTOR: George Kelly, trad. Marco Aurelio Galindo
DIRECTOR: Rodolfo Usigli
AYUDANTE: Ignacio Retes
ELENCO: César Garza (actor huésped), Carmen Pere, Carmina del Llano.

ESCENÓGRAFO: Dorothy Bell
TEATRO: Rex
ENTRADA: $1.50
Publicidad: Neftalí Beltrán, Difusión: XEQ.

PROGRAMA DE MANO, CITRU, núm. 117(secc. cronológico)
GRUPO: Teatro de Medianoche
ESTRENO: 13 de abril de 1940
OBRA: *Vencidos*, comedia en un acto
AUTOR: George Bernard Shaw
DIRECTOR: Rodolfo Usigli
AYUDANTE: Ignacio Retes
ELENCO: Josette Simo, Neri Ornelas, Carmen Peré, César Garza.
ESCENÓGRAFO: Dorothy Bell (decorados y realización)
TEATRO: Rex
ENTRADA: $1.50
Publicidad: Neftalí Beltrán, Difusión: XEQ.

PROGRAMA DE MANO, CITRU, núm. 2705 (secc. Bellas Artes)
GRUPO: Teatro Panamericano
ESTRENO: 5 de agosto de 1940
OBRA: *Dangerous corner*
AUTOR: J. B. Priestley
DIRECTOR: Fernando Wagner
ELENCO: Marta de Vallarta, Jeanne Washburne, Annelies Morgan, Jocelyn Burke, Rickey Austin, Eduardo Noriega, Paul R. Brenke.
ESCENÓGRAFO: Harry Altner
TEATRO: Palacio de Bellas Artes

PROGRAMAS Y MATERIAL de Leticia Rodríguez
GRUPO: La Linterna Mágica
ESTRENO: 26 de septiembre de 1946
OBRA: *Mariana Pineda*, romance en tres estampas
AUTOR: Federico García Lorca
DIRECTOR: Ignacio Retes
AYUDANTE: Lucila Alarcón
ELENCO: Olga Jurado, Ana Demetria, Carmen Guzmán, Eugenia Bedoy, Lucila Alarcón, Guillermo Fernández, José Luis Vial, Ramón Gay, Jaime Valdés, Sergio Montero, Francisco Garay, Rafael Estrada, Aurora Rodríguez, Raúl Zarrá, José R. Molina
PRODUCTOR: Sindicato Mexicano de Electricistas, Srio. de Educación y Propaganda: Salvador Vergara Romero

ESCENÓGRAFO: Carlos y Rafael Villegas, basada en sugestiones de Jesús Bracho
CONSTRUCCIÓN: Rafael Villegas y Raúl Zarrá
ILUMINACIÓN: Gustavo Águila Navarro
MÚSICO: asesor, Carlos Jiménez Mabarak
VESTUARIO: Doris Álvarez Heyden
Realización: Consuelo M. Cruz. Masculino, cortesía Casa-Films Mundiales
TEATRO: Sindicato Mexicano de Electricistas
Horario: 21.00 hs.

INCLUYE:
Grupo de Teatro: Lucila Alarcón, Eugenia Bedoy, Ana Demetria, Gabriela Pere, Carmen Guzmán, Aurora Rodríguez, Olga Jurado, Rafael Estrada, Guillermo Fernández, Francisco Garay, José R. Molina, Sergio Montero, Damián Pisa, Rodolfo Rocha, Jaime Valdés, José Luis Vial, Raúl Zarrá.

Repertorio: *Los que vuelven*, Juan Bustillo Oro. *Mariana Pineda*, Federico García Lorca. *Los zorros*, Lillian Hellman

La Linterna Mágica agradece su cooperación a las siguientes instituciones y personas: Academía de Cinematografía de México, Luis Mario Colina Barranco, Gral. Gabriel R. Guevara, Sr. Regino Hernández Llergo, Dr. King, Sr. Raúl Lavista, Sr. José J. Reynoso, Sr. Manuel Sordo, Ing. Carlos Steiner.

En contraportada aparecen los siguientes párrafos:

LA LINTERNA MÁGICA adquiere su nombre de la obra de José Tomás de Cuéllar. Su nombre y su espíritu. Participa, tal vez con igual ingenuidad, de los mismos propósitos que impulsaron a aquel escritor: encontrar a México descubrirlo, aprender a amarlo.

Confiesa, además, su aprendizaje, adquirido en la joven tradición de los teatros experimentales de México. Se inicia, pues, bajo la tutela de dos tradiciones y aspira no sólo a constituir un grupo de teatro digno de ellas, sino a superarlas. Para lograrlo cuenta con el entusiasmo de sus actores, la proyectada continuidad de su trabajo y con la esperanza –la necesidad– de encontrar un autor dramático propio.

Ya es tradición del Sindicato Mexicano Electricistas de sostener una campaña constante en pro de la cultura de los trabajadores, abarcando algunos aspectos de la ciencia y del arte por medio del teatro, del ballet, de la música, de escuelas especiales, de ciclos de conferencias, etc., tomando estas actividades un incremento mayor por instrucciones de nuestro actual Secretario General, C. Juan Rivera Rojas, giradas a esta Sria. con el deseo de atender en forma amplia las ambiciones de superación cultural, artística y espiritual de los miembros de nuestra Organización.

PROGRAMA DE MANO, CITRU, núm. 209 (secc. cronológico)
 GRUPO: La Linterna Mágica
 ESTRENO: 1946
 OBRA: *Mariana Pineda*
 AUTOR: Federico García Lorca
 PRODUCTOR: Sindicato Mexicano de Electricistas
 TEATRO: Sindicato Mexicano de Electricistas
 Información obtenida en el prog. de mano *La silueta de humo* del 17 abril 1947, como parte del repertorio de 1946.

PROGRAMA DE MANO, CITRU, núm. 209 (secc. cronológico) 2796 (secc. Bellas Artes)
 GRUPO: La Linterna Mágica
 ESTRENO: 1946
 OBRA: *Los zorros*
 AUTOR: Lillian Hellman
 PRODUCTOR: Sindicato Mexicano de Electricistas
 TEATRO: Sindicato Mexicano de Electricistas
 Información obtenida en el prog. de mano *La silueta de humo* del 17 abril 1947, como parte del repertorio de 1946.

PROGRAMA DE MANO, CITRU, núm. 209 (secc. cronológico)
 GRUPO: La Linterna Mágica
 ESTRENO: 1946
 OBRA: *Los que vuelven*
 AUTOR: Juan Bustillo Oro
 PRODUCTOR: Sindicato Mexicano de Electricistas
 TEATRO: Sindicato Mexicano de Electricistas
 Información obtenida en el prog. de mano *La silueta de humo* del 17 abril 1947, como parte del repertorio de 1946.

PROGRAMA DE MANO, CITRU, núm. 209 (secc. cronológico) núm. 2794 (secc. Bellas Artes)
 GRUPO: La Linterna Mágica
 ESTRENO: 17 abril 1947. Temporada teatral 1947
 OBRA: *La silueta de humo*, farsa en tres actos
 AUTOR: Julio Jiménez Rueda

DIRECTOR: Ignacio Retes; de escena: Raúl Zarrá
ELENCO: Carmen Guzmán, Ana Demetria, Pilar Marchena, Rafael Estrada, Daniel Villagrán, Jaime Valdéz, Raúl Zarrá, José Luis Vial, Héctor García
PRODUCTOR: Sindicato Mexicano de Electricistas
ESCENÓGRAFO: Raúl Zarrá
VESTUARIO: Dolores Álvarez H.
TEATRO: Sindicato Mexicano de Electricistas
Cooperaron con el grupo: Academia Cinematográfica de México, Lic. Mario Colina Barranco, Agustín Guevara, Manuel Sordo y Carlos Steiner. Publicidad: Jaime Valdés.

PROGRAMA DE MANO, CITRU, núm. 209 (secc. cronológico)
GRUPO: La Linterna Mágica
ESTRENO: 1947
OBRA: *El tejedor de Segovia*
PRODUCTOR: Sindicato Mexicano de Electricistas
ESCENÓGRAFO: Juan Soriano
VESTUARIO: Juan Soriano
TEATRO: Sindicato Mexicano de Electricistas
En el programa de mano *La silueta de…* del 17 de abril de 1947, se menciona esta obra como parte del repertorio de 1947.

PROGRAMA DE MANO, CITRU, núm. 209 (secc. cronológico)
GRUPO: La Linterna Mágica
ESTRENO: 1947
OBRA: *La última puerta*
AUTOR: Rodolfo Usigli
PRODUCTOR: Sindicato Mexicano de Electricistas
ESCENÓGRAFO: Carlos Mérida
VESTUARIO: Carlos Mérida
TEATRO: Sindicato Mexicano de Electricistas
En el programa de mano *La silueta de…* del 17 de abril de 1947, se menciona esta obra como parte del repertorio de 1947.

PROGRAMA DE MANO, CITRU, núm. 246 (secc. cronológico)
GRUPO: La Linterna Mágica
ESTRENO: 27 de mayo de 1947
OBRA: *Israel*, drama en tres actos.
AUTOR: José Revueltas
DIRECTOR: Ignacio Retes, dir. escénico: Doris Álvarez Heyden
ELENCO: Eugenia Bedoy, Lucila Alarcón, Carmen Bracho, Ignacio Retes, Eduardo Licona, Rafael Estrada, Carlos Bocanegra, Fernando Balzaretti

PRODUCTOR: Sindicato Mexicano de Electricistas
ESCENÓGRAFO: Ignacio Retes, Raúl Zarrá
VESTUARIO: Doris Álvarez Heyden
MÚSICO: Carlos Jiménez Mabarak (asesor musical)
ILUMINACIÓN: Gustavo Águila Navarro y J. Valdovinos
TEATRO: Sindicato Mexicano de Electricistas
Horario: 20.00 hs.
El grupo agradece la cooperación de la Academia Cinematográfica de México, al Gral. Juan Azcárate, al Gral. Gabriel Guevara, Sr. Raúl Gutiérrez, Sr. Manuel Sordo, Ing. Carlos Steiner.

PROGRAMA DE MANO, CITRU, núm. 246 (secc. cronológico)
GRUPO: La Linterna Mágica
ESTRENO: 1947
OBRA: *La máquina de sumar*
AUTOR: Elmer Rice
PRODUCTOR: Sindicato Mexicano de Electricistas
TEATRO: Sindicato Mexicano de Electricistas
Información obtenida del programa de mano *Israel* del 27 de mayo de 1947, como parte de la temporada del mismo año

PROGRAMA DE MANO, CITRU, núm. 246 (secc. cronológico)
GRUPO: La Linterna Mágica
ESTRENO: 1947
OBRA: *Santa Juana*
AUTOR: Bernard Shaw
PRODUCTOR: Sindicato Mexicano de Electricistas
TEATRO: Sindicato Mexicano de Electricistas
Información obtenida del programa de mano *Israel* del 27 de mayo de 1947, como parte de la temporada del mismo año

Programa y material de Leticia Rodríguez

GRUPO: La Linterna Mágica
  ESTRENO: 29 de julio de 1947
  OBRA: *Santa Juana*
  AUTOR: Bernard Shaw
  DIRECTOR: Ignacio Retes. Dir. artístico: Juan Soriano.
  Ayudante dir.: Lucila Alarcón.
  ELENCO: Rodolfo Rocha, Manver, Lucila Alarcón, Armando Valdez,
  Eduardo Licona, Roberto Zámano, Liliam Ledesma, Esteban Gárdiaz,
  Fernando Balzaretti jr., Ignacio Retes, Amparo Rivelles, Carlota Conde,
  Ivone Bulle Goire, Raúl Cárdenas, Raúl Fernández, José Luis Vial,
  Guillermo Arriaga jr., Roberto Baillet, Jaime Valdés, Rafael Estrada,
  Óscar Vázquez, Carlos Bocanegra, Ricardo de la Borbolla, Armando
  Valdés, Amado Zumaya, Jorge Fuentes, Antonio Ayala, Carlos Pereda,
  Miguel Ángel Rosales, Ángel López, Carlos Martínez, Alejandro Enci-
  nas, José Lazo.
  PRODUCTOR: SME
  ESCENÓGRAFO: Ricardo Martínez de Hoyos
  VESTUARIO: Ricardo Martínez de Hoyos
  MÚSICO: asesor Carlos Jiménez Mabarak
  ILUMINACIÓN: Gustavo Águila Navarro, Isauro Garrido, Jorge Valdo-
  vinos
  TEATRO: Sindicato Mexicano de Electricistas, Calle Antonio Caso núm.
  45.
  Horario: 20.30 hs.
  Funciones: 1, 5, 8, 12, 15 de agosto

  I. R.: "*Santa Juana* muestra el genio de Shaw en su más alto grado. No
  es sólo la mejor literatura dramática que se haya escrito en nuestro
  tiempo, sino también un perfecto ensayo acerca del hombre de la
  Edad Media. Los conflictos religiosos, políticos y morales que plantea,
  siguen siendo válidos en el siglo XX. 'A nuestros pies –dice Shaw a
  través de uno de sus personajes– se abre el abismo', un abismo que
  puede conducirnos, ahora a una nueva y terrible Edad Media."

PROGRAMA DE MANO, CITRU, núm. 4634 (secc. cronológico)
núm. 2825 (secc. Bellas Artes)
  GRUPO: La Linterna Mágica
  ESTRENO: 17 de junio de 1947
  OBRA: *La máquina de sumar*, obra en siete escenas
  AUTOR: Elmer Rice

DIRECTOR: Ignacio Retes
ELENCO: Ana Demetria, Rafael Estrada, Emma Issa, Eduardo Licona, Carmen Donath, Eugenia Bedoy, Fuensanta Velarde, Fernando Balzaretti, Ricardo de la Borbolla, Germán Donath, Óscar Vázquez, Roberto Zámano, Elvira Choussal, Armando Zumaya, Carlos Bocanegra, Roberto Baillet, Jaime Ramírez.
PRODUCTOR: Sindicato Mexicano de Electricistas
MÚSICO: Carlos Jiménez Mabarak (asesor)
ILUMINACIÓN: Gustavo Águila Navarro, Jorge Valdovinos e Isauro Garrido
CRÍTICO: Ignacio Retes
TEATRO: Sindicato Mexicano de Electricistas
Horario: 20.00 hs.
El grupo agradece la cooperación de la Academia Cinematográfica de México, al Gral. Juan Azcárate, al Gral. Gabriel Guevara, Sr. Raúl Gutiérrez, Sr. Manuel Sordo, Ing. Carlos Steiner.

PROGRAMA DE MANO, CITRU, núm. 4634 (secc. cronológico)
GRUPO: La Linterna Mágica
ESTRENO: 1947
OBRA: *Israel*
AUTOR: José Revueltas
PRODUCTOR: Sindicato Mexicano de Electricistas
TEATRO: Sindicato Mexicano de Electricistas
Información obtenida del programa de mano *La máquina...* del 17 de junio de 1947, como parte de la temporada del mismo año.

PROGRAMA DE MANO, CITRU, núm. 246 (secc. cronológico)
GRUPO: La Linterna Mágica
ESTRENO: 1947
OBRA: *Santa Juana*
AUTOR: Bernard Shaw
PRODUCTOR: Sindicato Mexicano de Electricistas
TEATRO: Sindicato Mexicano de Electricistas
Información obtenida del programa de mano *La máquina...* del 17 de junio de 1947, como parte de la temporada del mismo año.

PROGRAMAS Y MATERIAL de Leticia Rodríguez

GRUPO: La Linterna Mágica

ESTRENO: 13 de mayo de 1948

OBRA: *Israel*, drama en tres actos

AUTOR: José Revueltas

DIRECTOR: Ignacio Retes; dir. artístico Doris Álvarez Heyden; ayudante dir.: L. Alarcón y J. Ramírez

ELENCO: Eugenia Bedoy, Lucila Alarcón, Carmen Bracho, Ignacio Retes, Eduardo Licona, Rafael Estrada, Roberto Baillet, Carlos Bocanegra, [con letra manuscrita de A.M. y C. Fdo (?) Bocanegra]

PRODUCTOR: SME

ESCENOGRAFÍA: Ignacio Retes y R. Zarrá.

VESTUARIO: Doris Álvarez Heyden

MÚSICO: Carlos Jiménez Mabarak (asesor); *Canto de una muchacha negra*, música de Silvestre Revueltas, letra de Langston Hughes

ILUMINACIÓN: Gustavo Águila Navarro, Jorge Valdovinos.

CRÍTICO: Ignacio Retes

TEATRO: Sindicato Mexicano de Electricistas, Antonio Caso 45.

Horario: 21.00 hs.

La Linterna Mágica agradece la cooperación prestada por las siguientes instituciones y personas: Academia Cinematográfica de México, Gral. Juan F. Azcárate, Gral. Gabriel Guevara, Sr. Raúl Gutiérrez, Sr. Manuel Sordo e Ing. Carlos Steiner

En contraportada: "El SME, cumpliendo con el programa cultural que, a indicación de su secretario Gral. Senador Juan José Rojas, viene desarrollando en forma amplia, no omite esfuerzo alguno que pueda significar elevación artística o espiritual para sus agremiados".

I. R. "Al iniciar su tercera temporada teatral bajo el patrocinio del Sindicato Mexicano de Electricistas, La Linterna Mágica, cuenta ya con lo que consideraba necesario desde que se presentó al público por vez primera: un autor dramático propio.

"JOSE REVUELTAS, el hombre mejor dotado de quienes escriben novela en México, llega al teatro por un camino nunca recorrido hasta ahora. Jugando un poco con las palabras, podría decirse que representa el primer ejemplo del dramaturgo a la inversa: del cinematógrafo regresa al teatro, de aquel arte todavía mudo –enmudecido sería mejor decir– y más todavía desde el advenimiento del sonido, vuelve a la palabra viva.

"Si semejante actitud constituye un caso insólito en cualquier país del mundo, más conmovedora y edificante resulta en México, donde ha sido y es angustiosa la situación de la verdadera poesía dramática.

"La Linterna Mágica considera a Revueltas dramaturgo propio porque él ha participado de sus inquietudes y sus deseos, ha dirigido a sus actores y ha escrito para ella no sólo *Israel*, sino otras obras que La Linterna Mágica presentará en lo futuro."

3. Escuela del Teatro de las Artes

Preparémonos para un nuevo teatro mexicano

¿Qué es la Escuela del Teatro de las Artes?

Todos reconocemos que existe en el país una grave deficiencia en la preparación de verdaderos actores teatrales. Esto se debe a que no existe en realidad, un empeño constante para crear verdaderos técnicos del teatro. Esta deficiencia debe corregirse.

Para luchar contra la tradicional deficiencia en la preparación sistemática de los actores en México, hemos iniciado una nueva forma de entrenamiento dramático basado en las técnicas universales más importantes del teatro antiguo y moderno. De este modo, por vez primera en México, actores y actrices tendrán la oportunidad de prepararse seria y profundamente para el arte teatral. Hemos inaugurado el primer Curso de la Escuela del Teatro de las Artes, con clases diarias, durante un periodo de seis meses. Este curso que prepara a los actores para las funciones inaugurales de nuestro Teatro, ha empezado el 20 de mayo de 1940, de acuerdo con el siguiente programa:

El primer curso de la Escuela del Teatro de las Artes

Programa para un curso de entrenamiento de 6 meses para actores y bailarines, seguido inmediatamente de ensayos para la inauguración del Teatro de las Artes.

(26 semanas, de mayo a noviembre de 1940; 130 días o sea 390 horas; 3 horas diarias, de 7 p.m. a 10 p.m., excluyendo sábados y domingos).

TEORÍA: (104 clases en forma de conferencias, de una hora cada una; 4 clases a la semana).

1) Historia del teatro y del drama   17 clases
Presentación concisa del teatro mundial: griego, medieval, Renacimiento, isabelino, los Clásicos francés y español, oriental, moderno etc., subrayando los momentos más culminantes en el progreso del teatro y de la dramaturgia la correspondiente relación con la sociedad de cada periodo.

2) Sistema de Stanislavski   17 clases
Exposición detallada del mundialmente famosos método de Stanislavski, como base indispensable de la escuela moderna de la actuación. Su desenvolvimiento dentro del método de Meyerhold y otras importantes escuelas contemporáneas del teatro.

3) Historia de la danza   10 clases
Resumen de los más destacados periodos de la danza a través de la historia; danza primitiva, danza pre-clásica, ballet clásico, danza europea y oriental, danza folklórica –mexicana y extranjera–, danza universal contemporánea. Estudio de estas danzas en relación con la vida de cada periodo y con las otras artes, especialmente con el teatro.

4) Historia de la música   10 clases
Conferencias ilustradas sobre la música, subrayando los diversos movimientos históricos y sus compositores, tales como: música sacra, pre-clásica –Palestrina, Buxtehude, Monteverdi–; clásica –Scarlatti, Bach, Haendel, Haydn, Mozart-; romántica –Beethoven, Schumann, Schubert–; post-romántica –Brahms, Wagner–; moderna –compositores franceses, alemanes, rusos, españoles, americanos y mexicanos.

5) Historia de la literatura   10 clases
Delineación de los más destacados movimientos y obras literarias, en relación con la sociedad de sus tiempos.

6) Historia del arte   10 clases
Conferencias ilustradas sobre el desarrollo de la pintura y la escultura a través de los siglos, subrayando aquellos artistas y obras que tienen relación profunda con la evolución de la sociedad humana.

7) Reglas de composición de las diferentes artes   5 clases
Una exposición general de las reglas comunes que existen en todas las artes y que constituyen lo esencial básico para la creación de la composición del arte. Ejemplos de cómo son aplicadas a las artes del tiempo y de espacio.

8) Herencia cultural de México   5 clases
Herencia –europea y nativa–, del pueblo mexicano en todas las artes. Cómo estudiar y absorber con discernimiento estas riquezas, con el propósito de contribuir a las artes mexicanas modernas.

9) Folklore mexicano   5 clases
Resumen del origen y desarrollo de la danza, la música, la canción, las leyendas y las artes manuales de México.

10) Conferencias sobre diferentes motivos
relacionados con el teatro   15 clases
Conferencias independientes sobre escenografía, vestuario, maquillaje, máscaras, ópera, cine, títeres, teatro para niños, iluminación, reacción del público, etc.

Total 104 clases

PRÁCTICA: 286 clases, una hora; 11 clases a la semana. (Excluyendo las 260 clases u horas que se dediquen al entrenamiento de los bailarines y que consistirán de 2 horas diarias, clases para los actores). (Dirigido por Seki Sano)

1) Ejercicios elementarios para la actuación   139 clases

a) Concentración de los nervios y los sentidos; libertad muscular, etc., como primeros requisitos para presentarse en escena   20 clases
b) Justificación de la verdad escénica   10 clases
c) Seriedad escénica (actitud en el escenario)   10 clases

d) Sentido de memoria (memoria evocadora)	20 clases
e) Improvisación	10 clases
f) Pantomima	10 clases
g) Pequeñas tareas en la actuación	10 clases
h) Pequeños bosquejos y escenas	49 clases
2) Entrenamiento de la voz	60 clases
a) Emisión	10 clases
b) Enunciación	10 clases
c) Dicción	10 clases
d) Pronunciación	10 clases
e) Fraseo teatral	20 clases

3) Entrenamiento del cuerpo de los actores
y las actrices   87 clases
(Dirigido por Waldeen)

a) Gimnasia. Flexibilidad del cuerpo. Rítmica.   24 clases
b) Ejercicios técnicos fundamentales para la pantomima y la actua-
lización: caminar sentarse, brincar, caerse, levantarse, movimientos
de reacción, etc.   27 clases
Rítmica. Gimnasia.
c) Gimnasia. Rítmica. Biomecánica basada en el método
de Meyerhold.   36 clases

Total   286 clases

Entrenamiento diario de los miembros de la sección de danza del
Teatro de las Artes
(Dirigido por Waldeen)

(260 clases, una hora cada una, 10 clases a la semana)

1) Técnica de ballet clásico   65 clases

2) Bases funadmentales sobre la técnica contemporánea
de la danza   65 clases
a) Estudio del cuerpo como unidad plástica.

b) Estudio de planes verticales y horizontales en movimiento.
c) Estudio de saltos, giros y caídas.

3) Formas y estilos históricos de la danza
en los siglos XIV a XIX   26 clases

4) Estudio del ritmo y percusión para la danza   39 clases

5) Danza folklórica –mexicana y extranjera   26 clases

6) estudio de los elementos para la composición
de la danza   39 clases

a) La dinámica en la utilización de los elementos de tiempo y de
espacio
b) Improvisación y composición

Total   260 clases

El Teatro de las Artes cuenta con magníficos técnicos y maestros del arte teatral. He aquí una gran oportunidad para todas las personas, profesionales y no profesionales, que se interesen en el teatro para que participen en esta gran obra. Usted puede llegar hasta nosotros, sin necesidad de que nadie lo presente. Tendrá los mejores entrenadores, maestros competentes y sus compañeros lo recibirán con la cordialidad de un compañero.

Desarrolle sus facultades de actor o actriz: En nuestra escuela no pagará nada.

Nuestro deseo es servir a México y a su cultura. Lo único que se pide, a cambio de esto, es entusiasmo, amor al teatro, deseo ferviente de construir un verdadero teatro mexicano.

México D. F., 22 de mayo de 1940.

4. Programa funciones extraordinarias

Teatro de las Artes

TEATRO DE LAS ARTES
"teatro del pueblo y para el pueblo"

FUNCIONES EXTRAORDINARIAS DE TEATRO Y DANZA
En ocasión del IV Centenario de la Ciudad de Morelia, Mich.

PRESENTACIÓN:

Lunes 19 y Sábado 24 de mayo de 1941.

A LAS 21 HORAS EN EL TEATRO OCAMPO

Bajo los Auspicios de la Secretaría de Educación Pública y
de la Universidad Michoacana de San Nicolás de Hidalgo.

¿QUÉ ES EL TEATRO DE LAS ARTES?

"...Indudablemente será el teatro de la Revolución Mexicana."
(Lic. Luis Sánchez Pontón, Srio. de Educación Publica).

El 1° de agosto de 1939 nació un centro de cultura accesible a todos los mexicanos: EL TEATRO DE LAS ARTES.

No es un experimento casual, sino un teatro consciente, actual; que abarca todas las ramas de las artes escénicas y por medio de ellas, trata de cristalizar la vida y las aspiraciones de México, contribuyendo de este modo, al desarrollo de un verdadero teatro mexicano.

Después de casi dos años de organización y preparación intensa y sistemática de los artistas jóvenes, EL TEATRO DE LAS ARTES presenta sus primeras obras al público.

Las funciones realizadas, en noviembre pasado, en el palacio de Bellas Artes, confirmaron con su éxito indiscutible, que el TEATRO DE LAS ARTES ya es una realidad y un organismo artístico indispensable al movimiento contemporáneo de la cultura mexicana.

EL TEATRO DE LAS ARTES es uno de los pocos teatros que luchan por defenderla cuando la guerra los destroza en Europa y amenaza destruirlos en todos los países del mundo.

Nuestro teatro, es el primer "teatro del pueblo y para el pueblo" de México.

PARTE I. TEATRO.

El repertorio del teatro de las Artes, consiste de obras nacionales y extranjeras con significación vital para el pueblo de México.

Debido a la escasez de obras teatrales basadas en la profunda realidad de nuestro país, nos vimos obligados a preparar nosotros mismos la obra de inauguración del teatro de las Artes.

Después de 6 meses de investigación y estudio, nos decidimos por la discutida novela de Bruno Traven, "La Rebelión de los Colgados" precisamente por su carácter profundamente mexicano y realista.

La dramatización de la novela fue hecha por Seki Sano, director escénico del teatro de las artes y sus ayudantes Ignacio Retes, Fernando Terrazas, Benjamín Lagunas y José Gelada.

La versión escénica que presentamos se realizó tomando en cuenta dos puntos fundamentales:

Primero: el amargo realismo de la obra en lo que respecta a la explotación brutal de los indios de Chiapas en la época porfiriana; y segundo: la utilización de los elementos técnicos indispensables del teatro moderno.

LA REBELIÓN DE LOS COLGADOS

Basada en la novela de Bruno Traven
dramatización en 3 actos y 25 escenas, basada en la novela de Bruno Traven (la acción en el Estado de Chiapas en 1909)

ACTO I

Escena 1: Camino a Jovel
Escena 2: Camino a Jovel
Escena 3: Botica de don Luis en Jovel
Escena 4: Patio de la casa del Dr. Correa en Jovel
Escena 5: Restauran en Jovel
Escena 6: Botica de don Luis
Escena 7: Patio de la casa del Dr. Correa
Escena 8: Tendajón en Jovel (unos días después)
Escena 9: Choza de Cándido
Escena 10: Tienda cantina "EL GLOBO" en Jovel.
Escena 6: Botica de don Luis

ACTO II

Escena 1: Oficina de la montería
Escena 2: Oficina de la montería
Escena 3: Campamento de trabajadores
Escena 4: Selva
Escena 5: Choza de Urbano y Pascacio
Escena 6: Selva
Escena 7: Oficina de la montería
Escena 8: Choza de Celso

ACTO III

Escena 1: Alcoba de Aurea
Escena 2: Campamento de la montería
Escena 3: Selva

Escena 4: Selva
Escena 5: Selva
Escena 6: Exterior de la Oficina de la montería
Escena 7: Un tren (meses después)

REPARTO
(por orden de entrada)

Cándido (chamula) .... Fidencia Jiménez
Marcelina (su Mujer) .... Celia Rubí
Mateo (Vecino de Cándido) .... Raúl Sánchez
Don Luis (boticario) .... Benjamín Lagunas
Doña Amalia .... Pilar García
Dr. Correa .... Ignacio Retes
Rodolfa (criada del Dr.) .... Irma Pedroso
Damián (amigo de Cándido) .... Joaquín Herrera
Don Félix (dueño de la Montaña) .... Federico Ochoa
Don Gabriel (enganchador) .... Manuel Vergara
Tendajonero .... José Gelada
Modesta (hermana de Cándido) .... Concepción Fernández
Angelino (hijo de Cándido) .... Rubén Márquez
Don Arnulfo (Dueño del "Lobo") .... Óscar Quero
Don Alejo (Jefe de la Policía) .... José de Alva
Policía 1 .... Ignacio Herrera
Policía 2 .... José Arenas
Hermano de Don Félix .... Vicente Echevarría
Aurea (su amante) .... María Douglas
El Gusano (Capataz) .... Raúl Sánchez
El Pícaro (Capataz) .... Joaquín Herrera
Santiago (leñador) .... Ignacio Retes
Urbano (boyero) .... Rafael Muciño
Pascacio (boyero) .... Fernando Terrazas
Martín Trinidad .... Benjamín Legunas
Lucio Ortiz .... José de Alva
Celso (Leñador Chamula) .... Ignacio Herrera
La Mecha (Capataz) .... José Gelada
El Faldón (Capataz) .... Óscar Quero
Rebeldes .... Raúl Sánchez
Fidencio Jiménez, Rafael Muciño, Vicente Echevarría, José Gelada

Director de escena: Seki Sano
Escenografía y diseños de Vestuario: Miguel Covarrubias
Ayudantes del director: Ignacio Retes, Fernando Terrazas,

Benjamín Lagunas, Jose Gelada.
Consejeros técnicos para los asuntos indígenas: Prof. Miguel Othón de Mendizábal, Donald Cordry.
Consejero musical: Blas Galindo
(La canción de la escena del Acto III, cantada por Celia Rubí)

PARTE II. DANZA

La Sección de Danza del Teatro de las Artes fue formada en la primavera de 1940 bajo la dirección de Waldeen con el propósito de crear y desarrollar una nueva danza mexicana, nacional en espíritu y forma, pero universal en alcance.

En noviembre del año pasado presentó su primer repertorio como Ballet de Bellas Artes que representó el esfuerzo inicial y serio en la creación de un verdadero ballet mexicano.

El público y la crítica, afirmaron que la labor de nuestra Sección de Danza fue una de las contribuciones artísticas más importantes en esta etapa de la cultura nacional.

BALLET DEL TEATRO DE LAS ARTES

Coreografía: Waldeen
Director escénico: Seki Sano

Pianista: Salvador Ochoa
Ayudante del dir.: Ignacio Retes

REPERTORIO

I. "DANZA DE LAS FUERZAS NUEVAS" (19 de mayo)

Coreografía: Waldeen
Música: Blas Galindo
Diseños de vestuario: Gabriel Fernández Ledesma

Danza que interpreta el vigor y el colorido del México nuevo. Su potencia interior y su pujanza desbordante. El decidido esfuerzo que le lleva a construir su nueva vida.

Bailarines:

Grupo de 4: Dina Torregrosa, Guillermina Bravo, Lourdes Campos, Josefina Martínez

Pareja: Magda Montoya y Roberto Jiménez

Obrero: Sergio Franco

Grupo de 3: Berta Fernández, Elena Pat, Siska Ayala

II. SEIS DANZAS CLÁSICAS (24 de mayo)
(para bailarines sin interrupción)

Música J. S. Bach "Variaciones Goldberg"
Coreografía: Waldeen
Diseños de vestuario: Julio Castellanos

Grupo de danzas basado en el espíritu y la forma musical de Bach; se entrelaza el vigoroso estilo popular con la elegancia de las danzas cortesanas, tal como el mismo Bach combinó estos elementos en su obra.

El Ballet del Teatro de las Artes presenta estas danzas porque contribuye un ejemplo de la técnica de la danza clásica, así como por la fuerza y nobleza significadas en la música de Bach.

CANONE
ALLEGRO
FUGHETTA
POCO ANDANTE
ALLEGRO VIVACE
QUODLIBET

Bailarinas: Waldeen, Dina Torregrosa, Guillermina Bravo, Josefina Martínez, Lourdes Campos, Magda Montoya.

III. "LA CORONELA" (mayo 19 y 24)
Ballet en 4 episodios (para bailarines sin interrupción)

Libreto: Waldeen, Gabriel Fernández Ledesma, Seki Sano
Música: Silvestre Revueltas
(la música del 4° episodio fue escrita por Blas Galindo basándose en los temas de Silvestre Revueltas)

Coreografía: Waldeen
Escenografía y diseño de vestuario: Gabriel Fernández Ledesma
Letra de los coros: Efraín Huerta
Coros: Sección de Actores del Teatro de las Artes
Máscaras: Germán Cueto

PRIMER EPISODIO
Damitas de Aquellos Tiempos

Las tertulias íntimas de la "élite" 1900, en que la frivolidad y la cursilería formaban escenario y ambiente donde se devoraban los golosos platillos de la crítica insana y el comentario envidioso, diario sustento de aquella femenina sociedad. Es la clásica hora de los "chismes".

SEGUNDO EPISODIO
Danza de los Desheredados

La escueta realidad del verdadero Pueblo de México. Pone de Manifiesto el dolor, la impotencia y la sumisión de los desheredados, cuyo sufrimiento, por fin, despierta en ellos impulsos de rebelión contra quienes por siglos los han sumido en atroz servidumbre.

TERCER EPISODIO
La pesadilla de Don Ferruco

El temor de los "ferrucos" de huecas pretensiones, cuando ven desfilar –como en una pesadilla– la alegría sana del pueblo que hace mofa de sus simiescas y relamidas actitudes, la tragedia del campesino, y la figura de la Coronela –fuerte y decidida– símbolo de la Revolución.

CUARTO EPISODIO
Juicio final

La tesis del premio y el castigo en un "juicio final" en que no valen amistades, influencias o compadrazgos. Sin darle mayor importancia, la Coronela llega tarde a la "fiesta" trata de tentarla el Diablito, pero ante su presencia retrocede.

REPARTO

Damita primera .... Waldeen
Damita segunda .... Guillermina Bravo
Lacayo primero (actor) .... Fernando Terrazas
Damita tercera .... Lourdes Campo
Lacayo segundo (actor) .... José Arenas
Lacayo tercero (actor) .... José Gelada

Lacayo cuarto (actor) .... Fidencio Jiménez
La Levita .... Roberto Jiménez
Mujeres del pueblo .... Dina Torregrosa, Magda Montoya,
Josefina Martínez, Siska Ayala
El Peón .... Segio Franco
El Hacendado (actor) .... Vicente Echevarrí
El Mal Pastor (actor) .... Ignacio Retes
Soldado primero (actor) .... José Gelada
Soldado segundo (actor) .... Raúl Sánchez
Don Ferruco .... Federico Ochoa
Su Amor .... Berta Fernández
El Pelado .... Roberto Jiménez
La Gatita .... Josefina Martínez
El Diablito .... Elena Pat
Soldado tercero (actor) .... Fernando Terrazas
Soldado cuarto (actor) .... Fidencio Jiménez
La Muerte .... Magda Montoya
La Coronela .... Dina Torregrosa
Mujeres del pueblo (actrices) .... Irma Pedroso, María
Douglas, Concepción Fernández, Celia Rubí

Realización del Vestuario

"Seis Danzas Clásicas" .... Margarita Modgar B.
"Danza de las Fuerzas Nuevas" .... Margarita Modgar B.
"La Coronela" .... Josefina Piñeiro

5. Programa general de la temporada de Teatro de Medianoche

PORTADA

REX
EL TEATRO DE MEDIANOCHE
GRUPO DE REPERTORIO
Director: RODOLFO USIGLI
PRIMERA TEMPORADA
MARZO A MAYO – 1940

SIG. HOJA:

PROPÓSITOS Y MEDIOS
El Teatro de Medianoche tomó su designación de una afortunada alusión periodística. Su hora no es, como en el caso de *El burlador de Sevilla*, la suya, sino la que las circunstancias lo han obligado a aceptar. No obedece, en consecuencia, a un afán de novedad o sensacionalismo. Su propósito es claro: establecerse fijamente en un lugar donde los espectadores podrán encontrarlo siempre, a la misma hora, ofreciendo un producto de calidad igual, y fomentar así la formación de un nuevo público de teatro legítimo. Aprovecha la experiencia de los teatros experimentales de México, que fracasaron por la falta de continuidad a que sus actividades se vieron sujetas en la dependencia del Estado y la Universidad, y busca, ante todo un establecimiento permanente. El Teatro de Medianoche no tiene, pues, trabas oficiales

ni educativas. Es decir que tampoco tiene los medios que habitualmente pueden obtenerse en la administración pública a base de antesalas y sugestiones de propaganda. No dispone, en realidad, de otros medios que la calidad de sus obras y el desinteresado entusiasmo de sus actores. Si prosperara sería la semilla de una nueva escuela de actuación, más ajustada a la vida moderna de México y a la sensibilidad en latencia de sus públicos; el primer paso, en realidad, hacia una escuela de teatro que logre expresar, a través de nuevos autores y actores, la realidad y el sueño de México, hasta hoy en lucha por realizarse. El Teatro de Medianoche no logrará su propósito sin una colaboración resuelta, consciente y fiel del público, única fuente de sostenimiento que se propone y que espera obtener a cambio de un trabajo tan lleno de escrúpulos como de ambición. Sus programas se ajustarán siempre a una línea de calidad que repudia toda obra ilegítima para presentar sólo las mejores del teatro universal y del mexicano, en la alternación [*sic*] que las circunstancias permitan. El Teatro de Medianoche tiene fe en su oportunidad y en su trabajo; conciencia de venir a satisfacer una necesidad ya crítica en el espectador mexicano, y esperanza en conquistar su propio público. Sus actores más conocidos son aquellos que se distinguieron particularmente en los teatros experimentales; sus nuevos actores son jóvenes y aspiran a una carrera moderna y digna.

El Teatro de Medianoche está, en suma, en manos del público.

El Grupo de Repertorio agradece la colaboración del Comité Patrocinador; de la empresa Mexicana de Espectáculos Rex, S.A., de los señores Renner y Prida; de la Estación XEQ, que difundirá las representaciones de estreno, y de todos los patrocinadores, cuya lista será publicada oportunamente.

SIG. HOJA (doble):

REPERTORIO DE LA PRIMERA TEMPORADA
I. Pregunta al destino
   Un acto.- Arturo Schnitzler. (Traducción R.U.)
   Ha llegado el momento
   Un acto.- Xavier Villaurrutia.
II. Compras de Navidad
   Un acto.- Arturo Schnitzler. (Traducción R.U.)
   A las siete en punto
   Un acto.- Neftalí Beltrán.

III. Temis Municipal
Un acto.- Carlos Díaz Dufoó Jr.
Episodio
Un acto.- Arturo Schnitzler. (Traducción R.U.)
IV. Piedras de aniversario
Un acto.- Arturo Schnitzler. (Traducción R.U.)
Encienda la luz
Un acto.- Marco Aurelio Galindo*
V. La cena de despedida
Un acto.- Arturo Schnitzler. (Traducción R.U.)
Roble oscuro
Un acto.- Noel Coward. (Traducción Enrique Jiménez D.)
VI. Disolución
Un acto.- Arturo Schnitzler. (Traducción R.U.)
El barco
Un acto.- Arturo Schnitzler. (Traducción R.U.)
VII. La mañana de bodas de Atanol
Un acto.- Arturo Schnitzler. (Traducción R.U.)
Medios y maneras
Un acto.- Noel Coward. (Traducción Enrique Jiménez D.)
VIII. Antes del desayuno
Un acto.- Eugene O'Neill. (Traducción R.U.)
Vacaciones
Un acto.- Rodolfo Usigli.
IX. La voz humana
Un acto.- Jean Cocteau.
Verdad y mentira
Un acto.- Víctor Manuel Díaz Barroso.
X. Vencidos
Un acto.- George Bernard Shaw.
(Traducción: Antonio Castro Leal)
El solterón
Un acto.- Xavier Villaurrutia
XI. La cintilante
Un acto.- Jules Romains. (Traducción Agustín Lazo)
Si encuentras, guarda
Un acto.- George Kelly. (Traducción Marco Aurelio Galindo)
XII. Reunión de familia
Un acto.- T. S. Eliot. (Traducyores: X.V. y R.U.)
El canto del cisne
Un acto.- Antón Chéjov. (Traducción R.U.)

FUERA DE ABONO

La crítica de la mujer no hace milagros
 Un acto.- Rodolfo Usigli

¡No! ¡Los rusos no!
 Un acto.- Osmond Molarsky.** (Traducttor: R.U.)

* Marco Aurelio Galindo (1902)
Crítico y escritor mexicano, especializado en el cine.
** Osmond Molarsky
 Nuevo autor eslavo-americano.

[En los márgenes izquierdo y derecho aparecen las fotografías de las actrices y actores: (izq.) Carlos Riquelme, Josette Simo, Víctor Velázquez, Carmen Pere, Eduardo Noriega y Emma Fink; (der.) Clementina Otero, Rodolfo Landa, Lucille Bowling, Luis Felipe Navarro, Mary Barquín y José Elías Moreno]

SIG. HOJA: (doble)

 Los actores
 GRUPO DE REPERTORIO (izq. de la hoja)

 Crox Alvarado
 Mario Ancona
 Juan José Arreola
 Teresa Balmaceda
 Mary Berquín
 Lucille Bowling
 Luis Cano Frias
 Celia Carmona
 Ana María Covarrubias
 Carmina del Llano
 Emma Fink
 Sergio García Silva
 Margarita Lozano
 Anita Muñoz
 José Elías Moreno
 Luis Felipe Navarro
 Eduardo Noriega
 Federico Ochoa

Carmen Pere
Ernesto Ramírez
Ignacio Retes
Carlos Riquelme
Cristián Rivas
Josette Simo
Víctor Velázquez
Reynol Villa

ACTORES HUÉSPEDES

Ofelia Arroyo (Teatro de Orientación)
José Crespo (Teatro Ideal)
Francisco Fuentes (Teatro Ideal)
Rodolfo Landa (Teatro de Orientación y Compañía de Fernando Soler)
Clementina Otero (Teatro de Orientación y Compañía Melía – Cibrián)
Julián Soler (Compañía de Fernando Soler)

[En los márgenes izquierdo y derecho aparecen las fotografías de las actrices y actores: (izq.) Ernesto Ramírez, Celia Carmona, actor s/n, Crox Alvarado, Christian Rivas, Reynol Villa (der.) actriz s/n, Juan José Arreola, Ana María Covarrubias, Ignacio Retes, Teresa Balmaceda, Federico Ochoa.]

SIG. HOJA: (hoja doble)

(Como marco aparecen fotografías de los autores)

ANTON CHEJOV (1860-1904)
El más grande de los autores dramáticos rusos, y el más profundo de los naturalistas. Nadie ha igualado siquiera su habilidad para exponer en un conflicto dramático el alma humana hasta en sus más oscuros rincones.

XAVIER VILLAURRUTIA (1904)
Poeta, crítico de arte y dramaturgo mexicano de gran renombre. A él se deben también las traducciones conocidas en México de Pirandello, Jules Romains, Lenormand, etc. Sus comedias son, para seguir la expresión de Tirso, verdaderas "damas de la inteligencia".

GEORGE BERNARD SHAW (1856)
Gran discípulo de Ibsen y Chéjov y gran maestro de la comedia contemporánea, no sólo en idioma inglés, sino universalmente. Lo demás no tiene importancia.

JULES ROMAINS (1885)
Uno de los maestros del teatro francés moderno, autor de la teoría del "Unamunismo". Es de los pocos autores que han triunfado plenamente escribiendo una pieza sin situación amorosa: *Knock o el triunfo de la medicina.*

NEFTALÍ BELTRÁN (1916)
El más joven poeta mexicano, cuya primera comedia será presentada por El Teatro de Medianoche.

ARTURO SCHNITZLER (1862-1931)
Vienés, autor de *La cacatúa verde*, fuente del teatro moderno. Abordó el conflicto entre lo real y lo falso antes de Bontempelli y Pirandello.

NOEL COWARD (1899)
Actor inglés, autor de *Cabalgata* y de otras obras de gran éxito en Londres, París y Nueva York.

EUGENE O'NEILL (1889)
El más grande de los dramaturgos americanos de todos los tiempos. Sus obras contribuyeron poderosamente a la emancipación y a la realidad del teatro norteamericano, y por ellas ha recibido el premio Pullitzer y el Premio Nobel.

JEAN COCTEAU (1872)
El más inquieto de los autores y poetas franceses. Sus obras figuran entre las más modernas y características de Francia, en donde su producción recibió pronto el reconocimiento y el aplauso merecidos.

VÍCTOR MANUEL DIEZ BARROSO (1890-1936)
Autor mexicano de amplia obra, dueño de un excelente sentido del teatro como juego mental. Ganó en 1925 el premio de "El Universal Ilustrado" con su obra *Véncete a ti mismo.*

T. S. ELIOT (1888)
Poeta estadunidense de la generación europeísta, profesor y crítico de gran distinción. Como poeta es seguramente el creador de formas nuevas en lengua inglesa y el autor de la hazaña que representa trans-

portar la poesía a un clima de pura emoción intelectual. Como dramaturgo, con su obra *Asesinato en la catedral* se reveló en 1936 como un extraordinario autor.

GEORGE KELLY (1887)
Brillante autor norteamericano. Algunas de sus piezas en un acto son ejemplo de maestría psicológica. *The show of* y *Craig's wife* son sus obras mayores más conocidas. El Teatro de Medianoche lo presenta por primera vez en México.

C. D. DUFOÓ Jr. (1888-1932)
Muerto prematura y trágicamente. Por la agilidad mental, el escepticismo, la profundidad y el sentido de la cultura, una de las más brillantes inteligencias de México.

RODOLFO USIGLI (1905)
Crítico rabioso y autor de obras, prefacios y epílogos escandalosos.

SIG. HOJA: (hoja sencilla)

COMITÉ PATROCINADOR

Señor Michel BERVEILLER
Señor Arkady BOYTLER
Señor Bertrand GES
Señor Luis MONTES DE OCA
Señor Lic. Carlos NOVOA
Señor Doctor Tomás G. PERRÍN
Señor Lic. Alejandro QUIJANO
Señor Lic. Eduardo VASCONCELOS
Señora Carolina AMOR DE FOURNIER
Señora Amalia G. C DE CASTILLO LEDÓN
Señora Angelina ELIZONDO DE GARCÍA NARANJO
Señora Dolores DEL RÍO
Srita. Sarah LÓPEZ FIGUEROA
Señora Lucina MÉNDEZ DE BARRIOS GÓMEZ
Señora Luisa ROLÓN DE MTZ. SOTOMAYOR

PRECIOS

	Sábados	Miércoles
Boletos en taquilla	$1.50	$1.50
Abonos individuales por 12 funciones	$16.50	$16.50
Abonos individuales para patrocinadores (por 12 funciones)	$30.00	

Diríjase toda correspondencia a Rodolfo Usigli, Tonalá 36 (1-3)
Teléfono Ericson 14-61-33

6. Glosario onomástico

ACEVES, José de Jesús (Tampico, Tamaulipas, 1916-ciudad de México, 28 de febrero de 1962)

Con el patrocinio del Sindicato Mexicano de Electricistas, en 1943 formó el Proa Grupo. En 1946 y 1947, su agrupación presentó obras del teatro universal y de autores mexicanos en el Palacio de Bellas Artes. En 1948, estuvo becado por el Instituto Francés de América Latina y estudió en París. A su regreso, abrió el Teatro Caracol, donde dio a conocer las más recientes novedades de la dramaturgia francesa, como *La prostituta respetuosa* y *Las manos sucias* de Sartre. Estrenó *El niño y la niebla* de Rodolfo Usigli y alcanzó las 600 representaciones continuas. La modalidad escénica introducida por Aceves hizo escuela y empezaron a cundir en la capital las salas pequeñas. Fundó el Teatro Arcos Caracol.

ALBA, Luz (Henrieta Levine Hauser) (Nogales, EUA, 1923)

En 1932 se graduó en la "Pasadena Community Play House", formó una compañía en el Gateway Players Theatre de Los Ángeles. Llegó a México por primera vez en 1935 como primera actriz de la Compañía "Misterio" la cual debutó en el teatro Arbeu. En 1942, de nueva cuenta en México se integró al seminario de Seki Sano. Como directora debutó en 1944 con *Salomé* de Wilde en el palacio de Bellas Artes, fue promotora teatral y periodista cultural. En 1949 la ANDA le vetó una obra antibélica que ensayaba. Abandonó el país y se fue a San Francisco, California, donde instaló una academia para actores.

APPIA, Adolphe (Ginebra, 1862-Nyon, 1928)
Escenógrafo suizo, pionero de las modernas técnicas de escenificación e iluminación. Dos grandes categorías regían sus principios, el escenario y la iluminación. Argumentaba que el primero debía ser tridimensional y de múltiples niveles, con ello enfrentaba la convención de los decorados simplemente pintados. Usó la iluminación para unificar la imagen del escenario, crear atmósferas, realzar la música y resaltar la acción. Para ello la iluminación debía ser móvil ofreciendo la posibilidad de ser cambiada o desplazada de acuerdo a la ambientación y acción; intentaba vincular estrechamente al actor con la escena. Escribió tres libros: *La puesta en escena del drama wagneriano* (1895), donde expone teorías innovadoras para la puesta en escena e iluminación de las óperas de Richard Wagner; *La música y el arte del teatro* (1899) y *La obra de arte viviente* (1921), donde resume sus teorías y experiencias e insiste en que las principales preocupaciones del director-escenógrafo deben ser los actores, sus movimientos y las palabras.

ARMENDÁRIZ, Pedro (ciudad de México, 1912-Los Ángeles, California, 1963)
En Los Ángeles estudiaba ingeniería aeronáutica, carrera que abandonó por el teatro; debutó en el cine en 1935 y durante los años siguientes rodó varias películas hasta hacer sus mejores interpretaciones al lado del director Emilio Fernández: *Flor Silvestre, María Candelaria* (ambas de 1943), *La perla* (1945), por la que recibió un Ariel, y *Enamorada* (1946), por ésta la ANDA le otorgó la medalla Virginia Fábregas. También trabajó internacionalmente con John Ford y Luis Buñuel. Al conocer que padecía cáncer, se quitó la vida.

ARREOLA, Juan José (Ciudad Guzmán, Jalisco, o Zapotlán el Grande 1918-ciudad de México, 2002)
En 1936 llegó a la capital del país y se inscribió en la escuela de teatro del INBA, donde tuvo como maestros a Fernando Wagner, Rodolfo Usigli y Xavier Villaurrutia. Estuvo becado por el Instituto Francés de la América Latina en 1945 en París, donde estudio declamación y actuación, y actuó en la Comedia Francesa como figurante. De regreso al país fue becario de El Colegio de México. De

1946 a 1949 trabajó como corrector en el Fondo de Cultura Económica. Arreola construyó un nuevo tipo de cuento, un nuevo género que se ha llamado "varia invención". Actuó y dirigió, junto con Héctor Mendoza, programas teatrales de Poesía en Voz Alta, iniciados en 1956. Fue colaborador de las principales revistas y suplementos culturales. Fue director de la Casa del Lago, coordinador de ediciones en la Presidencia de la República (1961), participante en conferencias, congresos y seminarios, y catedrático en la Facultad de Filosofía y Letras de la Universidad Nacional Autónoma de México. Se le otorgaron los siguientes reconocimientos: Premio Nacional de Lingüística y Literatura en 1976, el Premio Nacional de Periodismo, el Premio Nacional de Programas Culturales de Televisión y la condecoración del gobierno de Francia como oficial de Artes y Letras Francesas. Publicó *Gunter Stapenhorst* (1946), *Varia invención* (1949), *Cinco cuentos* (1951), *Confabulario* (1952; premio Jalisco 1953), *La hora de todos* (1954), primer premio en el concurso del INBA (1955), *Bestiario* (1959), *La feria* (1963), con la cual obtuvo el Premio Xavier Villaurrutia de ese año, *Palindroma* (1971), *La palabra educación* (1973) e *Y ahora la mujer* (1975).

BARREDA, Octavio G. (ciudad de México, 1897-Guadalajara, Jalisco, 1964)
Escritor, poeta, periodista, traductor, editor, maestro, diplomático y funcionario público. Estudió en la Escuela Nacional Preparatoria al lado de Carlos Pellicer, Bernardo Ortiz de Montellano, Carlos Chávez, José Gorostiza y Jaime Torres Bodet. Con Guillermo Dávila y Fernando Velázquez fundó la revista *Sanevak*, donde todos escribieron entre los 13 y 17 años. Como diplomático representó a México en Nueva York, Lisboa, Londres, Montreal, Gotemburgo y Copenhague. En 1935, en México fue director administrativo de Economía. En 1937 fundó la revista *Letras de México* y en 1947 *El Hijo Pródigo*. En 1945 fue integrante de la delegación mexicana ante la ONU. En 1951 ministro encargado de negocios en Polonia. En 1956 dirigió las Oficinas Federales de Hacienda y en 1959 se retiró a vivir a Guadalajara.

BASURTO, Luis G. (Villa de Guadalupe, D. F., 1921-1990)
Abogado por la Universidad Nacional Autónoma de México, con estudios de filosofía y letras, fue periodista desde los 15 años de edad, primero como reportero y luego como crítico teatral y edito-

rialista de *Excélsior* y otros diarios; también ha sido comentarista de televisión en el Canal 13, durante 10 años. Dramaturgo, su primera obra teatral data de 1940. Desde entonces ha estrenado 24 producciones, entre ellas: *Miércoles de ceniza, El escándalo de la verdad, Los reyes del mundo, Con la frente en el polvo, Asesinato de una conciencia, La vida difícil de una mujer fácil* y *Cada quien su vida*. Esta última ha alcanzado 7 000 representaciones en México y en el extranjero y ha sido llevada a la pantalla. Fue director escénico en las compañías de Virginia Fábregas, María Tereza Montoya y Andrea Palma, en la del Instituto Nacional de Bellas Artes y en la suya propia, con las cuales realizó extensas giras por la provincia, Latinoamérica, España y Estados Unidos. Ha escrito dramas, melodramas, comedias, sainetes y autos sacramentales, en donde recrea los ambientes de la aristocracia, la burguesía, la política, la Iglesia, la clase media y los marginados, haciendo crítica social y buscando inscribir los perfiles del mexicano en un contexto universal. Aun cuando él rehúye toda clasificación, se le considera un escritor católico de vanguardia. Una de sus obras, *El candidato de Dios* (estrenada en 1986 en México, Madrid y Nueva York), está inspirada en el breve pontificado y posible asesinato del papa Juan Pablo I. Sus más firmes éxitos como director fueron: *Las madres* de Rodolfo Usigli (1973), *Doña Rosita la soltera* de García Lorca (1974), *Salomé* de Wilde, *Los empeños de una casa* de sor Juana Inés de la Cruz (1979), *La vida es sueño* de Calderón de la Barca (la llevó a España en 1981) y *El taller del orfebre* de Karol Wojtyla (1985, en el antiguo templo de San Jerónimo). Basurto obtuvo 31 premios en su carrera; Salvador Novo lo llamó "el Molière mexicano". En 1986 fue elegido vicepresidente de la Sogem.

BERGAMÍN, José (Madrid, 1895-Fuenterrabía, 1983)
Abogado, político, literato, maestro y crítico. Desde su temprana juventud colaboró en revistas literarias de diversas provincias, así como en periódicos y revistas madrileños. En 1923 publicó su primer libro. Desde 1930 se sumó a la lucha popular española. Durante la República, por unos meses estuvo a cargo de la Dirección de Acción Social y Comisaría de Seguros. A partir de 1936 presidió la Alianza de Escritores Antifascistas en Madrid y su Congreso Internacional en Valencia y Madrid en 1937. Viajó por Europa y Estados Unidos defendiendo la causa del pueblo español. Llegó a México en 1939 como refugiado, donde fue catedrático de la Universidad

Nacional Autónoma de México y dirigió la editorial Séneca. Regresó a España en 1959 y debió abandonarla nuevamente por protestar por actos del régimen franquista. A partir de 1970, vivió sus últimos años en España.

BRAVO, Lola (Veracruz, Veracruz, 1918-Oaxaca, Oaxaca, 2004)
Actriz y directora. Su carrera artística comienza al lado de su hermana menor la bailarina Guillermina. Al relacionarse con la coreógrafa Waldeen se acerca al director Seki Sano, con quien toma clases. Su debut profesional fue en la obra *Salomé* en 1944, dirigida por Luz Alba. Con Jerbert Darien fundó el grupo Teatro de Arte Moderno. Como actriz participó, entre otras obras, en *Los poseídos* (1950), *Ana Lucasta* (1953) y *La prostituta respetuosa* (1955). Ha dirigido entre otras: *Historia de un abanico* (1961), *Las brujas de Salem* y *Puños de oro* (1962) y *Un tranvía llamado deseo* (1963). Ha sido maestra en la Escuela de Arte Teatral del INBA y la Andrés Soler de la ANDA. Por algunos años radicó en Monterrey donde formó varias generaciones de actores.

CASTELLANOS, Julio (ciudad de México, 1905-1947)
Pintor. Para su formación como tal ingresó al taller de Manuel Rodríguez Lozano. Como escenógrafo se inició en la temporada del Teatro de Ulises. Más tarde trabajó en el teatro infantil del Periquillo. Para el estreno del Palacio de Bellas Artes, intervino en el diseño de las escenografías. Es considerado uno de los más importantes escenógrafos de México. Entre otras escenografías, destacan las de *Upa y Apa* (1938) y *El yerro candente* (1944).

CASTILLO LEDÓN, Amalia González Caballero de (San Jerónimo, Tamaulipas, 1898-ciudad de México, 1986)
Maestra normalista, licenciada en letras y escritora mexicana, fue la primera mujer integrante de un gabinete presidencial, como subsecretaria de asuntos culturales (1959-1964). Impulsó los escenarios al aire libre y la instalación de grandes carpas para difundir obras de teatro de autores mexicanos. En 1937 fundó y presidió por 12 años el Ateneo Mexicano de Mujeres. Fue miembro de la Comisión Mundial de Mujeres de la ONU (1946-1950). Fue ministra plenipotenciaria y embajadora en Suecia (1953), Suiza (1957), Finlandia (1959) y Austria (1965-1970). Creó los museos del Virreinato, de Arte Moderno y de las Culturas. Autora de ensayos y obras de teatro:

Cuando las hojas caen (1929), *Cubos de noria, Coqueta, Bajo el mismo techo* y *Peligro: deshielo* (1962).

CÓRDOVA, Arturo de (Arturo García Rodríguez) (Mérida, Yucatán, 1908-ciudad de México, 1973)
Actor de cine y teatro. Inició su carrera como locutor. Su primera incursión en el teatro fue en *Anna Christie* (1940) en Teatro Panamericano. Como actor cinematográfico obtuvo reconocimiento internacional. Su última participación en teatro fue en 1968 en la obra *Los zorros*.

CORONA, Isabela (Guadalajara, Jalisco, 1913-ciudad de México, 1993)
Actriz de teatro y cine. En la capital de la República, el pintor Gerardo Murillo la impulsó a estudiar declamación. Se integró al Teatro Ulises. Participó en Escolares del Teatro, Teatro Orientación y Teatro Universitario. Destacó por sus interpretaciones en *La muerte de Orfeo, Anfitrión 38* y *El tiempo es sueño*. Su primera aparición profesional fue en *La antorcha escondida*. Actuó en la película *La noche de los mayas*, al lado de Arturo de Córdova y Estela Inda, y se le otorgó el premio a la mejor actriz cinematográfica de 1938. Volvió al escenario y se consagró con *Bajo el puente, El niño y la niebla*, primera obra mexicana que permaneció largos meses en cartelera. El mayor de sus éxitos lo obtuvo representando a Mary Tyrone en *Viaje de un largo día hacia la noche*. Participó también en teleteatros y telenovelas. Recibió la Medalla Eduardo Arozamena de la ANDA.

CUETO, Germán (ciudad de México, 1893-1975)
Escultor y titiritero. A los 18 años se fue de su casa para hacer teatro de la legua. Después se dedicó a la escultura sin desligarse del teatro. Su contribución al teatro mexicano sobre todo fue en el diseño de máscaras para el espectáculo de Julio Bracho *Lázaro rió* (1933) y *La Coronela*. Fue de los iniciadores del Teatro Guiñol en la SEP y precursor del teatro en las escuelas secundarias. Entre otros espectáculos dirigió *La guerra con Ventripón, Las cuatro cucharadas* y *La verdad sospechosa* montada en la Alameda Central con estudiantes de las secundarias 6 y 8.

FERNÁNDEZ Ledesma, Gabriel (Aguascalientes, Aguascalientes, 1900- ciudad de México, 1982)

Escenógrafo de la misma generación de Agustín Lazo y Julio Castellanos. Debutó en 1929 en un corralón de San Antonio Abad. Ahí levantó un escenario y con ayuda de músicos y directores y montó algunos ensayos escénicos. Fue responsable de la producción de obras como *El candelero* de Musset, *Juan de la luna* de Achard, *El padre* de Strindgber, *Pierre Patelín*, *Los sordomudos* de Luisa Josefina Hernández y el ballet *La Coronela*, entre otras.

GERZSO, Gunther (ciudad de México, 1915)
Pintor. Realizó escenografías para Teatro Panamericano. Otras puestas en escena en que destacaron sus escenografías fueron *La discreta enamorada* de Lope de Vega y *Noche de Epifanía* de Shakespeare, estrenadas en el Palacio de Bellas Artes (1945).

GOROSTIZA, Celestino (Villahermosa, Tabasco, 1904-ciudad de México, 1967)
Dramaturgo y director teatral, ensayista, guionista y funcionario público. Estudió en el Colegio Francés y la Escuela Nacional Preparatoria. En la SEP fue secretario del Conservatorio Nacional, jefe del Departamento de Bellas Artes de la SEP, jefe del Departamento de Teatro del INBA, profesor de la Escuela de Arte Dramático del INBA y director general del mismo de 1958 a 1964. Además, fue director fundador de la Escuela de la Academia de Cinematografía. En 1928 participó en el Teatro de Ulises, fundador del Teatro de Orientación, 1932-1938, y del Teatro de México, 1943, en los tres dirigió. Desde 1960 fue académico de la lengua. Su obra literaria comprende teatro, ensayo y discursos. Algunas de sus obras son: *Ser o no ser*, *Escombros de sueño* y *La mujer ideal*. En 1953 recibió el premio Juan Ruiz de Alarcón, por su obra *El color de nuestra piel*.

GRIFFELL, Prudencia (Lugo, España, 1880-ciudad de México, 1970)
Actriz. Hija de actores, a los 10 años debuta en una zarzuela, en Caracas, Venezuela, lugar a donde se había trasladado su familia. En 1899, regresa a España con su esposo Francisco Martínez, también actor, como cómicos de la Legua. Llegó a México en 1904. Después de una gira por varias ciudades, las hermanas Moriones, propietarias del Teatro Principal de México, la contratan como tiple cómica. En 1917 formó su propia compañía. Como actriz teatral participó en zarzuelas, dramas y comedias. Incursionó en el cine y la televisión. A lo largo de su trayectoria cosechó numerosos éxitos.

INDA, Estela (María Soledad García Corona) (Pátzcuaro, Michoacán, 1917-ciudad de México, 1995)
Actriz y directora. Egresada de la Escuela de Arte Teatral del INBA. Alumna de Celestino Gorostiza, Wagner, Seki Sano, Luz Alba y Dimitrio Sarrás. Debuta en el Proa Grupo del que fue fundadora. A partir de 1967 fue maestra y promotora cultural en el Instituto Mexicano del Seguro Social, colaboró como lectora y redactora de los catálogos de teatro coordinados por Margarita Mendoza L. Como actriz, además de trabajar con el director José de Jesús Aceves, lo hizo con Dagoberto Guillaumin, Luz Alba y Dimitro Sarrás, entre otros.

JESSNER, Leopold (Königsberg, 1878- Los Ángeles, California, 1945)
Sus innovaciones escénicas causaron sensación en los años veinte. Su puesta *Marqués de Keith* de Wedekind, fue uno de los más grandes sucesos. Formó una generación entera de actores fuera del estilo naturalista. A la llegada del nazismo, en 1933 se estableció en Hollywood.

JIMÉNEZ Rueda , Julio (ciudad de México, 1896-1960)
Literato, dramaturgo y promotor teatral, funcionario público. Fue director de la Escuela Nacional de Arte Teatral de la Universidad Nacional en 1917-1920. Como funcionario del Ayuntamiento del Distrito Federal promovió una temporada pro arte nacional, por medio de un concurso del cual salió elegida la compañía de María Tereza Montoya en 1923. Ese mismo año participó en la reorganización de la Unión de Autores Dramáticos. En 1928 participó en el Teatro de Ulises y un año después fue promotor de La Comedia Mexicana. Entre otras obras, es autor de *Camino de perfección*, *Como en la vida*, *La silueta de humo*, *Toque de diana*, *Miramar* y *Lo que ella no pudo prever*.

LANDA, Rodolfo (Rodolfo Echeverría Álvarez) (ciudad de México, 1917-Cuernavaca, 2004)
Estudió la carrera de jurisprudencia que no ejerció por dedicarse a la actuación. Debutó en el Teatro de Orientación en 1935. Fue parte del elenco de las compañías de Fernando Soler, Alfredo Gómez de la Vega, Díaz Gimeno y de Bellas Artes. En 1958 apareció por última vez en el escenario. Ocupó varios cargos administrativos como la Secretaría General de la ANDA en 1953, de la que fue reelecto en va-

rias ocasiones. Fue presidente del Centro Mexicano del Instituto Latinoamericano de Teatro, filial del ITI UNESCO. Algunas de sus destacadas actuaciones se realizaron en *Minnie la cándida* y *Anfitrión 38*, dentro del marco de las actividades del Teatro de Orientación, 1938.

LAZO, Agustín (ciudad de México, 1900-1971)
Pintor, escenógrafo, dramaturgo y director teatral. Fue discípulo de Alfredo Ramos Martínez y Saturnino Herrán, compañero de Julio Castellanos y Rufino Tamayo en la Academia de Bellas Artes. En 1922 viajó a Europa y entabló relación con los hermanos Pitoëff, quienes trabajaban con las teorías teatrales de Stanislavski y de otros reformadores de este arte. A su regreso a México compartió esos conocimientos con Xavier Villaurrutia, Salvador Novo, Celestino Gorostiza, Roberto Montenegro, Julio Castellanos, Julio Bracho y Manuel Rodríguez Lozano. Con Celestino y Villaurrutia fue gestor del Teatro de Orientación y para la temporada de 1932, realizó las escenografías de *Antígona* de Cocteau, *Petición de mano* de Chéjov y *Macbeth* de Shakespeare, en las que se puede advertir una nueva concepción del espacio teatral.

LÓPEZ Moctezuma, Carlos (ciudad de México, 1909-1980)
Se inició en el teatro en 1932, en el grupo Orientación, donde trabajó cinco años y obtuvo gran éxito con las obras *La luz que agoniza*, *Secreto de juventud* y *Los zorros*. En 1937 lo introdujo al cine Fernando Soler, en la película *Dos cadetes*. Desde entonces filmó 189 películas, siendo la más reciente *La loca de los milagros* (1973). Durante su carrera recibió los siguientes premios: dos Arieles, uno por *Río Escondido* (1949) y otro por *El rebozo de Soledad* (1952); el Ónix, que otorgaban el Instituto de Cinematografía y la Universidad Iberoamericana, por *Ochocientas leguas sobre el Amazonas* (1957); el Menorah de Oro del Centro Israelita, por *Así era Pancho Villa* (1960); y el Heraldo (1971), del periódico del mismo nombre, por su trabajo artístico. Entre sus películas destacan: *Comisario en turno* (1948), *Inmaculada* (1950), *Los orgullosos* (París, 1953) y *Viva María* (1965), estas dos últimas en francés.

MAGDALENO, Mauricio (Zacatecas, 1906-ciudad de México, 1986)
Escritor, guionista y dramaturgo. En 1932 fundó con Juan Bustillo Oro el Teatro de Ahora, de carácter político. Autor de las obras *Pánuco 138*, *Emiliano Zapata*, *Trópico* y *El santo Samán*, entre otras.

MARIA y Campos, Armando de (ciudad de México, 1897-1967)
Periodista, crítico e investigador teatral. Antes de cumplir los 15 años se inició como jefe de redacción en la revista *El Estudiante*, 1912, dos años después trabajó en *Diversiones*; de 1917 a 1920 fue jefe de redacción del semanario de espectáculos *Mefistófeles*. Ejerció la crítica teatral en diversos periódicos como *México Nuevo*, *El Día*, *El Universal*, *Novedades* y *El Heraldo de México*. Con Antonio Magaña Esquivel fundó la Agrupación de Críticos de Teatro. Fue socio de varias agrupaciones internacionales dedicadas al estudio de la historia del teatro y los circos. Fue presidente de la sección de teatro y danza del Ateneo Nacional de Ciencia y Artes de México, socio de la Sociedad de Geografía y Estadística, presidente del Club de Periodistas y fundador de la Asociación de Escritores de México. En 1958 la ANDA le otorgó una medalla por sus 45 años de servicio al arte escénico mexicano, en una ceremonia especial.

MEYERHOLD, Vsevold Cemílievich (Penza, Rusia 1874-1940)
Fue integrante del Teatro de Arte de Moscú de Constantín Stanislavski, a principios del siglo XX. Se rebeló contra las técnicas de teatro realista, de vivencia y reproducción de las emociones sobre el escenario bajo la concepción de que el teatro debía ser algo diferente de la realidad cotidiana. Por lo cual comenzó a buscar un arte escénico alternativo y abstracto. En 1905, producía obras simbolistas en su propio estudio. Una década después experimentó con formas teatrales improvisadas, cómicas y convencionales como la Comedia del arte y la ópera de Pekín. En 1917 fue considerado el director de vanguardia más importante del país; trabajó con pintores y artistas constructivistas y creó espacios escénicos llenos de plataformas abstractas, escaleras, tarimas aisladas y pantallas móviles. Formaba a sus actores en el método llamado biomecánica. Los movimientos físicos, precisos y mecánicos de los actores sobre los escenarios constructivistas impresionaron y deleitaron al público soviético. Dirigió obras cómicas y propagandísticas de autores soviéticos de los años veinte y treinta. Cuando el régimen estalinista inició el proceso de implantar una política con base en las ideas artísticas del realismo socialista dando fin a cualquier forma de innovación, perdió su teatro en 1936 y cuatro años después, tras meses de prisión, fue ejecutado en secreto por la policía soviética.

MONTOYA, María Tereza (ciudad de México, 1900-1970)
Actriz. Hija del actor Felipe Montoya y la tiple Dolores Pardavé. Su niñez la vivió entre los escenarios. Debutó profesionalmente muy joven en la compañía de drama y comedia de Pedro Vázquez, en 1911. Cuatro años después ingresó como *dama joven* en la compañía Mutio-Villa. Al contar con 17 años formó su propia compañía gracias al apoyo del general Pablo González. También trabajó en las compañías de Prudencia Griffel, de Julio Taboada y Mercedes Navarro y Luis G Barreiro. En 1919 debutó como primera actriz de la compañía de Ricardo Mutio. La obra que le dio nombre como trágica fue *La mujer desnuda* de Bataille. A lo largo de su trayectoria, actuó en más de un millar de obras y representó autores europeos, estadunidenses y suramericanos. Su compañía fue de las pocas que dieron a conocer autores mexicanos, desde la temporada del Teatro Municipal y las de La Comedia Mexicana. Escribió sus memorias en el libro *El teatro en mi vida*. Sus restos se encuentran en la Rotonda de los hombres ilustres.

MORENO, José Elías (San Antonio, Jalisco, 1910-ciudad de México, 1969)
Actor de teatro cine y televisión. A los 19 años participó en comedias y zarzuelas. Estudió en la Facultad de Filosofía y Letras de la UNAM y debutó en 1939. Participó en obras para adultos y niños. Poco después se dedicó íntegramente al cine.

OTERO, Clementina (ciudad de México, 1909-1996)
Actriz y promotora teatral. En 1928 debutó en el Teatro de Ulises con *El peregrino* de Charles Vildrac. Posteriormente participó en el Teatro Orientación, dirigido por Celestino Gorostiza; en La Comedia Mexicana, en las compañías de María Tereza Montoya, Virginia Fábregas y Fernando Soler, y en el Teatro Panamericano de Fernando Wagner. Su papel en la realización y difusión del teatro infantil fue protagónico, así como en su labor de maestra en la Escuela de Teatro del Instituto Nacional de Bellas Artes. Colaboró con Emilio Carballido en la redacción de la obra para niños *El manto terrestre*, inspirada en el universo pictórico de Remedios Varo.

PERE, Carmen (Gabriela del Carmen Perches Velasco) (Aguascalientes, ¿?-Cuernavaca, 1999)
Actriz. Estudió leyes en la Universidad de San Luis Potosí, en ese

periodo se inició en la actividad teatral con el director José Ignacio Retes. También trabajó con José de Jesús Aceves, destacando su participación en obras como *Espectros* y *Ardelia o la Margarita*. Fue parte del elenco que inauguró el teatro El Caracol. Durante años fue catedrática de la materia de expresión verbal en la Facultad de Filosofía y Letras de la UNAM.

PRIDA, Pablo (ciudad de México, 1886-1973)
Dramaturgo, hijo del empresario teatral Ramón Prida. A los 21 años fue diputado por el estado de Chihuahua y cuando sucedió el golpe de estado de Victoriano Huerta huyó a Nueva York. En 1914, en La Habana, escribió para varios periódicos. De vuelta a México en 1925, con Carlos M. Ortega estrenó *Los efectos del vacilón* en el teatro Apolo. Junto con Manuel Castro Padilla y Carlos Ortega, según Armando de Maria y Campos, cubrieron cuatro décadas de teatro frívolo. La tercia no dejó pasar la oportunidad de mostrar la actualidad metropolitana con sus aspectos políticos y costumbristas en el escenario.

REINHARDT, Max (Baden Baden, Austria, 1873-Estados Unidos, 1943)
Innovador director teatral, cuyo verdadero nombre era Max Goldman. Recalcó la importancia y afianzó la figura del director como una función distinta de la del actor y del dramaturgo. Es reconocido por su vívida imaginación teatral, sus decorados y vestuarios suntuosos (a menudo en producciones al aire libre) y por su preferencia por trabajar con actores disciplinados. En Berlín trabajó como director en el Deustches Theater, que abandonó en 1903 para fundar el Neus Theater. Su famosa producción *El milagro*, espectáculo medieval inspirado en la Biblia, fue realizado en 1911 en Londres. En 1919 fundó el Grosses Shauspielhaus en Berlín. Trabajó como director en Austria de 1920 a 1929 y durante esa época fundó el festival de teatro y música de Salzburgo. Se vio obligado a abandonar Alemania con el ascenso de Hitler, en 1933. En 1940 optó por la ciudadanía estadunidense. En 1935 produjo la versión cinematográfica de *El sueño de una noche de verano* de Shakespeare, y en 1937 dirigió el espectáculo *La eterna ruta*, en Nueva York.

RIQUELME, Carlos (ciudad de México, 1913-1990)
Actor, debutó profesionalmente en 1934, en *La verdad sospechosa*, cuando se inauguró el Palacio de Bellas Artes. Trabajó con los direc-

tores Julio Bracho, Fernando Wagner, Julián Soler, Víctor Moya, Julián Duprez y José Luis Ibáñez; durante 25 años fue integrante de la Compañía de Comedias de Nadia Haro Oliva.

SOLER, Fernando (Saltillo, Coahuila, 1903-ciudad de México, 1979) Actor y director, inició su carrera en California en 1916. A los 20 años formó su propia compañía con la que viajó por varias ciudades de México e Iberoamérica, en la cual trabajaron sus hermanos Andrés, Domingo y Julián. Trabajó en cine, participando en muchas películas de la Época de Oro del cine mexicano.

STANISLAVSKI, Constantín Serguéievich (Moscú, 1863-1938) Director, actor y autor de varios textos de formación de actores. Hijo de un rico fabricante, situación que le proporcionó gran apoyo financiero para sus aventuras teatrales de aficionado. Creador de un sistema de interpretación y formación de actores ampliamente aceptado en el mundo. En 1887, junto con Vladimir Nemiróvich Dánchenko fundó el Teatro de Arte de Moscú, primer teatro ruso que contó con una compañía totalmente profesional. En 1898 el TAM produjo *La gaviota* de Anton Chéjov, obra contemporánea sobre la intelectualidad rusa, donde Stanislavski transformó las simples acotaciones de escenas en un carnaval de detalles diminutos y efectos de cambiante humor. La función fue ampliada con pausas significativas de la emoción interior de los personajes. Se preocupó por ir más allá de la actuación, que mostraba los sentimientos y guiaba a los actores a reproducir en ellos el mundo emotivo de los personajes, para que éste fuera proyectado al espectador como experiencia verídica, sin teatralidad artificial. Estas actividades concentradas llevaban al público hasta las profundidades del universo invisible de frustración y arrepentimiento de Chéjov. Los deseos secretos y la monotonía de la vida diaria se mostraban a través de emociones veraces y las acciones de los intérpretes. Stanislavski denominó este efecto *realismo psicológico*. A partir de 1907 hasta su muerte, se dedicó a desarrollar un revolucionario sistema de formación dramática. Sus producciones fueron más que nada experimentos en proceso. Aplicaba con rapidez lo que aprendía al trabajo escénico. Descubrió que los actores que recordaban sus propios sentimientos y experiencias y los sustituían por los de los personajes, eran capaces de establecer un vínculo especial con el público. Dio a este proceso el nombre de *técnica vivencial*. Esta difícil técnica permitía a los actores repetir su trabajo escénico sin tener que confiar en la inspiración. La veracidad y la realidad superficiales del guión se mostraban inmateriales frente a la realidad emocional del actor. Después de la Revolución rusa de 1917, Stanislavski exploró las posibilidades de un teatro improvisado, intentó dotar a los intérpretes con los medios artísticos para poder abordar el texto de acuerdo con las motivaciones del personaje y las creencias del dramaturgo. Al final de su vida, no obstante, experimentó una fórmula que otorgaba de nuevo al director el completo control intelectual sobre el proceso de ensayo. A esta técnica la denominó *teoría de las acciones físicas*.

VELA, Arqueles (Tapachula, Chiapas, 1899-ciudad de México, 1977) Escritor y pedagogo, participante del movimiento estridentista. Fue integrante de los primeros grupos de teatro escolar con muñecos, al lado de Germán Cueto. Fue también fundador de las Escuelas Nocturnas de Arte para Trabajadores. Autor de *Introducción, organización, interpretación y dirección del teatro de muñecos*.

Cuatro propuestas escénicas en la ciudad de México,
editado por la Dirección General de Publicaciones y
Fomento Editorial, se terminó de imprimir en septiembre
de 2007 en los talleres de Editorial Color, s. a. de c. v.,
Naranjo, núm. 96 bis, Col. Santa María la Ribera,
Cuauhtémoc, 06400, México, D. F.
El tiro consta de 1 000 ejemplares impresos
en papel couché de 135 g para interiores
y couché brillante de 250 g para forros.
Diseño y formación: Alejandro Velázquez.
Edición: Odette Alonso y Alejandro Soto.